U0629260

"十三五"国家重点出版物出版规划项目·重大出版工程规划

中国工程院重大咨询项目成果文库

秦巴山脉区域绿色循环发展战略研究丛书（第一辑）

秦巴山脉区域绿色循环发展战略研究
（综合卷）

徐德龙 等 著

科学出版社

北 京

内 容 简 介

本书从秦巴山脉发展面临的客观问题和国家战略需求两个层面着手,在借鉴国外著名山脉绿色发展经验和绿色循环发展理论研究的基础上,探讨秦巴山脉区域的绿色循环发展之路,提出秦巴山脉绿色循环发展的六方面战略思路,并从分领域、分地域两个维度对秦巴山脉的绿色循环发展提出具有行业针对性和地域侧重性的战略引导路径,为我国秦巴山脉乃至广大山区的绿色发展提供了独立思考。

本书可为政府部门科学决策,广大企业、相关研究机构的专家学者开展深入研究提供有价值的参考和借鉴。

审图号:GS(2019)3233号

图书在版编目(CIP)数据

秦巴山脉区域绿色循环发展战略研究. 第一辑. 综合卷 / 徐德龙等著. —北京:科学出版社,2019.11

"十三五"国家重点出版物出版规划项目·重大出版工程规划
中国工程院重大咨询项目成果文库 国家出版基金项目

ISBN 978-7-03-062565-6

Ⅰ. ①秦… Ⅱ. ①徐… Ⅲ. ①绿色经济-区域经济发展-发展战略-研究-中国 Ⅳ. ①F127

中国版本图书馆CIP数据核字(2019)第223317号

责任编辑:徐 倩 / 责任校对:王丹妮

责任印制:霍 兵 / 封面设计:无极书装

科 学 出 版 社 出版

北京东黄城根北街16号
邮政编码:100717
http://www.sciencep.com

北京九天鸿程印刷有限责任公司 印刷

科学出版社发行 各地新华书店经销

*

2019年11月第 一 版 开本:720×1000 1/16
2019年11月第一次印刷 印张:16 1/4
字数:312 000

定价:162.00元

(如有印装质量问题,我社负责调换)

"秦巴山脉区域绿色循环发展战略研究丛书"编委会名单

顾问（按姓氏拼音排序）

何季麟　邱冠周　任南琪　王　浩　王一德　王玉普　徐匡迪
杨志峰　殷瑞钰　周　济　左铁镛

主编

徐德龙

编委会成员（按姓氏拼音排序）

傅志寰　侯立安　金　涌　李德仁　李佩成　刘　旭　刘炯天
罗平亚　潘云鹤　彭苏萍　邱定蕃　吴良镛　吴志强　谢和平
徐德龙　薛群基　张寿荣　钟志华

"秦巴山脉区域绿色循环发展战略研究（综合卷）"课题组成员名单

徐德龙　中国工程院院士
周庆华　西安建大城市规划设计研究院院长、教授
闫自全　陕西循环经济工程技术院总规划师、高级工程师
刘　怀　陕西省决策咨询委员会委员、研究员
叶青峰　西安建筑科技大学原科技处处长
李　辉　西安建筑科技大学材料科学与工程学院院长、教授
雷会霞　西安建大城市规划设计研究院副院长、教授级高级工程师
徐品晶　西安建筑科技大学材料科学与工程学院
牛俊蜻　西安建大城市规划设计研究院
吴左宾　西安建大城市规划设计研究院副院长、高级工程师
杨彦龙　西安建大城市规划设计研究院副总工程师
陈晓健　西安建筑科技大学建筑学院教授
冯红霞　西安建大城市规划设计研究院高级工程师
杨洪福　西安建大城市规划设计研究院副总工程师
鱼晓惠　长安大学建筑学院副教授
杨嘉伟　西安建筑科技大学对外合作办公室主任
程芳欣　西安建大城市规划设计研究院
胥明琳　西安建筑科技大学材料科学与工程学院

中国工程院

吴国凯　中国工程院原副秘书长、一局原局长
高中琪　中国工程院二局局长
谢冰玉　中国工程院一局原局长
王振海　中国工程院一局巡视员

高战军	中国工程院三局副局长
左家和	中国工程院二局副局长
唐海英	中国工程院二局副局长
阮宝君	中国工程院二局原副局长
王元晶	中国工程院三局副局长
杨 丽	中国工程院一局原副局长
王爱红	中国工程院一局处长
张 健	中国工程院二局处长
王成俊	中国工程院二局处长
刘元昕	中国工程院一局副处长

丛 书 序

　　秦巴山脉雄踞中国地理版图中心，是中国南北气候的分界线、黄河水系与长江水系的分水岭；是中华民族的重要发祥地、中华文明的摇篮；是国家重点生态功能区和生物多样性保护优先区，是中国的中央水库、生态绿肺和生物基因库；与欧洲阿尔卑斯山脉、北美落基山脉一同被世界地质和生物学界称为"地球三姐妹"，孕育了众多举世闻名的历史城市和人类聚居地。同时，秦巴山脉区域目前也是中国跨省级行政区最多、人口最多的集中连片贫困区，生态保护与扶贫攻坚任务艰巨。秦巴山脉区域及周边大中城市构成了中国承东启西、连接南北的重要战略区。认知秦巴、保护秦巴、振兴秦巴，坚持"绿水青山就是金山银山"的发展目标，协同做好绿色发展这篇大文章，对于确保国家生态安全，全面建成小康社会，推进区域协同创新发展，实现中华民族伟大复兴中国梦，具有重大战略意义。

　　2015年，中国工程院实施"秦巴山脉区域绿色循环发展战略研究"重大咨询项目，组织水资源保护、绿色交通、城乡统筹、农林畜药、工业信息、矿产资源、文化旅游等专题组和陕西、河南、湖北、四川、甘肃、重庆六省市地方组，由分属化工、环境、农业、土木、管理、能源、信息、机械等8个学部的24位院士分别负责相关课题，在六省市党政领导、国家发展和改革委员会、科学技术部、交通运输部、环境保护部、工业和信息化部、国家林业局、国务院发展研究中心等部委和单位的高度重视与大力支持下，由全国300余名专家学者参与，深入实地，对秦巴山脉区域进行了广泛的调研和认真研究。项目历时两年，先后召开大型研讨会14次，专题研讨会50余次，并赴阿尔卑斯山脉和落基山脉进行了有针对性的比对调研，探讨了秦巴山脉区域生态环境保护与经济社会发展之间的绿色、低碳、循环发展路径，形成了一系列研究成果：在项目执行期间，项目组以中国工程院名义向国务院提交建议报告一份、以全国人大代表名义向全国人大提交建议3份，完成研究报告15份，发表相关研究论文60余篇；协助组织"丹江口水都论坛"一次，成功举办了"第231场中国工程科技论坛——秦巴论坛"，并在该论坛上发布《秦巴宣言》。

　　本丛书是"秦巴山脉区域绿色循环发展战略研究"重大咨询项目研究成果的

整体凝练，从8个领域的专业视角，以及相关六省市的地域综合视角，通过跨领域、跨地域研究体系的搭建，以秦巴山脉区域为主要研究对象，同时对周边城市地区进行关联研究，提出了秦巴山脉区域生态保护与绿色发展必须以周边城市区域为依托协同共进的重要思路，探索了生态高敏感地区保护与发展创新路径，并从国家公园建设、产业转型培育、空间整理优化、文化保护传承、教育体制创新等方面明晰了战略对策。本丛书可为秦巴山脉区域和国内其他贫困山区实现"绿水青山就是金山银山"的战略目标提供借鉴，可供咨询研究单位、各级行政管理部门和大专院校师生学习参考。

　　"秦巴山脉区域绿色循环发展战略研究"重大咨询项目的实施旨在牢固树立优美的生态环境就是生产力、保护生态环境就是保护生产力、改善生态环境就是发展生产力的理念，倡导绿色生产、生活方式，使蓝天常在、青山常在、绿水常在，实现人与自然和谐共处的创新发展新格局！

周济

前　　言

　　习近平总书记高度重视生态文明建设，提出"绿水青山就是金山银山"[①]。绿色循环发展是未来我国经济社会转型发展的重要战略，生态敏感区的绿色循环发展更是国家生态保护和转型发展顺利开展的关键。

　　秦巴山脉，为秦岭、巴山两大山脉的合称，是横亘在我国中部、东西走向的巨大山系，是我国南北气候的自然分界线和中央水库，是地处我国陆地版图中心的生态根基。同时，秦巴山脉区域也是我国面积最大、人口最多的集中连片特困地区，"生态高地与经济洼地"的矛盾突出。在维护国家生态安全和打赢脱贫攻坚战中的地位十分重要。

　　推进绿色循环发展，是秦巴山脉脱贫转型、将绿水青山打造成金山银山的重要途径，更是关系到国家生态安全等诸多重大战略的现实问题。在"一带一路"倡议、长江经济带及多个城市群发展战略在本区域叠加的背景下，强化秦巴山脉区域生态保护，推进绿色循环发展，对于我国生态文明建设、区域平衡发展、全面建成小康社会、实现中华民族伟大复兴中国梦具有重大意义。

　　基于此，中国工程院于2015年启动了"秦巴山脉绿色循环发展战略研究"重大战略咨询项目。经过24位院士、300余位专家和千余名研究人员的深入调查研究，形成了秦巴山脉绿色循环发展战略咨询报告。课题以秦巴山脉为主要对象，同时对周边城市地区进行关联研究，通过搭建跨领域、跨地域的研究体系，形成了具有特色的秦巴山脉区域绿色循环发展探索路径。

　　项目历时两年。徐德龙院士亲自率队，先后赴陕西、湖北、河南、甘肃、四川、重庆等五省一市开展实地调研，与省市政府有关部门、县（区、市）负责同志进行座谈。各调研团队共深入100多个企业、园区、村镇、社区进行考察，深入了解各个片区的经济社会发展动态和社情民意。与此同时，项目组部分成员赴北美落基山、欧洲阿尔卑斯山地区学习考察，对生态保护、绿色发展等相关议题进行了专项研究。研究期间，项目组进行了广泛和深入论证，其中大型会议14次，专题研讨会50余次，并于2016年9月在陕西省西安市成功举办了"第231场

---

① 中共中央文献研究室.习近平关于社会主义生态文明建设论述摘编.北京：中央文献出版社，2017.

中国工程科技论坛——秦巴论坛"，国内外相关领域专家和代表400余人参加大会，并发表了"秦巴宣言"。项目研究重要成果以院士建议的形式向国务院和相关省市递交了建议，同时，发表了相关论文，提交了研究报告。

研究提出如下基本认识：一是秦巴山脉区域具有极为重要的战略地位，集中表现在突出的生态价值、特殊的区位价值和丰厚的文化价值等三个方面；二是秦巴山脉区域面临保护与发展的严峻考验，集中体现为700余万名贫困人口脱贫与敏感区生态环境限制之间的矛盾；三是秦巴山脉生态保护和绿色发展与外围城市地区关系紧密，两者必须形成相互支撑的有机整体。

因此，秦巴山脉的保护发展不可"就秦巴论秦巴"，应积极统筹秦巴山脉区域内外关系，一方面明确秦巴山脉腹地作为我国生态安全屏障和生态主体功能区的战略定位，同时也要明确秦巴山脉外围城市地区作为"一带一路"的枢纽平台和支撑我国东西双向开放的中部优势发展区的战略定位，从而以生态文明建设为根本，充分释放生态生产力，开拓生态高敏感地区保护与发展双赢的创新发展路径。

围绕上述总体发展思路，项目组提出"生态保护建设战略"、"产业转型培育战略"、"文化保护传承战略"、"教育体系创新战略"、"空间整理优化战略"和"区域协同发展战略"等六大发展战略。同时，从水资源保护、绿色交通体系、农林畜药、信息化与高新技术、文化旅游、城乡绿色空间、矿产资源、政策体系等八个方面分领域提出绿色循环发展策略，并针对河南、湖北、重庆、陕西、四川和甘肃五省一市分地域提出相应对策、措施，从战略层面对秦巴山脉区域绿色循环发展进行了深度探讨。

在项目研究过程中，得到秦巴山脉周边五省一市和国家有关部委的大力支持和多方协助，值此研究丛书出版之际，深表感谢！

"秦巴山脉区域绿色循环发展战略研究丛书"编委会
2019年5月

目　　录

第一章　秦巴山脉概况与价值认知 ··· 1

第一节　地区概况 ·································· 1

第二节　现状基础 ·································· 5

第三节　价值认知 ·································· 8

第四节　面临挑战 ·································· 12

第二章　三大著名山脉比较与绿色循环理论研究 ················ 14

第一节　三大著名山脉比较研究 ·················· 14

第二节　绿色循环理论研究 ······················ 21

第三章　秦巴山脉区域绿色循环发展思路 ······················ 33

第一节　指导思想 ·································· 33

第二节　发展原则 ·································· 33

第三节　发展目标 ·································· 35

第四章　秦巴山脉区域绿色循环发展战略 ······················ 38

第一节　生态保护建设战略 ······················ 38

第二节　产业转型培育战略 ······················ 49

第三节　文化保护传承战略 ······················ 60

第四节　教育体系创新战略 ······················ 64

第五节　空间整理优化战略 ······················ 67

第六节　区域协同发展战略 ······················ 74

第五章　秦巴山脉区域各领域绿色循环发展策略 ··············· 83

第一节　水资源保护与利用策略 ·················· 83

第二节　绿色交通体系构建策略 ·································· 90
第三节　农林畜药绿色循环发展策略 ·························· 94
第四节　工业与信息化绿色发展策略 ·························· 105
第五节　文化旅游绿色发展策略 ······························ 109
第六节　绿色城乡空间建设策略 ······························ 130
第七节　矿产资源绿色开发利用策略 ·························· 144

第六章　秦巴山脉区域各片区绿色循环发展策略············ **151**
第一节　河南片区绿色循环发展策略 ·························· 151
第二节　湖北片区绿色循环发展策略 ·························· 158
第三节　重庆片区绿色循环发展策略 ·························· 171
第四节　陕西片区绿色循环发展策略 ·························· 182
第五节　四川片区绿色循环发展策略 ·························· 195
第六节　甘肃片区绿色循环发展策略 ·························· 206

第七章　秦巴山脉区域绿色循环发展政策建议············ **219**
第一节　构建区域政策体系的基本思路 ······················ 219
第二节　推进区域可持续发展政策建议 ······················ 230

参考文献··· **239**
附录··· **241**

第一章 秦巴山脉概况与价值认知

第一节 地区概况

一、基本情况

秦巴山脉，是秦岭、巴山两大山脉的合称，是横亘在我国中部、东西走向的巨大山系。从地质学角度看，秦岭、巴山是一个山脉体系，均为"秦岭造山带"（中央造山带）的主体部分。"秦岭造山带"由北秦岭构造带、南秦岭构造带和中间的对接构造带构成，分为西秦岭、东秦岭、大别山等三个造山带。从地貌学角度看，北部的秦岭山脉和南部的巴山山脉，共同构成了秦巴山脉地貌。

秦岭山脉，是指横贯于昆仑山和桐柏山-大别山之间东西向的山脉。秦岭是春秋战国时秦国的领地，也是秦国最高的山脉，因此称"秦岭"。山脉西起甘肃临潭白石山，东经天水麦积山入陕西，至河南境内分为北崤山、中熊耳、南伏牛三支，其中一小部分延伸至湖北郧阳区境内。秦岭山脉全长1 600多千米，其中陕西境内的秦岭中段长约500千米，被称为"终南山"。秦岭山脉主峰太白山聚仙台海拔3 771.2米，是青藏高原、祁连山脉以东我国大陆地区的最高峰（高度仅次于台湾岛内海拔3 952米的玉山）。秦岭山脉南北宽几十千米到二三百千米，自西向东延绵于甘肃、陕西、河南、湖北四个省域内。

巴山山脉，是指大巴山，由米仓山、巴山、神农架、武当山、荆山组成。山脉呈西北-东南走向，北邻汉水，南近长江，东介汉水与大洪山相望，西介嘉陵江与摩天岭相对，东北、东南、西南分别与南阳盆地、江汉平原、成都平原相接，为四川盆地、汉中盆地界山；东与神农架、巫山相连，西与摩天岭相接，北以汉江谷地为界。巴山山脉全长1 000多千米，南北宽约140千米，主峰"神农顶"（海拔3 106.2米）在湖北省神农架林区，为华中地区第一高峰。巴山山脉延绵甘肃、陕西、四川、湖北、重庆等四省一市。

二、研究范围

考虑到秦巴山脉的地理界线及区域经济关系，研究以秦巴山脉地理界线为主要依据，同时结合行政边界，划分为内部核心区和外围拓展区。其中，内部核心区主要涵盖秦岭和巴山山脉的广大地域，是研究的主要区域；同时，考虑到秦巴山脉区域生态保护、脱贫攻坚、经济社会发展与外围城市地区的紧密关系，将外围拓展区作为外围关联的背景区域进行必要的分析。

（一）内部核心区范围

内部核心区范围（图1.1、表1.1），是指秦岭、巴山山脉的核心山脉及腹地区域，东西绵延1 000余千米，总面积约31万平方千米，总人口6 164万人。涉及河南、湖北、重庆、陕西、四川、甘肃等五省一市的20个设区市及甘南藏族自治州、湖北神农架林区，共119个县（区、县级市）。

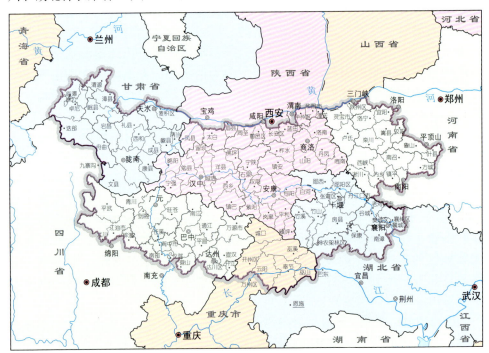

图1.1　秦巴山脉区域内部核心区范围图

表1.1　秦巴山脉区域内部核心区范围涉及区县

省/直辖市	设区市（自治州、林区）	县（区、县级市）/个	总人口/万人	常住人口/人	面积/千米²
陕西省	西安市	4	294	2 781 286	7 828
	宝鸡市	3	47	459 082	6 722
	渭南市	3	79	754 398	2 232
	商洛市	7	249	2 231 277	19 574
	汉中市	11	385	3 143 765	27 012
	安康市	10	306	2 353 136	23 535
河南省	洛阳市	5	264	1 643 121	10 828
	平顶山市	2	182	816 236	3 793
	南阳市	7	583	3 768 820	16 720
	三门峡市	3	147	861 823	8 778
湖北省	十堰市	8	347	2 491 590	23 698
	襄阳市	7	425	2 774 569	14 234
	神农架林区	—	8	62 696	3 253
甘肃省	陇南市	9	281	1 340 729	27 838
	天水市	2	131	638 044	5 922
	定西市	3	104	622 145	7 729
	甘南藏族自治州	4	47	122 739	15 135
四川省	达州市	5	432	2 035 674	12 515
	巴中市	5	394	1 760 308	12 292
	广元市	7	311	1 527 582	16 310
	绵阳市	4	170	1 145 879	13 198
	南充市	4	428	2 808 322	7 531
重庆市	—	6	550	4 068 139	21 957
合计	22	119	6 164	40 211 360	308 634

资料来源：《2014中国省市经济发展年鉴》

　　河南片区：涉及洛阳、平顶山、南阳、三门峡4个设区市，包括14个县、2个区、1个县级市。片区面积40 119平方千米，占秦巴山脉区域总面积的13.0%；片区人口1 176万人，占秦巴山脉区域总人口的19.1%。

　　湖北片区：涉及十堰、襄阳2个设区市和神农架林区，包括7个县、6个区、2个县级市。片区面积41 185平方千米，占秦巴山脉区域总面积的13.3%；片区人口780万人，占秦巴山脉区域总人口的12.7%。

　　重庆片区：涉及云阳县、开州区、奉节县、巫山县、巫溪县、城口县6个区县。重庆片区面积21 957平方千米，占秦巴山脉区域总面积的7.1%；片区人口550万人，占秦巴山脉区域总人口的8.9%。

　　陕西片区：涉及西安、宝鸡、渭南、商洛、汉中、安康6个设区市，包括33个县、4个区、1个县级市。片区面积86 903平方千米，占秦巴山脉区域总面积的28.2%；片区人口1 360万人，占秦巴山脉区域总人口的22.1%。

　　四川片区：涉及达州、巴中、广元、绵阳、南充5个设区市，包括15个县、7个区、3个县级市。片区面积61 846平方千米，占秦巴山脉区域总面积的20.0%；

片区人口1 735万人，占秦巴山脉区域总人口的28.1%。

甘肃片区：涉及陇南、天水、定西3个设区市和甘南藏族自治州，包括15个县、3个区。片区面积56 624平方千米，占秦巴山脉区域总面积的18.3%；片区人口563万人，占秦巴山脉区域总人口的9.1%。

从上述秦巴山脉区域内部核心区各片区面积、人口的分布情况可以看出，陕西片区面积最大，接近区域总面积的三成；重庆片区面积最小，不到总面积的一成；四川片区人口最多，接近总人口的三成；重庆、甘肃片区人口最少，不到总人口的一成。秦巴山脉区域五省一市面积、人口所占比重情况如图1.2和图1.3所示。

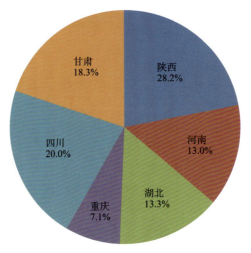

图1.2　秦巴山脉区域各片区面积比例结构图
由于舍入修约，数据有偏差

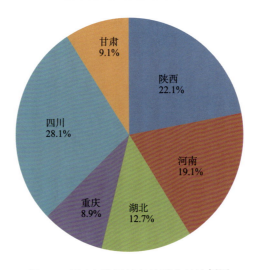

图1.3　秦巴山脉区域各片区人口比例图

（二）外围拓展区范围

落实秦巴山脉区域生态保护与社会扶贫开发双向目标，必须依托与周边城市地区建立紧密协作关系，因此将秦巴山脉区域周边的相关城市作为外围拓展区进行关联分析。外围拓展区，是以秦岭-巴山山脉作为共同的生态资源重要基础的外围城市地区，在地理上这些城市位于秦巴山脉周边地区，包括隶属秦巴山脉区域五省一市的重庆、成都、西安、武汉、郑州、兰州、德阳、绵阳、广安、遂宁、南充、宝鸡、渭南、宜昌、襄阳、荆门、孝感、荆州、随州、洛阳、平顶山、三门峡、南阳、信阳、驻马店、天水等26个城市（不含县级市）。

第二节　现　状　基　础

一、发展历程

中华人民共和国成立后，秦巴山脉区域开始社会主义建设，进入社会主义改造时期。20世纪六七十年代"三线建设"[①]时期，该区域作为我国的战略大后方，一批航空、航天、核工业、电子工业、机械工业企业内迁布局到这里，汉中、宝鸡、商洛、绵阳、十堰、天水等城市成为内地工业基地，奠定了该区域工业化的基础。1978年改革开放后，区域经济逐步由计划经济向市场经济过渡，给经济发展带来了新的生机活力。西部大开发战略和中部崛起战略，使得区域基础设施建设步伐明显加快，一批铁路、高等级公路和机场等交通设施项目相继建成使用，一批文化教育、医疗卫生等公共服务设施逐步完善。进入21世纪后，区域内成渝城市群、关中平原城市群、武汉城市群、中原城市群等内陆增长极逐步成长壮大，目前秦巴山脉周边地区已成为我国中西部地区最具发展活力和潜力的核心地区之一。[1]

二、产业经济

秦巴山脉区域受地形及自身资源影响，产业结构以农林产业为主体，同时受国家工业布局影响，区域内分布有大量装备制造企业和科研院所。此外，采矿业也是秦巴山脉区域主要的非农产业支撑。整体而言，秦巴山脉区域基本形成了以

---

① 三线建设是指自1964年起中国政府在中西部地区的13个省（自治区）进行的一场以战备为指导思想的大规模国防、科技、工业和交通基本设施建设。

农林产品加工、矿产资源开发和制造业等为主体，以旅游业、物流业、信息服务业等为辅助，新材料、新能源、高端装备制造、节能环保、电子商务等新兴产业逐步发展壮大的区域产业体系，国民经济中第二、第三产业的比重逐步增加，工业化、城镇化进程稳步推进。

根据秦巴山脉区域各设区市、州、县（区、县级市）政府工作报告和统计年鉴有关数据，2015年，秦巴山脉区域地区生产总值为15 706.6亿元，占国内生产总值（GDP）685 506亿元的2.3%。人均地区生产总值25 481元，为全国GDP平均水平49 992元的50.97%；第一、第二、第三产业增加值比重为18.4∶43.3∶38.3，与全国的8.9∶40.9∶50.2相比，第一产业比重高9.5个百分点，第三产业低11.9个百分点。秦巴山脉区域所辖市三次产业增加值比重见表1.2。

表1.2   秦巴山脉区域所辖市三次产业增加值比重

省市		2010年	2014年
陕西省	西安市	4.3∶43.4∶52.3	3.9∶40.3∶55.8
	宝鸡市	10.7∶62.9∶26.4	9.7∶65.0∶25.3
	渭南市	16.1∶49.2∶34.7	14.2∶54.4∶31.4
	商洛市	20.3∶41.2∶38.5	15.8∶52.0∶32.2
	安康市	20.5∶39.6∶39.9	13.5∶55.1∶31.4
	汉中市	21.7∶39.1∶39.2	18.6∶46.2∶35.2
河南省	洛阳市	8.1∶60.1∶31.8	7.5∶56.2∶36.3
	平顶山市	8.7∶66.3∶25.0	10.2∶57.9∶31.9
	南阳市	20.5∶52.0∶27.5	16.3∶50.5∶33.2
	三门峡市	8.0∶68.5∶23.5	9.0∶64.0∶27.0
四川省	达州市	23.8∶50.0∶26.2	20.9∶52.9∶26.2
	巴中市	29.1∶33.8∶37.1	18∶46∶36
	广元市	23.8∶39.0∶37.2	17.4∶47.4∶35.2
	绵阳市	17.3∶48.8∶33.9	16∶51∶33
	南充市	24.5∶48.4∶27.1	21.9∶50.9∶27.2
	万源市	28.0∶46.6∶25.4	22.9∶54.3∶22.8
	江油市	14.2∶48.4∶37.4	13.2∶51.1∶35.7
湖北省	十堰市	10.6∶54.6∶34.8	12.6∶50.8∶36.6
	襄阳市	15.2∶51.9∶32.9	12.8∶57.7∶29.5
	丹江口市	14.5∶50.4∶35.1	15.5∶50.7∶33.8
	老河口市	21.1∶56.8∶22.1	15.7∶53.0∶31.3
	神农架林区	11.4∶39.7∶48.9	9.4∶40.3∶50.3
重庆市	—	8.7∶55.2∶36.1	7.4∶45.8∶46.8

省市		2010年	2014年
甘肃省	陇南市	26.3：28.6：45.1	25.2：26.4：48.4
	天水市	20.0：37.7：42.3	18.3：38.8：42.9
	定西市	31：25：44	28.0：26.3：45.7
	甘南藏族自治州	23.5：23.7：52.8	22.5：24.6：52.9

资料来源：各地政府统计公报、政府工作报告及各地统计年鉴

秦巴山脉区域经济总量规模小、总量所占比例（2.29%）低于面积所占比例（3.2%）和人口所占比例（4.5%），人均生产总值仅为全国平均水平的一半，产业经济整体上仍处在由工业化初期向中期的过渡阶段，属于区域经济发展落后地区。

三、社会人口

（一）人口密度大

秦巴山脉区域户籍总人口6 164万人，总面积30.863 4万平方千米，平均每平方千米199.7人。人口密度为全国平均水平（142.5人/千米^2）的1.4倍，比全国平均水平高出57.2人/千米^2。考虑到山区城乡居民集中于河谷川地，实际密度应该更高。

（二）城镇化水平低

秦巴山脉区域常住人口4 021万人，有2 000余万人口常年流出在区域外。区域内城镇人口1 317万人，常住人口城镇化率32.75%，低于全国平均水平（56.10%）23.35个百分点；户籍人口城镇化率21.37%，低于全国平均水平（39.90%）18.53个百分点。秦巴山脉区域城镇化水平整体处于较低水平。

（三）居民收入水平低

2015年，秦巴山脉区域城镇居民人均可支配收入23 392元，为全国平均水平（31 790元）的73.6%；农民人均纯收入8 758元，为全国平均水平（10 722元）的81.7%。秦巴山脉区域3项人均指标最低的县均集中在甘肃省。人均生产总值最低的县是定西市岷县（6 286元），仅为全国平均水平的12.6%；城镇居民可支配收入、农民人均纯收入最低的县，均是甘肃省甘南藏族自治州临潭县。其中，城镇居民可支配收入16 240元，仅为全国平均水平的51.1%；农民人均纯收入4 868元，仅为全国平均水平的45.4%。

上述数据表明，秦巴山脉区域人口密度大，城镇化进程相对落后，总体上处

在城镇化初期向中期的过渡阶段；城乡居民平均收入低于全国平均水平，个别县仅为全国城乡居民收入平均水平的一半左右，属于典型的经济欠发达地区。

第三节 价 值 认 知

一、生态价值十分突出

（一）中央水库：我国陆地版图中央珍贵的洁净水源地

秦巴山脉区域水资源丰富，嘉陵江、汉江、丹江及主要支流均发源于此地。区域内发育有235条河流及丹江口水库等55座大型水库。年均降水量400~1 300毫米，总径流量达到1 532亿立方米，二类水流域长度占长江流域的50%，年汇入长江与黄河流域的水量分别达到1 435.21亿立方米和70.04亿立方米（表1.3），分别占长江、黄河年径流总量的15%和11%。秦巴山脉区域是我国南水北调中线工程的水源涵养地和供给地。丹江口水库年入库总流量388亿立方米，其中发源于陕西的汉江、丹江，出境水量277亿立方米，占丹江口水库年入水量的71%。2016年12月12日，南水北调中线一期工程通水2周年，输水量62.5亿立方米，供水量59.8亿立方米，惠及河南、河北、北京、天津4省市4 700万名居民。南水北调中线一期工程水质稳定，始终保持在Ⅱ类以上标准，其中向北京的输水量占城市日用水量的近七成，北京市人均水资源量由原来的100立方米提升到150立方米，大幅提升了城市水资源承载能力。

表1.3 秦巴山脉区域年汇入长江、黄河、淮河水量统计

省（直辖市）	市（设区市）	地表水量/亿立方米		
		长江流域	黄河流域	淮河流域
河南	三门峡	—	12.18	—
	洛阳	—	15.60	—
	平顶山	—	—	7.63
	南阳	44.93	—	—
湖北	十堰	79.30	—	—
	襄阳	41.41	—	—
四川	绵阳	148.70	—	—
	广元	84.35	—	—
	南充	37.97	—	—

续表

省（直辖市）	市（设区市）	地表水量/亿立方米		
		长江流域	黄河流域	淮河流域
四川	达州	113.10	—	—
	巴中	64.93	—	—
重庆	重庆	524.50	—	—
甘肃	陇南	58.00	—	—
陕西	西安	—	15.61	
	宝鸡	9.90	23.10	
	汉中	141.28		
	安康	66.71		
	商洛	20.13	3.55	
总计		1 490.88	1 435.21	70.04	7.63

（二）生态绿肺：我国碳汇氧源地

秦巴山脉区域森林面积2 089万公顷，占我国森林总面积的10%。区域平均森林覆盖率57.3%，其中神农架林区等自然保护区达70%以上。秦巴山脉区域是我国森林碳汇的中央汇聚地和植物释氧的核心供给区。2015年，秦巴山脉区域的森林碳汇总量约6.78GtC[①]，占全国总量的7.04%；氧气产生量10 630.49亿吨，占全国总量的8.66%。[1]

（三）生物基因库：具有世界价值的生物多样性功能区

秦巴山脉区域核心区分布有世界级全球生物圈保护区4个，此外，分布有35个国家级自然保护区（占全国保护区总数的10.4%）及多个国家级森林公园、湿地公园（表1.4）。秦巴山脉区域是国家24个重点生态功能区之一，是7个生物多样性生态功能区中涉及人口最多的区域。区域内有6 000多种动植物生物资源，种类数量占全国的75%，分布有大熊猫、朱鹮、金丝猴、羚牛等120余种国家级保护动物和珍稀植物，是我国重要的生物基因库，在世界物种基因保护方面占据显著地位。其中，陕西佛坪国家级自然保护区的野生大熊猫数量仅次于四川卧龙国家级自然保护区的野生大熊猫数量，位居全国第2位；陕西洋县自然保护区野生朱鹮数量超过1 500只，位居全国第1位；天麻、杜仲、猪苓、丹参、绞股蓝、西洋参、黄姜、柴胡等30多种中药材的种植面积、产量、品质在国内占有重要位置。

---

① 1GtC为10亿吨碳。

表1.4　秦巴山脉区域核心区保护区类型与数量

分级	类型	数量/处	
		中国	秦巴山脉区域
世界级	全球生物圈保护区	32	5
	世界自然和混合遗产及文化景观	18	4
	世界地质公园	31	2
国家级	国家级自然保护区	335	38
	国家公园（试点）	9	1
	国家级风景名胜区	225	12
	国家森林公园	779	60
	国家地质公园	240	15
	国家湿地公园（试点）	251	11
	国家水利风景区	658	5

注：本表统计时间为2015年

二、区位价值十分特殊

（一）地理区位：秦巴山脉地处我国陆地版图中央

秦巴山脉位于我国陆地版图的中央区域，处于地理"鸡形"版图的"鸡心"位置，是我国南北气候的自然分界区、黄河和长江两大流域的分水岭、东部平原区和西部高原区的过渡带。秦岭山脉主峰太白山聚仙台海拔3 771.2米，是青藏高原、祁连山脉以东我国大陆地区的最高峰（高度仅次于台湾岛内的玉山——海拔3 952米），具有区域高地的地位。中国大地测量原点和北京时间授时中心，均分布在秦巴山脉区域拓展区的西安市城区附近。

在世界地理格局中，秦巴山脉（华夏龙脉）与欧洲阿尔卑斯山脉（欧洲之巅）、北美洲落基山脉（北美脊梁）被地质学家和生物学家称为"地球三姐妹"。这三大山脉同处于世界地理版图北纬30°~45°的纬度带上，在亚洲、欧洲、北美洲的地理格局中均具有突出的区位价值。

（二）战略区位：秦巴山脉地处多个战略叠加区

秦巴山脉五省一市中，甘肃、陕西、四川、重庆三省一市属于西部地区，河南、湖北两省属于中部地区，分别属于西部大开发战略和中部崛起战略涉及的省市；甘肃、陕西、河南三省属于丝绸之路经济带核心地域，四川、重庆、湖北属于长江经济带。

秦巴山脉区域的特殊区位条件，造就了秦巴山脉区域北接丝绸之路经济带、南联长江经济带、东和南方向与21世纪海上丝绸之路连接的战略区位。此外，秦巴山脉周边分布有成渝城市群、关中平原城市群、武汉城市群、中原城市群等中西部主要城镇聚集区，对我国"一带一路"倡议、东西部地区平衡发展、长江经济带等相互衔接具有特殊区位价值。

（三）安全区位：生态、军事、社会安全价值重要

1. 生态安全屏障

秦巴山脉区域是三江（嘉陵江、汉江、丹江）一河（南洛河）的发源地，是南水北调中线工程的水源地、汇水区和供给地，同时也是阻止西北荒漠化、半荒漠化和沙尘暴东侵南扩的屏障地带，以及西安、洛阳等北方二氧化硫控制区与重庆、宜昌等南方酸雨控制区的"绿色屏障"。可以说，秦巴山脉区域是我国供水安全及生态安全的重要屏障。

2. 军事安全要地

秦巴山脉区域山川险固，自古以来军事地理地位突出。区域内分布有秦岭、陇山、子午岭、吕梁山、散关、萧关、武关、潼关、岷山、大凉山、巴山、巫山、成江关、剑门关、米仓道、金牛道等军事要塞。在"三线建设"时期，秦巴山脉区域成为我国装备制造产业的核心大后方。居中的战略区位、优越的地理环境和良好的工业基础，使秦巴山脉区域成为新形势下维护国家安全、进行战略大后方建设经营的重要地域。

3. 脱贫攻坚重地

从居民生活水平和社会安全角度看，秦巴山脉区域是我国11个集中连片特困区中面积最大、贫困人口最多的地区。秦巴山脉区域如期脱贫致富，关乎我国打赢脱贫攻坚战大局，事关2020年全面建成小康社会奋斗目标实现。

三、文化资源十分丰富

（一）秦巴山脉区域是中华文明摇篮、民族繁衍之地

秦巴山脉区域史前遗存丰富，主要分布在重庆、湖北、陕西一线，集中在公元前250万年~前5万年。区域内发现的距今204万年的重庆巫山猿人的牙齿化石是迄今发现的中国最早的猿人遗迹，郧阳区、龙岗、蓝田、洛南、大荔等17

处人类遗址，在历史年代上有很好的延续性。此外，秦巴山脉区域内分布有20多处中华民族祖先的遗址遗迹，孕育了周边地区众多闻名于世的历史古城和人类聚居地，形成了中华文明源脉地区，成为中华民族的重要发祥地和华夏文明的摇篮。

（二）秦巴山脉区域是中华文明核心价值观重要诞生地

秦巴山脉区域是我国"立儒、生道、融佛"之地，是周礼等中华文明核心价值观的重要诞生地，分布有白马寺、草堂寺、楼观台、终南山、武当山、华山等大批佛教和道教圣地，同时分布有大量汉文化、秦文化、楚文化、蜀文化、藏文化、巫文化、战国文化、三国文化和红色文化的遗迹遗存。其中，汉水历史悠久，文化渊源久远，与汉朝、汉人、汉族、汉语、汉字、汉服、汉学等有密不可分的关系。秦巴山脉区域在弘扬中华民族优秀传统文化、促进中华文化"走出去"、提升国家文化软实力和发展旅游业等方面，发挥着重要的促进作用。

（三）秦巴山脉区域是我国多元地域文化的交汇地

秦巴山脉区域是我国秦文化、汉文化、中原文化、巴蜀文化、荆楚文化、藏羌彝文化等多地域文化的交汇地，区域内分布有秦始皇陵、秦兵马俑、小三峡、巫山、北川羌族文化区等文化遗存。同时，秦巴山脉区域也是我国三国文化、民俗文化、红色文化等多元文化的交汇区。其中，三国文化保存完善，区域内分布有武侯祠、古汉台、石门十三品、诸葛茅庐等大量的三国文化遗存。

第四节　面　临　挑　战

多年来秦巴山脉区域发展滞后，"生态高地"与"经济洼地"间反差巨大，经济社会发展与生态环境保护之间的矛盾日益凸显。此外，受行政区划体制壁垒限制，区域内地区间的协同发展面临挑战。

一、脱贫攻坚任务艰巨

秦巴山脉区域在全国11个集中连片特困地区中，是所处地理位置最为居中、涉及的省（区、市）最多、面积最大、贫困人口最多的区域。2015年末，秦巴山脉区域有贫困人口712万人，占全国贫困人口总数的12.8%；贫困发生率11.6%，为全国平均水平的2.04倍；有国家级贫困县67个，占全国总数的11.3%。"十三五"期间，仅陕南地区仍需异地搬迁31.14万户，约108万人，占全国预搬迁人口的10.8%。秦巴山脉区域贫困人口规模大，贫困程度深，减贫成本高，脱贫难度大。

二、环境保护压力较大

秦巴山脉区域约有2/3的土地面积，属于生态主体功能区中的限制开发区和禁止开发区。作为国家生态绿肺和中央水库，拥有众多水源保护区、水源涵养区、生物多样性保护区、自然保护区、原始林区、水土保持区等生态敏感区，生态保护成本高。坡度25°以上土地面积占据较大比重。目前区域内水污染、工业污染、城镇垃圾污染等风险日益加剧，水体富营养化、开矿挖沙及水土流失等问题十分严峻。区域内现有尾矿库1 100余座，其中700余座位于水源区。区域内水土流失面积占总面积的23%。

三、绿色经济尚未形成

秦巴山脉区域目前资源型产业占比较大，绿色产业尚未形成规模。受区域内相对富集的矿产资源诱导，矿产开采无序化、蔓延化趋势明显。截至2015年，区域内已建设16个国家级工业园区、22个省级工业园区和一批县级工业园区，除军工装备、机械制造、农副产品精深加工、电子信息等军工产业及新兴产业外，低产出、高污染的采石、挖沙、初级冶炼、金属洗选等仍是秦巴山脉区域内普遍存在的产业门类，长此以往，将对秦巴山脉区域的生态环境、水质造成较大的影响。区域内依托自身优势资源的特色农林业、旅游业、健康产业等绿色产业体系尚在建设中，尚未占据主体地位，未来生态经济的构建将是影响秦巴山脉区域绿色循环发展的重要任务和主要环节。

四、协同管理壁垒重重

条块化的行政管理区块分割，是多年来阻碍秦巴山脉区域统一发展、协同保护的重要因素。一方面，秦巴山脉区域相对完整的地理单元与分割的行政管理造成诸多隔阂。围绕秦巴山脉区域生态保护与经济发展，整个区域应有协调一致的发展策略和内部联动，但受当前五省一市条块分割的行政管理约束，区域内部交通阻隔相对突出，相互联系较为缺乏。另一方面，秦巴山脉区域周边有数量众多的重要城市，叠加了多个国家及区域发展战略，各战略间需要寻求协调和联动路径，秦巴山脉区域作为交汇转换区，应做出整体性应对。

第二章　三大著名山脉比较与绿色循环理论研究

第一节　三大著名山脉比较研究

一、三大著名山脉基本概况

全球陆地高大山脉主要分布在北美洲、南美洲西部、亚洲东部、亚欧大陆南部和非洲西北部，形成了环太平洋沿岸山脉带和横贯亚欧大陆南部及非洲西北部的山脉带。在世界著名的山脉中，欧洲中南部的阿尔卑斯山脉、北美大陆西部的落基山脉和中国的秦巴山脉因其相近的自然地理状态，以及与人类文明的关系而被称为"地球三姐妹"，三大山脉在各自大洲的地理格局中具有举足轻重的地位（图2.1）。北美落基山脉和欧洲阿尔卑斯山脉的生态保护与绿色发展实践为秦巴山脉提供了丰富的经验借鉴。因此，本书重点对欧洲阿尔卑斯山脉、北美落基山脉和秦巴山脉进行对比分析，以期对秦巴山脉区域的绿色循环发展路径提出有价值的借鉴依据。

（一）阿尔卑斯山脉

阿尔卑斯山脉位于欧洲中南部，是欧洲最雄伟、最高大的山脉，平均海拔3 000米左右。最高峰勃朗峰（4 810米）位于法国、意大利边界处。山脉东西方向呈弧形，自法国尼斯向北延伸至日内瓦湖，再向东北延伸至多瑙河上的奥地利维也纳。其中，山脉核心部分位于瑞士和奥地利两个国家境内。阿尔卑斯山脉大部分山体被冰川覆盖，现有冰川1 200多条，冰川融水形成了许多大河的源头，著名的莱茵河即发源于此。该区域平均人口密度73人/千米²，仅有17.3%的区域适合永久性居住。阿尔卑斯山脉拥有优美的景观和丰富的生物多样性，是欧洲重要的休假疗养和滑雪运动胜地，每年接待游客达1.2亿人次。

图2.1　世界三大著名山脉区位图

（二）落基山脉

落基山脉纵贯北美洲加拿大西南部和美国西北部，跨越北极带、寒带和温带高原气候带，是美洲科迪勒拉山系在北美的主干，从阿拉斯加到墨西哥，南北纵横4 500多千米。北美洲几乎所有大河都发源于落基山脉，是大陆重要分水岭。这里有终年积雪的山峰、茂密的针叶森林、奇特的高原地貌、世界最大的冰原，以及众多冰河、瀑布、高原湖泊、温泉及间歇喷泉等自然景观。著名的美国黄石国家公园和加拿大班夫国家公园等均分布于落基山脉。

（三）秦巴山脉

秦巴山脉地处我国地理版图中央，是我国南方和北方的地理分界线、长江和黄河两大流域分水岭、北温带和亚热带分界线、湿润与半湿润气候地区分界线，是我国南水北调中线工程的水源地，是渭河、汉江、嘉陵江、丹江、南洛河等80余条河流的发源地。华山、武当山、神农架等著名的山脉均属于秦巴山脉体系。大熊猫、金丝猴等珍稀动物及众多珍稀植物也分布于此。此外，道教、佛教等多种地域文化遗址等均有成体系和延续性的分布。

二、三大著名山脉对比分析

（一）自然条件

三大著名山脉均是各区域重要的气候分界线、河流的发源地，均有丰富的动植物资源，有许多世界闻名的风景区和旅游胜地。阿尔卑斯山脉是中欧温带大陆性气候和南欧亚热带气候的分界线，将欧洲的天气分为南湿北干，是诸多河流的发源地，有13 000个植物种类和30 000个动物物种。落基山脉是北美大陆最重要的分水岭，除圣劳伦斯河外，北美几乎所有大河都发源于此，落基山脉也是北美大陆重要的气候分界线。秦巴山脉具有丰富的动植物资源，是我国南北方地理分界线，区域内分布有多个具有世界影响力的野生物种，是我国物种基因的浓缩地。

（二）发展历史

三大著名山脉均有悠久的发展历史，均是多种文化的交汇地。阿尔卑斯山脉自旧石器时代以来，就有人类居住、狩猎。在4 000~3 000年前，人们主要生活在洞穴和小居民点中，后来罗马人扩大了古老的塞尔特人村庄，建起许多新的、繁荣的城镇。落基山脉从最后一个冰河时期开始，就有人类居住，主要是美洲印第安人的部落。16世纪起欧洲人进入西南地区。20世纪起旅游业开始发展。秦巴山脉区域内分布有巫山猿人、郧阳区猿人、龙岗寺猿人、蓝田猿人、洛南猿人等十余个史前人类文明遗址，其中巫山猿人距今有204万年的历史。20世纪以来，秦巴山脉区域人口和城镇数量都有较大幅度增长，以工业型城镇和旅游型城镇为主。

（三）经济社会

三大著名山脉均具有良好的农业发展基础。其中，阿尔卑斯山脉主要以畜牧业和林业为主，落基山脉以种植业和林业为主，秦巴山脉具有特色农产品发展基础优势。三大著名山脉的工矿业在山地开发的不同阶段均有不同程度的发展。阿尔卑斯山脉现代经济的支柱曾是采矿、凿石、制造和旅游业的结合。落基山脉蕴藏大量的铜、金、铅、钼、银、钨和锌矿物，历史上也进行了大规模的开采。矿业开采导致水质退化后，阿尔卑斯山脉和落基山脉的产业结构进行了转型，依托优质的旅游资源逐步发展成为世界著名的旅游目的地。不同于阿尔卑斯山脉和落基山脉，秦巴山脉目前尚缺乏具有世界影响力的旅游产品，矿产资源开发依然是主要经济活动之一。

（四）区域协同

阿尔卑斯山脉所属的瑞士、法国、意大利、奥地利等各国已形成较为有效的协同发展机制，达成了《阿尔卑斯公约》等国际协作条约，围绕阿尔卑斯山脉开展的跨国合作项目十分频繁。落基山脉建立了众多国家公园，划定原始自然环境保护区域，并列入世界遗产目录、世界遗产公园、世界自然遗产名录。秦巴山脉周边地区各城市相互间联系相对薄弱，缺乏有效的协同发展机制，区域核心区、拓展区的城市尚处于各自独立发展、联动不成网络的初期阶段。

（五）发展路径

对于山地区域，人们的认识正逐步变化。山地不再被视为"最不利的区域"，而是成为具有许多特定潜力的区域。绿色发展、转型发展是山地区域发展的必然。阿尔卑斯山脉和落基山脉区域长期以来坚持生态保护与绿色发展理念，注重生态教育，强化民众的生态环境保护意识及生态理念，并在区域内部和国家公园门户地区，依托优势资源发展各具特色的生态小镇。转型发展路径也各有差异，如落基山脉区域由采矿、林业、农业向服务行业、旅游业转型。秦巴山脉区域由工业化初期逐步进入工业化中期，区域内的基础设施建设步伐加快，公共服务设施逐步完善，经济发展活力和潜力进一步增大。

（六）相关政策

为建立统一的组织来运营和管理落基山脉区域内所有的公园、遗迹，美国国会通过《组织法》，成立了美国国家公园管理局（US National Park Service）。落基山脉欧盟层面的政策主要是通过对欠发达地区的补偿来实现，政策内容多围绕第一产业发展和基础设施建设。国际组织作为一种非政府力量，主要通过国际公约形式对整个山区的可持续发展、环境保护等问题予以关注。2005~2015年，国家及区域内政府针对秦巴山脉区域共出台绿色循环发展方面的政策70余项，涉及绿色循环发展法律法规、发展规划及计划、规范性文件、工作方案等政策性文件。但秦巴山脉区域涉及的河南、湖北、重庆、陕西、四川、甘肃五省一市缺乏多层次综合性的政策体系。

三、对秦巴山脉区域发展启示

通过上述比较分析可以看出，一方面，秦巴山脉与阿尔卑斯山脉和落基山脉相比，资源禀赋各不相同，景观风貌也具有明显的差异。其中，阿尔卑斯山脉4 000米以上的山峰就有22座，丰富多样的冰川、森林、牧场、湖泊等优美景观资源，不仅使其成为世界著名的旅游度假胜地，而且常年覆盖的冰川、雪层厚度深、面积大，更为开展冬季滑雪旅游创造了有利条件。落基山脉同样也因独特的火山熔岩、冰川、湖泊等自然景观资源成为世界国家公园的先驱和典范。秦巴山脉则以悠久的历史、深厚的文化底蕴和丰富的动植物资源而著称。另一方面，秦巴山脉与阿尔卑斯山脉和落基山脉的国际知名度差距大。阿尔卑斯山脉生态环境保护力度较大，资源开发利用成效显著，交通基础设施完善。落基山脉也早已转变发展模式，建立起系统完善的生态保护法规，独特的资源优势和保护开发利用方式使二者均已发展成为世界著名山脉。秦巴山脉是长江、黄河两大流域分水岭和南北气候分界线，也是我国最大的生物基因库、中央绿肺、中央水源地、矿产资源富集区和中华文明重要的发祥地。但目前而言，秦巴山脉与其他两山脉相比，国际知名度尚存在明显的差距。

综合来看，阿尔卑斯山脉和落基山脉的发展历程与发展成就，为秦巴山脉区域可持续发展提供了有益的借鉴。

（一）建立多层次综合性政策体系，构建区域协同保护与发展格局

在阿尔卑斯山脉地区的政策体系中，欧盟、国家、省和地区、市分别作为不同的责任主体，负责不同层级的规划和政策制定。欧盟作为最高层面的政策制定主体，各个国家负有协调、战略和政策发展，以及可持续发展框架条件设置责任。相比较而言，秦巴山脉区域政策的制定主体是国家，但由于我国山区范围广阔，不同地区的差异悬殊，仅仅依靠国家层面的补偿性政策难以满足不同山区发展需求，需要加强下一层级（即区域或省级）政策制定的主体作用。

借鉴阿尔卑斯山脉经验，可以从以下几个方面探索未来的政策导向：从单纯的直接补偿转向区域经济的综合开发；从传统农业政策转向鼓励文化遗产、乡村景观等多样化发展；从发展平原地区污染类加工产业转向鼓励发展传统生产工艺，支持旅游业创新；从单纯的政府主导型的扶贫政策转向动员多方社会力量并加强国际合作。同时，有必要站在国家战略高度研究和制定环秦巴山脉区域五省一市有关秦巴山脉保护与绿色循环发展的协同政策机制，构建秦巴山脉区域间—秦巴山脉地区内外间—秦巴山脉地区内部间多层级的协同发展格局。例如，加强环境污染的系统防控和综合治理，联合开展秦巴山脉区域生态环境质量勘察和生态价值评估，协同推进生态敏感地区的生态修复工作，建立区域协同的水资源、水环境保护机制和流域水环境监测网络，构建跨区域生物基因库和保护园区，协同开展城乡产业布局、基础设施建设等。

（二）严格控制资源开采对生态的破坏，引导发展绿色产业和特色经济

从阿尔卑斯山脉和落基山脉地区的发展历程可以清晰看出，其经历了从对山地资源的破坏性滥用到重视保护自然环境和自然资源意识的转变，生态保护成为一切发展的基础。虽然历史上两山尤其是落基山脉地区也曾经历过大规模的资源开采和生态破坏，但是第一个美国国家公园——黄石国家公园的建立，标志着美国公众对待自然环境和自然资源价值模式的转变。颁布于1897年的美国森林保护政策明确要求"终止破坏性的滥用和停止浪费"。历经百余年的不懈努力，如今旅游业成为两山脉独具特色的优势产业，周边区域与生态环境高度和谐的科技化、精密化、特色化产业也已成为其核心产业门类。秦巴山脉矿产资源种类多且部分矿产储量丰富，长期的资源开采已对秦巴山脉部分地区生态环境造成严重的破坏。借鉴两山脉发展经验，严格控制资源开采对生态的破坏，大力发展绿色循环产业和特色经济是保障秦巴山脉区域可持续发展的根本。

（三）积极借鉴国家公园理念模式，尽早建立秦巴国家公园体系

1916年美国国家公园管理局成立。在过去的100余年里，美国国家公园系统已成为重要的国家资源。美国国家公园包括128个历史公园或遗址、78个国家遗迹、59个国家公园、25个战场或军事公园、19个保护区、18个游憩地、10个海滨、4条绿道、4个湖岸及2个储备用地。秦巴山脉面积广、范围大，跨省较多，山、水、岭、塬等自然资源在空间上存在连续性，地理属性范围与省级区划范围并不一致，导致各省市在对资源的开发策略和保护力度上存在差异，区域重复开发时有发生。另外，秦巴山脉以其丰富的文化资源和独特的文化价值，成为我国为数不多的极具自然、文化双重价值的保护地，应优先选择世界遗产、世界级地质公园、国家自然保护区、国家风景名胜区等资源基础好、文化感召力强的既有景区进行整合提升。依托现有自然、文化旅游资源，尽早建立具有跨省级区域特征、文化-生态双重属性的中国特色秦巴国家公园体系，打响秦巴国家公园品牌，提升秦巴山脉国际知名度。此外，应将秦巴国家公园管理体系建设作为探索我国跨区域国家公园管理体制的试点，系统梳理现有保护条例、地方法规及部门管辖、事权划分，将现有自然保护区、风景名胜区和各类国家森林、地质公园纳入统一的国家公园体系，按照同一标准进行类型划分，根据保护对象确定其保护和开发的强度并对其名称进行确定。

（四）强化教育、科技对绿色科技产业发展的有力支撑

从地处阿尔卑斯山脉腹地的瑞士发展历程不难看出，正是百余年来对教育科技人才培养的重视，不仅使国家摆脱了贫困，而且拥有了雄厚的创新发展实力助推医药、精密仪器制造等绿色科技产业发展。为此，协同推进秦巴山脉区域科技与教育扶贫，扶持基础教育、有针对性的职业教育和技能培训，协调解决山区人才匮乏问题，对于秦巴山脉区域可持续发展具有深远意义。同时，应打造成果转化和产业化平台，加强科技人才队伍建设，提高秦巴山脉区域创新创业能力，壮大特色支柱产业，增强内生发展动力，扶持山区群众脱贫致富。

（五）疏解山区人口，降低人口密度，利于生态保护

落基山脉和阿尔卑斯山脉虽然人口规模有所增加，但密度仍较小。据相关资料，落基山脉人口分布为4人/千米^2，没有超过50 000人的城市。阿尔卑斯山脉永久居住地的人口密度为200~16 000人/千米^2。秦巴山脉较阿尔卑斯山脉和落基山脉不仅人口密度大，而且贫困人口数量多、贫困程度深，且多居住在生态环境脆弱地区。因此，保护秦巴山脉生态环境，实现"绿水青山就是金山银山"的发展目标，必须通过与山脉周边城市的统筹协调，协同制定相关规划，对生态敏感区、水源保护地、地质灾害易发区等区域联合开展生态移民，将人口规模控制在合理生态承载范围之内。

（六）分区域差异化改善交通可达性，完善基础设施

可达性弱和基础设施缺乏，是山地区域发展中面临的主要问题。但在可达性弱的山地区域，若一味地提高道路交通可达性，会对生态环境造成严重威胁。阿尔卑斯山脉和落基山脉的发展经验表明，在核心保护区采取综合措施而非一味地修建道路可弥补可达性不足的问题。阿尔卑斯山脉地区为避免生态环境受到来自国际道路交通的威胁，为改善这些区域面临的可达性问题，寻求新的可能机会，积极发展现代通信基础设施。美国落基山脉地区大力发展绿色交通，如在门户城镇和落基山国家公园提供免费接驳车服务，作为缓解交通拥堵和保护自然资源的重要手段，均取得了较好的效果。因此，对于秦巴山脉区域整体来讲，应构建完善的区域内部及其与周边城市互联互通的基础设施体系。搭建秦巴山脉区域外通内联的快速交通干线体系（包括高速公路、高铁、通用航空）与旅游慢行系统，破解"蜀道难"的历史难题。而在秦巴山脉区域核心保护区，应强化区域信息交流协作机制，加强区域信息技术（包括物联网、云计算等）研发和应用合作，推进区域信息交流平台、大数据中心建设，促进资

讯和资源共享，建设"智慧秦巴"。

（七）转变对秦巴山脉区域资源禀赋和综合价值的认识

秦巴山脉区域在水源补给、生物多样性、文化旅游、战略区位等方面具有多方面价值，不再是传统观念中的"不利区域"。在生态文明建设和新经济发展推动下，在国家"一带一路"和中西部崛起等背景下，秦巴山脉及周边城市区域在国家整体生态安全、国家公园建设、国土空间平衡发展、产业经济转型培育、文化遗产保护传承、农业景观与生态休闲旅游等方面必将发挥越来越重要的作用。

第二节　绿色循环理论研究

为对秦巴山脉区域绿色循环发展研究提供更坚实的理论与实践支撑，本节对绿色循环理论相关成果进行了必要梳理，进一步夯实绿色循环发展研究的理论基础。

一、绿色循环理论研究基础

（一）绿色发展理论

1. 绿色发展的内涵

绿色发展，是在传统发展基础上的模式创新，是建立在生态环境容量和资源承载力的约束条件下，将生态环境保护作为实现区域可持续发展重要支柱的一种新型发展模式。

2. 国外绿色发展的研究与实践

2008年，联合国环境规划署提出"绿色发展倡议"和"绿色新政"，指出全球经济发展重心应集中于清洁能源技术和改善自然基础设施方面。2012年，联合国可持续发展大会提出"绿色经济"及"我们期望的未来"的主题，关注重点集中于贫困地区的"绿色转型"。近年来，欧盟、美国、日本、韩国纷纷提出了绿色发展战略，实施"绿色新政"，把发展绿色产业作为推动经济结构调整的重要举措。

3. 中国绿色发展的进展

"十一五"以来，我国提出了经济结构战略性调整和转变经济发展方式，在绿色发展领域的行动已经处于全球引领位置。但是，区域发展差异性仍是重要影响因素。我国城市经济增长普遍较快，但绿色发展的差异较大。从全国范围来看，大多数城市的绿色发展处于中等水平，而经济增长较快、绿色城市指数较低的内陆城市则是我国城市绿色发展的重要提升地区。

我国城市绿色发展与发达国家城市的差距，主要体现在环境健康和低碳发展领域两个方面。环境健康的差距体现在空气质量及环境管理方面。低碳发展领域的差距较为明显，一方面是由于我国正处于工业化和城市化的中期阶段，能源需求旺盛，另一方面也与我国能源结构及能源技术效率有关。

（二）循环经济理论

1. 循环经济的内涵

循环经济本质上是一种生态经济，是遵循生态学与经济学原理及其基本规律，按照3R原则[①]，运用系统性方法，实现经济发展过程中物质和能量循环利用的一种新的经济形式。[1]

2. 国外循环经济理论研究

国外研究主要聚焦于以推行清洁生产和实现产业共生为核心的工程技术与环境管理创新研究，强调"技术"与"政策"在企业、园区、区域三个层面的应用。从研究领域分析，国外的主要研究领域集中在工程、生态环境、化学、水资源、材料科学、能源与燃料方面。从循环经济研究的关键问题分析，产业生态、产业共生、生命周期评价、案例研究、废物管理研究关注度较高；固体废物、物质流分析、生态工业园区、环境影响、污水治理、中水回用、城市固废也是循环理论研究的重点。

3. 中国循环经济理论研究的拓展

针对循环经济3R原则的适宜性，我国学者从不同角度对3R原则进行了扩充，形成了4R、5R到nR的原则，引入了再思考、再生成、再制造、再修复等原则。深度拓展循环原则的系统性，从物质循环的资源化后续过程进行深化，以科学发展观为指导，创新经济理论，建立与自然和谐的新价值观、优化配置的新资

---

① 3R原则是减量化（reducing）、再利用（reusing）和再循环（recycling）三种原则的简称。

源观、生态工业循环的新产业观、修复生态系统的新发展观。保证循环经济方式不断改进，促进经济系统的运行状态不断改善。

（三）循环经济实践模式研究

1. 国外的循环经济实践模式

国外的循环经济实践模式有企业内部、企业群体、社会消费与排放、循环型社会等不同层级模式。企业内部的循环经济模式以德国杜邦模式为代表，企业群体的循环经济模式以丹麦卡伦堡模式为代表，社会消费与排放模式以德国包装物双元回收体系为代表，循环社会模式以日本生态城镇循环模式为代表。

2. 中国的循环经济实践模式

1）以上海、江苏等地为代表的发达地区自发战略转型模式

上海是我国最早开展循环经济研究和实践的城市之一，在清洁生产、节能、节水、废弃物资源化等方面开展了大量工作并处于全国领先地位。江苏省结合生态省建设，制定了发展循环型工业、循环型农业、循环型服务业和循环型社会的专项规划，并在此基础上形成了江苏省循环经济发展总体规划，开展了省域范围内的循环经济试点。

2）以辽宁等地为代表的东北老工业基地资源型战略转型模式

辽宁省在实践中探索出循环经济"3+1"发展模式。"3"指"大""中""小"3个循环，"1"指静脉产业①。具体包括：在企业层面推行清洁生产，实现污染物产生量的最小化的"小循环"；在工业区及区域层面发展生态工业，建设生态工业园区的"中循环"；在社会层面推进绿色消费，建立废弃物分类回收体系，建立循环型社会的"大循环"。同时，大力发展静脉产业，从根本上解决废弃物和废旧资源在全社会的循环利用问题。¹

3）以贵阳市等试点地区为代表的跨越式战略转型模式

贵阳市提出"一个目标、两个环节、三个核心系统和八大循环体系"战略框架，建立和采取了"政府主导、规划先行、制度建设、立足生产、转变观念"的循环经济建设和推进体系。

---

① 静脉产业是垃圾回收和再资源化利用的产业，又被称为"静脉经济"、第四产业。其实质是运用循环经济理念，有机协调当今世界发展所遇到的两个共同难题——"垃圾过剩"和资源短缺，"变废为宝"，通过垃圾的再循环和资源化利用，最终使自然资源退居后备供应源的地位，自然生态系统真正进入良性循环的状态。

（四）绿色发展与循环经济的包容模式

循环经济可以统辖于绿色发展这一概念之下，其核心目的是突破有限的资源环境承载力制约，谋求经济增长与资源环境消耗的脱钩，实现发展与环境的双赢，包容于绿色发展的目标之内（表2.1、图2.2）。

表2.1　绿色发展与循环经济包容模式特征

领域系统	绿色发展与循环经济包容模式特征
经济模式	可持续发展模式
发展观	人与自然和谐可持续发展
效益目标	实现经济、社会和生态效益的统一
发展模式	经济发展与生态环境相协调
资源环境状况	资源利用效率高，保护生态环境
经济社会系统	多层次链、网结构符合生态运行的经济社会系统

图2.2　绿色发展与循环经济的包容模式图

（五）绿色循环发展的基本特征

绿色循环发展具有以下三个基本特征。

（1）系统层面的循环经济模式。以物质转化过程中的跨产业多重循环为引导，以循环型城市和区域的建立为核心，以构建循环型社会为重点。

（2）追求保护与增长的平衡发展模式，确定经济增长可能的物质规模，在规模范围内提高生态效率。

（3）通过建立区域资源产业、城乡一体、城镇群的绿色循环发展模式进行推动。

绿色循环发展与我国应对经济持续高速增长带来的资源可持续供给压力和生

态环境保护压力的客观需求高度契合，针对秦巴山脉区域落后的社会经济发展状况和迫切的生态保护需求，需要通过建立系统循环的基本结构，构建跨产业、跨城乡、跨区域三个相互作用的子系统发展模式，以达成绿色循环的复合社会经济系统发展战略目标。

二、秦巴山脉区域绿色循环发展模式

（一）秦巴山脉区域绿色循环产业现状

秦巴山脉区域按照《中华人民共和国循环经济促进法》《中华人民共和国节约能源法》等有关法律法规，先后制定和出台了省（区、市）一系列与循环经济相关的地方性政策与法规，促进了区域循环经济发展。在重点行业、重点园区、重点城市开展循环经济试点工作。在一些资源型和高耗能企业，组织开展节能减排、清洁生产、资源综合利用活动，实施了循环经济重点项目，形成了规模不等的循环经济集聚区和园区雏形。但是，目前秦巴山脉区域资源型产业占比仍然较大，绿色产业尚未形成规模，循环经济层次仅限于企业及园区，缺少区域循环系统的构建。

（二）秦巴山脉区域绿色循环发展指标体系框架构建

绿色循环发展涉及经济社会发展的各个领域，它不仅是系统层面的循环经济模式，也是追求保护与增长的平衡发展模式，更是针对生态资本区域的循环经济空间应用模式，指标体系框架主要从经济、生态、社会三个维度进行思考，按照层次关系和隶属关系原则进行系统性构建（图2.3）。将生态系统要素确定为核心要素层次，按照控制性指标进行制定；将经济系统要素确定为重要要素层次，按照控制性指标及引导性指标进行制定；将社会系统要素确定为引导要素层次，按照引导性指标进行制定。

指标体系共包括四个层次：第一个层次为总目标层，即绿色循环发展总目标；第二个层次为3个一级准则层，是总目标综合性评价涵盖的基本系统层次；第三个层次为8个二级准则层，是一级准则层评估的基本出发点；第四个层次为若干指标层，是指标体系的基层要素，采用可测、可比、可获得的指标，对准则层给予直接度量。

（三）秦巴山脉区域绿色循环发展支撑体系构建

面对秦巴山脉区域落后的经济社会发展状况和迫切的生态保护需求，基于绿色循环理念，遵循循环经济发展模式由低级向高级、由简单向复杂系统进化的基本路

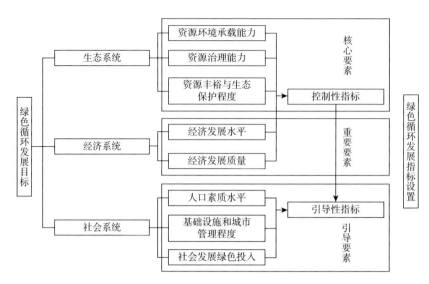

图2.3　绿色循环发展指标体系属性构成框架图

径，由企业—产业—区域—社会四个层次构成系统循环的基本结构，建立秦巴山脉区域绿色循环发展支撑体系（图2.4）。考虑到支撑体系内的层次重点及秦巴山脉区域的基础条件，从系统循环的结构入手，构建跨产业、跨城乡、跨区域三个相互作用的子系统发展模式，以构成秦巴山脉区域绿色循环发展复合经济社会系统。

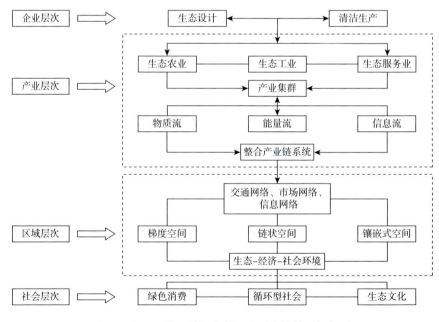

图2.4　秦巴山脉区域绿色循环发展支撑体系框架图

（四）跨产业绿色循环发展模式

产业领域的绿色循环发展强调产业内和产业间的共生与循环，通过产业链的延伸及拓展得以实现，产业链通过经济区划、区域产业类型分工格局和区位优势特点在空间布局中发挥续衍作用。

1. "三位一体"的基本产业模式

针对城乡产业结构的基本类型，绿色循环发展的产业模式提出第一、第二、第三产业的"三位一体"，在产业链续衍中强化价值链，突出政府与社会参与的公共服务业在绿色循环发展中的地位与作用，通过公共服务业对社会及人的空间再生产和再组织实现发展目标，保持社会的可持续发展。

2. "平向产业链"及"纵向产业链"的整体发展思路

"平向产业链"是指进一步完善产业发展的对外交通条件，建立多种交通方式结合的交通网络，强化高速信息网络的建设，实现"生产、铁路、公路、信息"四者联合发展。"纵向产业链"是指引进与产业相关的衍生产品加工、物资回收、通信器材、产品包装、销售策划、物流集散等相关产业，实现产业链的纵向延伸，提高产品的附加值。

3. "二三产业综合"的横向耦合协调发展

现代服务业是产业跨越发展的重要经济增长点，服务业发展可以加快产业结构升级，重塑与完善区域功能。生产性服务业可提供社会中间层作用的准公共物品，主要通过市场需求的主导作用来建立（图2.5）；公共服务体系体现为以政府为主导、以社会团体和私人机构等为补充的供给主体（图2.6）。秦巴山脉区域公共服务体系建设以保障、提升、自身发展三个层次为重点内容，与生产性服务业一同耦合于第二产业经济活动，形成多重循环的复合产业体系。

人力资源服务			技术转移服务			金融资本服务			财务法律服务			行业协会服务			信息管理服务		
职业培训	就业咨询	猎头公司	技术认证咨询	技术交易中介	技术评估中介	创新基金	风险投资	募集股权	审计事务	会计事务	律师事务	行业组织	战略联盟	产业联盟	技术信息咨询	物流信息咨询	市场信息咨询
生产性服务业体系																	
生产要素条件提升	企业战略与竞争背景提升			相关及支援产业提升				需求条件提升									

图2.5　秦巴山脉区域生产性服务业体系模式图

公共教育服务	公共卫生服务			公共文化服务			公共体育服务			公共就业服务			社会保障服务		
托幼 / 义务教育	卫生站	防疫站	医疗点	图书馆室	文化站	文化活动中心	体育场馆	全民健身	体育运动竞赛	培训	就业信息	就业指导	社会保险	社会福利	社会与慈善救助
公共服务体系															
基本生存性公共服务条件保障			公共安全性基本服务保障			公共环境性基本服务提升			自身发展性基本服务构建						

图2.6　秦巴山脉区域公共服务体系模式图

4. 基于生态效益的纵向闭合产业链发展

基于生态效益构建循环经济主要产业链网络，对企业的物质流、能量流、水流、"废物"流及信息流进行集成，并在类别、规模、方位上进行匹配，横向进行产品供应、副产品交换，纵向连接第二、第三产业，实现物质、能量和信息的交换，完善资源利用和物质循环，建立生态产业系统。

5. 集群区域的区域整合产业链系统

多产业集群的服务范围由链状向网络状扩展，通过整合秦巴山脉区域的特色企业及周边城乡内的不同产业需求和基础设置，构建产业共生网络（图2.7）。以物资集成利用系统、水资源集成系统、能源供给集成系统、共享信息集成系统、配套设施集成系统、技术研发集成系统共同形成绿色循环产业区域，逐步实现循环产业的"组织续衍"。

（五）跨城乡绿色循环发展模式

城乡空间是绿色循环发展的物质载体，城乡一体的绿色循环发展不仅是秦巴山脉区域发展路径的必然选择，也是绿色循环发展实践的重点突破。

秦巴山脉区域内城镇体系地域空间结构显著不平衡，空间分布差异较大，城镇在地域空间上更多以"点"到"轴"的状态进行集聚，尚未形成网络体系。跨城乡绿色循环模式在示范区、城乡统筹、区域层次建立空间发展路径。示范区空间构成循环型增长极，有效带动外围地区的生态环境发展；城乡统筹空间由循环型增长极和若干循环型轴线共同组成，嵌入具有极化效应和辐射效应的人居聚落；区域空间形成梯度发展的布局结构。

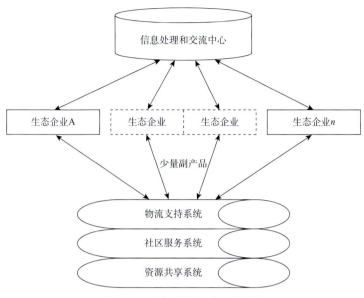

图2.7　生态链（网）共生模式图

1. 示范区空间的链状发展模式

　　绿色循环产业示范区内部的产业协作可以通过产业链的横向耦合及相对纵向闭合构成完整产业链网络，各产业功能空间依产业链的上下游关系衔接链状布局，构成多区多元的空间发展模式（图2.8）。这种空间发展模式可结合用地的自然条件和气候条件进行灵活组织，并能够有效利用土地，同时避免产业与人居活动之间的相互影响。

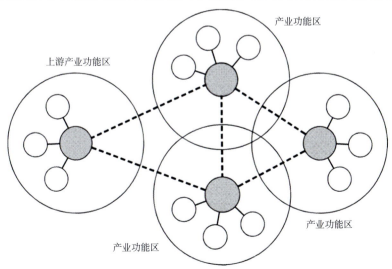

图2.8　秦巴山脉区域绿色循环产业示范区空间的链状发展模式图

2.城乡统筹空间的"镶嵌式"组团状发展模式

产业经济的发展最终应实现以资源优势为主导的区域经济发展。城乡统筹中兼顾第三产业布局，依托现有城市、小城镇和乡村居民点完善与主导产业相关的生产性服务业和生活性服务业，完善公共服务体系，将产业链体系中的次级链条和共生互利产业嵌入城镇用地空间，形成"镶嵌式"组团状空间格局，使产业空间成长趋于成熟和稳定，城乡间的空间竞争与合作关系加强，实现城乡产业一体化的空间发展格局（图2.9）。

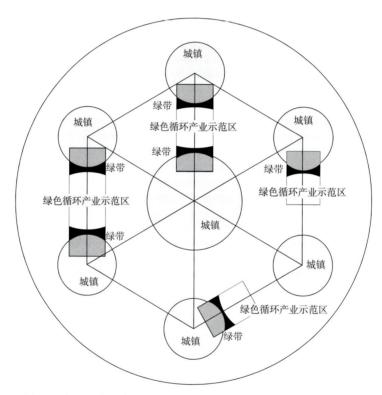

图2.9　秦巴山脉区域城乡统筹空间的"镶嵌式"组团状发展模式图

3.区域空间的梯度发展模式

秦巴山脉区域空间发展，以生态安全为优先控制，再以特色产业所占据的区位通过空间集聚形成产业经济空间的梯度布局（图2.10）。重点建设绿色循环示范城镇微集群，逐步建设城镇微集群周边地区带有梯度性特征的"环城镇（群）绿色循环圈层"和"点-轴树状绿色循环网"的区域空间布局结构。

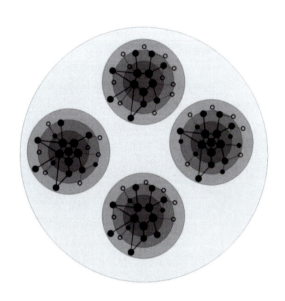

图2.10　秦巴山脉区域空间的梯度发展模式图

（六）跨区域绿色循环发展模式

跨区域的绿色循环发展以协同模式为主导，提出内外两个层级的协同思路。对外协同思路立足于环秦巴山脉经济圈与秦巴山脉核心区的协同发展，重点在于环秦巴山脉经济带中心城市与秦巴山脉核心区近域的协同、环秦巴山脉经济带中心城市与秦巴核心区纵深的协同。近域协同以交通网络、市场网络、信息网络建设为依托，利用产业集群的组织续衍优化城乡空间结构，逐步实现城乡人口的适度转移；纵深协同以生态保护区的联合机制为依托，通过成立协同管理机构、搭建协同管治平台、实施协同考评政策，逐步完善秦巴山脉区域生态保护优先的发展模式。内部协同思路以产业发展模式为引导，通过产业分工的错位、互补，系统规划、整体协调、优化结构，把秦巴山脉区域内的经济和社会活动组织成一系列"资源—产品—再生资源"的反馈流程，通过网络化的整合产业链，构建若干城镇微集群，以绿色循环示范区建设为具体载体，带动跨区域的全面、健康、持续发展。

（七）秦巴山脉区域复合社会经济系统

以跨产业、跨城乡、跨区域的绿色循环发展模式作为三维框架，在经济发展、空间建设、机制保障三方面构建绿色循环发展的复合社会经济系统，以跨城乡模式的空间载体为基础，通过跨产业模式的经济促进，在跨区域层面建立协同保障机制，实现秦巴山脉区域绿色循环社会的建设目标（图2.11）。

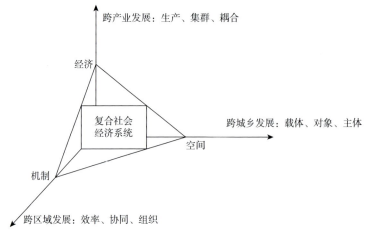

图2.11　秦巴山脉区域绿色循环复合社会经济系统框架图

第三章 秦巴山脉区域绿色循环发展思路

第一节 指 导 思 想

　　围绕中共十八届五中全会提出的"创新、协调、绿色、开放、共享"五大发展理念，以生态文明建设为根本，强调"生态保护为本"的研究立意，充分认识加快推进生态文明建设的极端重要性和紧迫性，切实增强责任感和使命感，牢固树立尊重自然、顺应自然、保护自然的发展理念，探索秦巴山脉区域绿色、循环、低碳发展有效路径，应对秦巴山脉区域生态环境保护、污染治理与经济社会发展相对滞后等问题，用生态底色构筑区域绿色发展基石；通过绿色发展，保护好生态环境，释放生态生产力，打好生态文明建设攻坚战，打赢脱贫攻坚战，确保秦巴山脉区域"山更绿、水更清、天更蓝"，实现"绿水青山就是金山银山"的宏伟发展目标。从国家层面、区域层面、省市层面构建整体性的秦巴山脉区域发展策略，建立相应的管理体制和运行机制，支撑西部大开发、中部崛起、"一带一路"倡议和长江经济带区域发展战略实施，为与全国同步全面建成小康社会、实现中华民族伟大复兴中国梦做出秦巴山脉区域应有的贡献。

第二节 发 展 原 则

一、生态优先原则

　　生态保护是秦巴山脉区域发展的前提，保护生态红线是根本大计。良好的生态保护是激发生态生产力和发展绿色产业体系的基础。牢固树立优美的生态环境就是生产力、保护生态环境就是保护生产力、改善生态环境就是发展生产力的理念，把保护、改善生态环境放在突出的位置。在生态环境保护与发展中，坚持把保护放在优先位置，在保护中发展，在发展中保护。当生态环境保护与经济效益产生冲突时，必须把生态环境保护作为优先选择，绝不以牺牲生态环境换取一时的经济增长。

二、绿色循环原则

激发秦巴山脉区域自身的绿色生态资源，发展绿色生态经济。通过构建绿色产业体系，实现低碳生态发展，维护秦巴山脉的净水清风。绿色发展包括：保护和发展自然生态，扩大森林、草地、湿地面积，确保青山绿水；大力发展生态农业、绿色制造业、生态旅游业等绿色产业和循环经济，构建地区绿色产业体系；倡导绿色交通、绿色低碳的生活和消费方式。

三、区域协同原则

围绕开放发展、共享发展理念，与环秦巴山脉周边大城市积极联动，协调发展，构建区域协调的联动机制，形成合作共赢机制、协调发展的合力，促进腹地与外围区的互通发展，共同建立生态保护平台，共同构建绿色产业体系，打好生态文明建设攻坚战，打赢脱贫攻坚战，共享发展成果。

四、创新驱动原则

创新发展是当前我国经济社会发展的核心引擎，是结构调整优化的根本动力。坚持把创新放在秦巴山脉区域发展全局的核心位置，结合"互联网+"等信息时代诉求，以智慧互联创新传统产业，积极开展技术创新、制度创新、理念创新。为转变经济发展方式、优化经济结构、改善生态环境、提高发展质量和效益开拓广阔空间，推动秦巴山脉区域可持续发展。

五、公平共享原则

秦巴山脉区域是扶贫重地，贫困问题突出，应以公平共享为目标，通过教育扶贫、科技扶贫、产业扶贫、补偿扶贫等综合措施，确保我国现行标准下贫困人口实现脱贫，贫困县全部摘帽，解决区域性整体脱贫，实现秦巴山脉区域核心区与外围地区的协同共享发展。

第三节　发展目标

一、总体目标

基于秦巴山脉区域自然人文资源禀赋、经济社会发展和生态环境保护现状、在国家安全和区域战略中的突出地位与国家"两个一百年"的发展蓝图，围绕国家到2020年全面建成小康社会及建设美丽中国的总体要求，推进秦巴山脉区域可持续发展，努力实现"绿水青山就是金山银山"的战略预期，以实现秦巴山脉区域生态环境保护与脱贫攻坚双赢为发展目标。

最终将秦巴山脉区域核心区建设成为我国生态安全要地、中央生态文明示范区，促进秦巴山脉区域外围地区形成我国"一带一路"倡议、长江经济带战略的转换平台和内陆开放带的核心区，将秦巴山脉区域打造成为我国中西部地区以生态文明建设为引领、以绿色循环发展为途径的协同发展区。

（一）生态环境保护目标

切实保护秦巴山脉区域水资源、生物资源和农林资源，解决区域突出的水土流失、挖沙开矿等严重危害生态安全的问题，解决同流域水资源治理不同步、不协同问题，生态红线以内的居民点全部迁出，确保秦巴山脉区域的经济社会发展在生态可承载范围内，通过建设国家中央公园等平台，切实强化秦巴山脉区域在我国生态文明建设中所发挥的自然恢复功能。

（二）社会扶贫发展目标

按照《中共中央　国务院关于打赢脱贫攻坚战的决定》扶持对象精准、项目安排精准、资金使用精准、措施到户精准、因村派人精准、脱贫成效精准的要求，探究秦巴山脉区域700余万名贫困人口的扶贫路径。重点从产业扶贫、科技扶贫、教育扶贫、搬迁扶贫、健康扶贫、补偿扶贫六个方面切入，探索秦巴山脉区域贫困人口生态化脱贫途径，为全国其他生态敏感集中连片特困区域社会扶贫提供经验借鉴。到2020年，完成秦巴山脉区域全部712万名贫困人口脱贫攻坚任务，切实改善和提高贫困人口的生活条件与居住水平。

二、阶段目标

拟分三个发展阶段进行战略目标部署；第一个阶段为转型升级阶段

（2016~2020年），第二个阶段为加快发展阶段（2021~2030年），第三个阶段为稳定提高阶段（2031~2050年）（表3.1）。

表3.1　秦巴山脉区域发展目标体系

大类	小类	2020年	2030年	2050年
社会	常住人口/万人	3 700	3 200	2 800
	常住人口城镇化率	40%	50%~55%	50%~55%
	大专以上教育人口占比	20%	25%	30%
	职业教育人口占比	40%	70%	85%
经济	地区生产总值增速	6.5%	7.0%	7.0%
	人均地区生产总值/万元	4.0	8.0	15
	旅游收入占地区生产总值比重	8.0%	15%	20%
	农村居民人均纯收入/元	5 000	10 000	30 000
	绿色地区生产总值占比	20%	60%	80%
环境	农村垃圾处理率	40%	50%	75%
	农村污水处理率	30%	45%	70%
	主要河流水质	Ⅱ类	Ⅱ类	Ⅰ类
	碳排放量年降低率	15%	10%	8.0%
生态	森林覆盖率	60%	65%	70%
	生态红线控制面积占比	32%	36%	40%
	资源循环利用率	40%	70%	90%
资源	单位地区生产总值能耗降低	15%	20%	25%
	农村宅基地复垦率	80%	90%	100%
	工业废水回收率	30%	75%	90%

（一）近期目标：2020年

秦巴山脉区域生态环境得到有效保护，水资源、大气、土壤污染治理取得明显成效，局部生态环境恶化趋势得到有效遏制；绿色、循环、低碳产业体系初步形成，脱贫攻坚取得决定性战果，与全国同步全面建成小康社会。建立区域生态补偿机制，文化旅游业和绿色农林畜药业逐步成长为区域支撑产业。西武高铁、渝西高铁、西成高铁建成，打通兰州—成都高速公路，形成环秦巴周边城市间完善的骨干路网体系。城乡空间体系得到基本整合。以神农架国家公园试点为契机，初步启动自然保护地与国家公园体系整合与建设。

（二）中期目标：2030年

秦巴山脉区域生态经济效应显现，生态红线内居民点全部迁出，人口城镇化率维持在55%左右，山区人口密度减少到140人/千米²以内。区域突出生态问题得到改良修复，自然保护地体系得到系统整合与完善，初步建成秦巴国家公园体系，生态空间安全格局基本形成。人均地区生产总值、城乡居民人均可支配收入达到全国平均水平。腹地内部国省道一级断头路全部打通，环秦巴山脉地区形成通用航空网络，区域信息互联网络体系基本建成。

（三）远期目标：2050年

区域"生态高地-经济洼地"反差明显缩小，自然、人文优势资源得到有效利用，综合价值得到充分体现，战略地位得到全面确立，成为国内著名、国际知名的旅游胜地，实现"绿水青山就是金山银山"宏伟目标。山区人口密度减少到90人/千米^{2}以内，自然保护地与国家公园体系全面建成并产生显著效应，秦巴山脉区域核心区和外围区功能错位、协调互补的发展格局基本形成。国家生态文明示范区效应得到全面体现，成为全国广大山区的绿色循环发展示范高地。

第四章　秦巴山脉区域绿色循环发展战略

第一节　生态保护建设战略

一、背景、思路与目标

（一）发展背景

随着中共十八届五中全会召开及《生态文明体制改革总体方案》的制定，生态文明建设已成为我国当前经济社会发展的重要生产力。秦巴山脉作为我国的生态之本源，生态文明建设战略应当成为秦巴山脉区域发展的首要战略。

（二）总体思路

深入贯彻"创新、协调、绿色、开放、共享"五大发展理念，积极探索"绿水青山就是金山银山"的绿色发展之路；充分发挥秦巴山脉生态资源优势，充分利用现代产业技术与现代网络信息技术融合发展模式（"互联网+"），以生态文明建设为根本，以生态经济发展为支撑，协同推进秦巴山脉中央生态文明示范区建设。

（三）发展目标

通过秦巴山脉中央生态主体功能区的打造，进一步保障南水北调中线工程、长江、黄河和淮河的水质安全，保护区域生态安全格局和生物多样性，促进区域生态经济发展，使之成为全国生态文明建设的示范高地。

（四）生态格局

根据秦巴山脉区域水源地保护、生物多样性、林地分布、基本农田保护等，划定生态红线，红线范围内实行严格的生态保护制度，红线内居民点逐步迁出，25°以上坡地全部退耕还林。研究叠加水系分布、自然保护区分布、林地分布、大于25°坡地地形分布、生物多样性、水源涵养重要性、石漠化敏感性、土壤侵蚀敏感性等多个因素，确定秦巴山脉区域的综合生态安全格局（图4.1），并以极重要生态区作为生态控制红线，约占研究范围总面积的近七成。

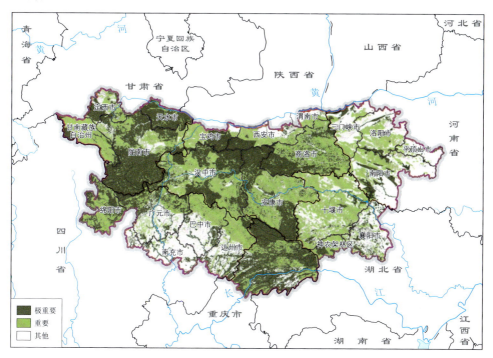

图4.1　秦巴山脉生态安全格局图

（五）战略工程

通过构建秦巴山脉自然保护地体系、打造秦巴山脉国家公园体系、构建区域联动水资源保护体系、形成系统的生态补偿机制等四大工程，系统保护和提升秦巴山脉区域生态环境，提高生态安全水平。

二、构建自然保护地体系

（一）加快建立与国际接轨的秦巴山脉自然保护地体系

基于秦巴山脉突出的生态战略地位及巨大的国际感召潜力，建议对接国际标准，启动最高级别生态保护力度，构筑秦巴山脉自然保护地体系。秦巴山脉自然保护地体系基于区域生态红线划定，通过中央与省市层面的协同，由五省一市共同构建最严格的生态保护体系，加强生态资源保护和生态环境修复。

借鉴世界自然保护联盟（International Union for Conservation of Nature，IUCN）的保护地体系划定标准，将秦巴山脉自然保护地体系分为三个层级。第一个层级为国家层级，包括国家公园、国家级自然保护区、森林公园、地质公园、国家级风景名胜区等；第二个层级为区域层级，包括省级自然保护区、森林公园、地质公园、湿地公园等；第三个层级包括市级与县级自然保护区、森林公园、湿地公园等。其中，已经试点建立的神农架国家公园、大熊猫国家公园、待建的秦岭国家公园，以及华山、太白山、伏牛山、武当山等风景名胜区均为第一层级保护地。要加快制定不同保护级别的相应限制内容和保护措施，并在五省一市内联合执行发布，切实有效保护区域重要生态资源。

（二）制定相对完善的法律法规保障体系

制定出台《秦巴自然保护地体系管理办法》，将其作为区域生物和文化多样性保护最高层次法律，使各类保护地在管理上有法可依。在此基础上，制定《秦巴国家公园及保护区特许经营管理办法》，确保管理权与经营权分离，促进资源的有效保护与合理利用；同时，明确五省一市各保护单位的管理目标、管理边界、管理政策、管理机构、监督和评估机制、经费来源等，将其作为个体保护单位的管理依据。此外，秦巴山脉区域作为我国自然保护地体系的先行实践区，应大力促进国家层面的框架性立法，以加快我国自然保护地体系的法制化与规范化进程。

（三）构建自然保护地体系的跨区域协调与管理机制

秦巴山脉区域应设立高层次、跨部门的秦巴自然保护地管理局，跨区域全面地负责自然保护地体系的管理工作，同时在五省一市设立相应的机构，负责协调地方平行部门之间的关系，监督自然保护地的有效性，落实秦巴山脉自然保护地体系的长效发展。

做好跨地域、跨部门协调自然保护地体系相关工作，还应保证自然保护地体系与总体土地利用的政府规划和省、市、县级的发展计划相结合，与土地利用、国民经济发展规划、财政计划等联系起来。严格把控自然保护地体系的准入标准，并建立长效评估机制。在自然保护地体系实行多层级不同强度的管控方式，对多样性最为敏感的地区实行最严格的保护，对其他地区，根据不同敏感程度，允许不同强度的人类活动，通过这些地区的发展来满足或缓解区域性经济社会发展压力。此外，应将自然保护地建设纳入各级干部任期目标管理责任考核之中，实行差异化绩效考核、领导干部自然资源资产离任审计和生态环境损害责任终身追究制，以确保自然保护地体系管控的有效落实。

（四）强化自然保护地网络的系统规划与科学监测

积极开展区域层面的秦巴山脉自然保护地体系规划，注重保护地网络的系统性、整体性、协同性，通过构建秦巴山脉自然保护地体系，形成维护区域生态安全的战略格局。在原有点状分布的自然保护地之间构建大尺度绿色廊道或跨界保护区生态网络来加强生物多样性保护，减轻保护地的"孤岛效应"，增强不同自然保护地之间的连接性，提升系统整体的生态功能。

在开展秦巴山脉区域系统规划的同时，还应建立科学的保护地监测体系，长期跟踪受保护区域的动态变化，将监测和评估的结果作为后续开展各类考核与生态补偿工作的基础。通过建立在线监控系统，采用遥感等技术，加强对自然保护地生态环境变化的定期动态监测，一旦发现区域内有违反保护的行为，主管部门通过现场调查复核后，采取措施严厉查处。此外，应加快自然保护地体系的信息化、数字化、智能化，为系统管理、项目审批、监督执法等提供有力的信息支撑，加快应急监测能力建设，全面提高监控、预警和治理能力，及时发布自然保护地相关信息。

（五）建立多样化资金保障与生态补偿机制

在秦巴山脉区域建立新的公共财政机制，促使自然保护地生态或其他服务功能的远近受益地区对自然保护地提供偿付，使自然保护地能够通过分发特许经营权获得直接收益，并从旅游经营效益中获得直接收益。同时建议建立质量保障机制，以保证被授予的自然保护地符合相应标准，并且规划和结果都必须经过严格与经费挂钩的评估。

设立生态补偿专项基金，根据具体情况制定和细化补偿标准；完善生态补偿保障措施，加强监督，确保生态补偿资金落到实处；搭建协商平台，完善支持政策，引导和鼓励开发地区、受益地区与生态保护地区，流域上游与下游通过自愿协商建立横向补偿关系，采取资金补助、对口协作、产业转移、人才培训、共建园区等方式实施横向生态补偿；积极运用碳汇交易、排污权交易、水权交易、生态产品服务标志等补偿方式，探索市场化补偿模式，拓宽资金渠道。

三、建设国家公园体系

（一）构建以景区为支撑的国家公园体系

依托既有文化旅游资源，构建由多个景区组成的国家公园体系。优先选择世界遗产、世界级地质公园、国家自然保护区、国家风景名胜区等资源基础好、文化感召力强的既有景区，如神农架景区、太白山景区、终南山景区、佛坪景区、华山景区、武当山景区、光雾山景区、剑门蜀道景区、伏牛山景区、宝天曼景区、白马-王朗景区、白水江景区等，在现有试点基础上增加若干新的国家公园，整合建立秦巴山脉国家公园体系。以"保护为先、重点培育、片区联动、分类引导"为建设思路，分自然型、文化型和文化景观型三种类型进行发展引导，创立秦巴山脉国家公园品牌，提升秦巴山脉国际知名度（图4.2、表4.1）。

图4.2　秦巴国家公园群备选试点示意图

表4.1　秦巴山脉国家公园典型空间

类型	数量/处	名称
自然型国家公园	7	伏牛山、宝天曼、太白山、佛坪、光雾山-诺水河、白马-王朗、白水江
文化型国家公园	1	剑门蜀道
文化景观型国家公园	4	武当山、华山、神农架、终南山

　　构建史前遗迹、宗教文化、地域民俗、自然景观、生物资源五大主题旅游线路。重点推进秦岭博物馆、秦巴国际论坛、环秦巴自行车赛、秦巴自驾游营地、秦巴旅游环线等五大重点项目建设。

（二）建构依托法律法规的国家公园保护开发模式

秦巴国家公园体系的建设应以国家资源的严格保护和永续利用为主要目标，正确处理保护与开发的关系，将生态保护支撑下的合理开发，提高国家自然、文化资源的可游览性，促进区域经济发展，带动当地群众脱贫致富作为秦巴山脉国家公园保护与开发的最高宗旨。因此，必须明晰完善顶层设计，出台国家公园相关法规条例，使秦巴山脉区域自然生态及文化资源的保护和利用在相关法律框架内进行。

针对我国国家公园的立法空白，以及《中华人民共和国自然保护区条例》《风景名胜区条例》等相关法律法规在立法目标、适用范围方面存在的差异，呼吁国家立法部门尽快出台《国家公园法》。同时制定秦巴山脉国家公园体系保护开发条例，重点解决以下几个方面的问题：一是协调保护与利用生态效益和经济效益，建构可持续的国家公园保护利用模式；二是协调管理秦巴山脉国家公园与现有其他保护地之间的交叉、重叠关系；三是破除地方政府以旅游经济收益为导向的各类自然保护地发展动力机制，加大中央财政投入支持、限制地方政府过度开发，使国家公园凸显全民公益性；四是明确中央政府及各省市地方政府、管理机构等主体在秦巴山脉国家公园保护管理方面的权利、责任和义务，以及根据其贡献获得奖励、补偿的原则和办法。

（三）建立区域协同的国家公园管理体系

强有力的立法和集约化的管理机制是国家公园建设实施、处理保护与开发矛盾及塑造国家品牌的有力保证。秦巴山脉区域地跨五省一市，面积大，区域内涉及自然保护区、风景名胜区、森林公园、地质公园、水利公园等，将秦巴山脉国家公园管理体系建设作为探索我国跨区域国家公园管理体制的试点，系统梳理现有法律法规及部门管辖、事权划分，将现有自然保护区、风景名胜区和地质公园等纳入统一的国家公园体系，按照同一标准进行类型划分，根据保护对象确定其保护和开发的强度。

将管理体制创新作为秦巴山脉国家公园建设的重要突破口，协调五省一市，尝试组建职权清晰、隶属明确的秦巴山脉国家公园体系管理机构（如秦巴山脉国家公园管理局），负责对属地范围内国家公园进行垂直化的建设指导和行业管理，实现一个区域对应一块牌子，以解决管理机构重叠、管理区域交叉和管理法规矛盾等带来的众多弊端。

（四）构建协同周边的秦巴旅游服务协作圈

秦巴山脉国家公园体系的建设可依托环秦巴山脉周边的大中城市，构建多层次的国家公园旅游服务体系。将重庆、成都、西安、武汉、兰州、郑州打造为国家公园的旅游集散枢纽和综合服务中心，在西安秦岭北麓设置秦巴山脉综合博物馆与门户景区。将秦巴山脉区域内部的汉中、广元、安康、达州、天水、十堰等城市，打造成国家公园的内部旅游服务次中心和集散节点，构建内外联动、要素互通的旅游服务网络。

外部服务节点城市（大中城市）重点补充与秦巴山脉区域联动的旅游集散设施和区域性旅游服务职能，内部服务节点城市（中小城市）重点补充基础旅游服务设施和景区级旅游服务职能，最终促进秦巴山脉区域旅游服务网络化，形成秦巴旅游服务协作圈。

秦巴文化旅游产业空间布局构成点、轴、面结合的旅游空间结构，即构建"一个核心、三个中心、四大板块、五条区域旅游发展轴、四条秦巴旅游精品带、多个支撑城市"的板块旅游空间结构。

其中，"一个核心"，指将西安作为区域旅游带动的核心城市，依托西安国际性旅游城市地位，为秦巴山脉吸引客源，提供旅游服务人才、资金及政策惠及。"三个中心"，指以汉中、十堰、达州作为秦巴山脉旅游发展增长极，建设区域旅游服务中心，打造国际旅游精品小城。"四大板块"，指破除行政壁垒形成陕甘川旅游板块、秦巴生态旅游板块、成渝旅游板块、豫鄂旅游板块，各板块内部牵涉不同地区资源整合与旅游合作，形成不同特征的旅游功能板块。"五条区域旅游发展轴"，分别指鄂豫宗教与生态文化旅游带（神农架—洛阳）、陕川三国蜀汉文化旅游带（西安—成都）、甘川历史文化生态旅游带（天水—九寨）、豫陕甘汉江流域生态旅游带（南阳—陇南）、陕鄂历史生态文化旅游带（武汉—西安），其功能是联系旅游重要节点，并构建秦巴山脉旅游区域大通道及旅游产业集群带。"四条秦巴旅游精品带"，分别指陇南川东自然旅游带（陇南—万州）、陕渝秦巴山水旅游带（达州—安康—西安）、丹江山水生态旅游带（商洛—南阳）及二广高速历史文化名城旅游带（洛阳—南阳—襄阳）。"多个支撑城市"，即以陇南、广元、巴中、安康、商洛、襄阳、南阳为区域二级旅游中心，将其作为旅游板块辅助旅游服务中心，并依据各自核心旅游景点，整合旅游资源，使其成为各板块旅游产业发展增长极，并将其打造为全国主要旅游地之一。

四、加强水资源保护

（一）建立秦巴山脉水资源协同监测体系

打破五省一市的行政管辖界限，重点建立跨行政区划的水资源监测体制建设。由行政切割管理向流域整体管理转变，对丹江口水库及主要干支流等重点水域进行水质实时监控和预警，切实保障南水北调中线水源保护区水质安全。整合水利环境监测站点，合理布设丹江口水库上游汉江干流监测断面，对断面临近性、重复性等因素进行综合优化筛选，最终确定在空间上具有代表性、可操作性、历史延续性的监测断面布局。推进水质自动监测站建设，在截至2015年底49个监测断面、2个自动监测站的基础上，在库内重点控制断面、主要入库支流汉江、污染问题严重的支流的入库处、其他存在较大污染隐患的支流等合理设置自动监测站，有效弥补监测项目及监测频次不足。建立跨区域水质管理机构，提高水质监测的实时性、准确性。

（二）重点开展水污染防治工程

重点实施水资源污染治理工程。杜绝工业企业固体废弃物、液体污染物超标排放，减少影响水质达到Ⅰ类标准的无机盐、重金属排放量。确保南水北调中线工程输往河北、北京、天津的水质全部达到Ⅰ类标准，为"优水、优用、优价"和生态补偿创造必要条件。处理好产业转移、区域协调发展与污染扩散之间的关系，避免上下游区域间的产业转移带来污染转移，防止出现上下游区域间"收入差距缩小，污染排放拉平"的不利局面。

1. 坚持分类指导，分区控制

根据不同地区主体功能定位和资源环境承载能力差异，强化环境分区控制，合理确定开发强度。

2. 严格开展水功能区限制纳污红线考核

加大对入河排污口和重要饮用水水源地的监督检查力度，将水功能区水质达标、饮用水水源地达标建设、生态需水满足程度、地下水退采量等目标要求纳入对各级政府的考核内容，强化水功能区划约束作用。

3. 强化工业、农业和城镇生活污染防治

按照"点上开发，面上保护"的理念，推进工业入园进区，严格项目环保准入，实行废水、废气和固体废物的集中收集处理，鼓励园区委托有资质的单位对环境污染治理设施进行运营管理；尽快全部取缔流域内不符合国家产业政策的小型造纸、制革、印染、染料、炼焦、炼硫、炼砷、炼油、电镀、农药等严重污染水环境的生产项目。因地制宜建设和改造现有城镇污水处理设施，强化城中村、老旧城区和城乡接合部污水截流、收集。现有合流制排水系统应加快实施雨污分流改造，难以改造的，应采取截流、调蓄和治理等措施。

（三）建立区域内重大水污染事件应急机制

针对目前秦巴山脉区域内突发性水污染事件多发的现实情况，为确保重大水污染事件得到及时有效的处置，应建立区域内重大水污染事件应急机制。

1. 建立秦巴山脉水污染重大环境事故预防保障金

由秦巴山脉区域内各省市共同出资建立秦巴山脉水污染重大环境事故预防保障金，各省市也相应成立省级预防保障金，主要用于解决秦巴山脉区域内可能出现的突发性污染事件，包括水污染损失补偿、治理等。保障金首期可由各省市平均出资组成，以后则按照区域内重大水污染事故发生的责任地归属对各省市保障金出资份额进行调节。

2. 创新应急处理技术

创新研究污染组合控制技术和工艺优化，探索联合净化方法，形成快速、高效、稳定的突发污染控制关键技术与适用工艺。在此基础上，研发自动化程度高、占地面积小、移动方便、处理高效的应急水处理设备，为水源突发污染事故应急处理提供技术与设备支撑，提高事故应急处置能力。

3. 提高预防监测能力

针对秦巴山脉区域上游大批伴生矿的开发可能导致的非常规水污染问题，应未雨绸缪，加大水源水质监测力度和频度，全面掌握水源地及其保护区内可能存在的非常规污染的类别、生产和使用危险品的重点企业的地理位置信息、危险品的性质、实验室监测方法、现场应急监测方法、水质标准、应急处理方法、相关领域专家等基本情况，建立流域水源地非常规污染情况基础数据库，为水源非常规污染事故应急处理提供信息支撑。另外，应建立环保、水务预防应急信息共享平台，逐步实现应急指挥平台互联互通。

五、创新生态保护机制

（一）推进市场化生态补偿机制

突破当前单一财政转移支付的生态补偿机制，率先在秦巴山脉推行生态资源有偿使用机制。开放生产要素市场，使水资源资本化、生态资本化，达到节约资源和减少污染的双重效应。完善库区及上游地区水资源合理配置和有偿使用制度，推进建立水资源取用权出让、转让和租赁的交易机制，逐步推行政府管制下的排污权交易，运用市场机制降低治污成本，提高治污效率。加强生态资源输出区和供给区之间点对点的产业扶植、技术支持、人才支援等多样化补偿体系。完善生态补偿资金分配使用考核办法，实现国家重点生态功能区转移支付资金的合理分配。构建秦巴山脉碳排放权交易市场平台，加快资源环境税费改革。

在国家生态补偿机制的基础上，建议制定丹江口水库及上游地区生态补偿政策法规、规范标准。明确生态补偿的基本原则、主要领域、补偿范围、补偿对象、资金来源、补偿标准、相关利益主体的权利义务、考核评估办法、责任追究等，实行严格的保护制度，实现权、责、利相一致。完善生态补偿资金分配使用考核办法，实现国家重点生态功能区转移支付资金的合理分配。水权交易不仅可以促进资源的优化配置，提高资源利用效率，而且有助于实现保护生态环境的价值，因而可以作为实施生态补偿的市场手段之一。针对丹江口水库及上游地区，探索输水区和受水区的水权交易、跨行业的水权交易和不同用水者之间的水权交易等。推行分水质水价制度（优水优价）和分水质补偿制度（劣水少补）等相关市场化策略。

通过生态补偿机制解决部分生态敏感区人口贫困问题。建议进一步完善秦巴山脉丹江口水库上游地区、汉江水源涵养区、嘉陵江水源涵养区等生态敏感区的水资源补偿机制，制定水源供给区与水源涵养区的对接扶贫机制。加快制定森林草地及农地保护区、水土涵养区、生物多样性保护区等生态敏感区的生态资源补偿机制，保障生态敏感区地区人口尽快脱贫。

（二）完善生态环境保护相关制度体系

1. 制定生态功能区分级管控制度

划定生态功能区、生态环境敏感区和脆弱区等不同级别的生态功能区，针对不同生态红线内的生态功能区域，实行分级、分类管理的制度。一级管控区禁止一切形式的开发建设活动；二级管控区严禁影响其主体功能的开发建设活动；周边地区严禁建设污染严重项目。确保生态功能不降低、面积不减少、性质不改变。科学划定水源地、森林、草原、湿地等生态红线，严格自然生态空间占用管理，有效遏制生态系统恶化趋势。

2. 积极开展坡耕地退耕还林

目前，秦巴山脉不同区域或多或少地存在25°以上坡耕地继续种植的现象，这仍是水源地水土流失问题的重要原因。特别是在陕西商洛、安康，湖北十堰和重庆地区，陡坡耕种较为普遍。要求对25°以上仍在耕种的坡地，坚决地实施退耕，并通过红线管控，严禁复垦；结合农业结构调整等，解决好退耕后农民的就业与吃饭问题；将原来作为基本农田的25°以上的坡耕地，从基本农田中减去，并报批相关部门进行审批备案。通过5年左右的努力，将25°以上的坡耕地全部实现退耕还林。

3. 合理制定资源保护防治制度

加强能源、水、土地等战略性资源管控，强化能源消耗强度控制，做到能源消耗的总量管理。实施水资源开发利用控制、用水效率控制、水功能区限制纳污等三条红线管理。严守环境质量底线，将大气、水、土壤等环境质量作为各级政府环保责任红线，相应确定污染物排放总量限值和环境风险防范措施。

（三）建立秦巴山脉区域生态考核评价机制

统筹兼顾优化开发、限制开发和禁止开发等不同区域，实行有差别的绩效考核政策和指标体系，统筹兼顾经济发展政策环境与生态优化政策环境，对绿色发展、循环发展、低碳发展等相关政策制定和落实情况进行重点考核。

1. 健全政绩考核制度

建立体现生态文明建设要求的目标体系、考核办法、奖惩机制。把资源消耗、环境损害、生态效益等指标纳入经济社会发展综合评价体系，大幅增加考核比重，强化指标约束。完善政绩考核办法，根据区域主体功能区定位，实行差别化考核制度，对限制开发区、禁止开发区和生态脆弱的国家重点贫困县，取消地区生产总值考核。探索编制自然资源资产负债表，对领导干部实行自然资源资产和环境的离任审计。

2.完善责任追究制度

对违背科学发展要求，造成资源、环境、生态严重破坏的有关人员记录在案，实行终生追责；对推动生态文明建设工作不力的有关人员及时诚勉谈话；对不顾资源和生态环境盲目决策、造成严重后果的有关人员，要严肃追究其领导责任；对履职不力、监管不严、失职渎职的有关人员，要依纪依法追究其监管责任。

3.统计监测和执法监督

建立生态文明综合评价指标体系，加快对能源、矿产、水、大气、森林、草原、湿地和水土流失、沙化土地、土壤环境、温室气体等的统计、监测、核算能力建设，提升信息化水平。对各类环境违法行为实行"零容忍"，加大查处力度，严厉惩处违法违规行为。强化对资源开发、交通基础设施建设和旅游开发等活动的生态环境监管。

第二节　产业转型培育战略

一、产业转型发展思路

多年来，秦巴山脉区域受到基础设施建设及生态保护限制，产业发展滞后，贫困问题突出。因此，发展与地区生态环境相融合的绿色循环产业体系，成为解决地区贫困问题的最主要途径。

（一）产业发展思路

围绕"培育绿色循环产业，释放生态生产力"的核心主线，秉持"绿色、循环、低碳"的产业发展理念，针对秦巴山脉区域当前的产业发展问题，从传统产业转型和绿色产业体系培育两方面着手，探索"产城融合""三产融合""区域融合"的产业发展模式，建成"生态引领、服务主导、制造链动、基地示范"的绿色循环产业体系，为最终实现"生态秦巴、休闲秦巴、富裕秦巴"的发展目标提供产业支撑。

（二）绿色产业体系

坚持保护生态环境就是保护生产力、改善生态环境就是发展生产力的理念，构建绿色产业体系。围绕"生态、旅游、文化、资源"四大主题，重点发展装备制造产业、绿色农林产业、文化旅游产业等三大主导产业，着力培育健康产业、教育产业等两大特色产业，提升整合矿产采掘业，积极扶持教育、科研、总部经济、电子商务等第三产业。形成依托秦巴山脉生态资源和自身特色产业资源的环境友好、生态低碳的绿色产业体系。

（三）产业发展目标

1. 转型发展先行区

面对"新常态"，判别"新机遇"、创造"新业绩"。积极探索融合发展新模式、统筹建设新方式，率先探索经济发展方式转变、城乡区域协调发展、和谐社会建设的新途径、新举措，走出一条生产发展、生活富裕、生态良好的文明发展道路，为其他区域的转型发展、融合发展提供示范。

2. 生态经济创新区

围绕新型城镇化、新型工业化、农业现代化、区域信息化"山体四化"建设，进一步完善规划，加快基础设施建设，打破项目建设发展瓶颈，打造一个"四化"高度融合发展的山地生态经济创新示范区。

3. 山地经济示范区

探索山地人地关系协调共生的新模式、新路径，在山地农业、山地林果业、山地生态旅游业、山地工业等方面进行探索试验，打造世界山地经济示范区。

4. 区域合作试验区

紧抓"新一轮中西部大开发战略"和沿海产业转移的战略机遇，构筑中西部地区合作共建平台，共同承接东部地区产业转移，共同引领"一带一路"倡议，建成具有国际化水平的"欧亚合作试验区"。

（四）绿色循环经济体系

按照3R原则，加快建立循环型工业、农业、服务业体系，提高全社会资源产出率。以发展陕西、河南两省小秦岭地区矿产采选加工和农村秸秆综合利用的循环经济为样板，促进资源高效利用、污染物排放的最小化。

针对规模养殖废弃物与农区秸秆处理问题突出的四川达州、广元，河南三门峡、洛阳、平顶山，湖北襄阳和陕西汉中等地区，进行种养平衡规划设计，建立有机肥生产工程、沼气工程、秸秆处置工程等，通过10~15年的努力，将规模养殖废弃物处理利用率由50%左右提高到90%以上，秸秆利用率由70%左右提高到90%以上。

针对秦巴山脉区域传统工业资源利用粗放、精深加工不足等问题，以工业园区为依托，建设工业循环经济示范工程，通过10~15年的努力，在秦巴山脉区域建设3~5个循环经济工业示范园，使工业废水利用率提高到75%以上。

二、重点发展装备制造产业

（一）发展目标

中国制造已上升为国家战略，秦巴山脉区域特别是其中核心城市地区拥有雄厚的装备制造产业基础，应围绕国家大力发展先进制造产业的战略契机，全面推进装备制造产业发展，将秦巴山脉区域建设成为我国装备制造产业创新发展示范高地和先进制造产业研发高地。

（二）发展重点

1.建设中国特色先进科技工业体系

深化科技工业体制改革，进一步打破行业封闭，立足国民经济基础，突出核心能力，放开一般能力，推进社会化大协作，推进科技企业专业化重组。扩大引入社会资本，积极稳妥推进混合所有制改革试点。加快引导优势民营企业进入装备科研生产和维修领域，健全信息发布机制和渠道，构建公平竞争的政策环境，推进战略性新兴产业和高技术产业发展。

2.建设装备制造产业集聚高地

整合既有的装备制造产业基础和企业优势，充分发挥高等院校、科研院所的智力优势和装备制造领域先进龙头企业的市场优势，广泛吸纳专家强化顶层规划设计，开展产业联盟建设，加强基础技术、前沿科技、关键技术的研究，推进科研成果向生产领域的转换，形成一批市场影响力较强的新企业和产品。加强产业协同建设，促进行业创新机制，加大装备制造领域国有企业及民营企业的双向协作，加大产业对外开放协作力度，形成一批装备制造领域的科技协同创新平台。

三、着力壮大绿色农林经济

（一）战略模式

秦巴山脉区域的农业绿色循环发展应实施"双轮驱动"战略模式，即科教持续驱动与产业绿色引领。战略模式的核心内容包括生态环境保护与质量提升体系和农林畜药绿色循环发展体系等"两大体系"（图4.3）。生态环境保护与质量提升体系包括高山地区的以公益林为主导的生态环境防护、中低山地区的退耕还林、河道管控和平原城郊区废弃物处理与循环等四个方面；农林畜药绿色循环发展体系包括平原城郊和河川地高效绿色循环农业、低山丘陵区林下特色经济、特色农产品加工与营销等三个方面。

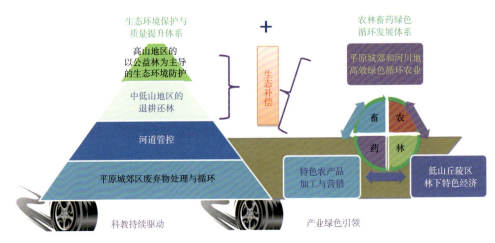

图4.3　秦巴山脉区域的农业绿色循环发展战略模式图

（二）发展目标

依托秦巴山脉区域丰富的生物资源，结合"互联网+"等信息技术，重点解决当前秦巴山脉地区农民增收问题，通过绿色农林技术引导、品牌建设和产销平台搭建，构建起秦巴山脉农林畜药绿色循环发展体系，促进区域农民致富，探讨适宜秦巴山脉区域的依托生物资源实现经济快速发展的绿色创新发展道路，尽早实现生态保护、产业提质增效、农民增收与绿色脱贫的发展目标。

（三）发展重点

1. 打造秦巴山脉特色农产品品牌

秦巴山脉区域水土资源独特，农产品丰富多样，建议创建"秦巴地理标识"，批量打造农产品品牌，发挥该区域特色农产品效益的巨大潜力。建议围绕秦巴山脉特色粮、油、肉，秦巴山脉道地中药材，秦巴山脉特色林果、茶、山珍和秦巴山脉富硒产品打造一批品牌群。五省一市整合当前的紫阳富硒茶、西峡山茱萸、奉节脐橙、武都油橄榄等地理品牌，分别构建各具地域特色的秦巴山脉绿色农业品牌，并统一实行秦巴山脉绿色农业产品质量检测标准和体系与相应的品牌管理体系。

2. 积极发展林下特色经济

依托秦巴山脉区域丰富的林业资源，通过科学规划，发展绞股蓝、花椒、核桃、板栗、生漆、杜仲、红豆杉、油橄榄等特色经济林，合理布局林下特色中药材、食用菌、特色菜、珍禽等，选择适合区域发展和生态环境保护的林下经济模式，实现养林、用林、护林的有机结合，促进林农不断走上富裕道路，促进区域绿色循环经济的拓展和林业的可持续发展。

3. 开展特色农产品精深加工与特色营销

产品加工与特色营销是秦巴山脉区域产业拓展和农民致富的希望与重要保障。应重视诸如绞股蓝、生漆、杜仲、红豆杉、油橄榄等特色经济林产品精深加工能力的培育；重视中药材集群精深加工能力培育，关注加工过程中的废水、废渣污染问题；强化秦巴山脉区域特色中药材集散市场建设，在依托重庆、西安、成都、兰州、禹州等重要的中药材集散市场的同时，建议在安康和陇南等主产地建立秦巴山脉腹地中药材集散市场，使其成为秦巴山脉腹地道地中药材走向国内与国际市场的重要枢纽；在连接大城市的重要节点建设10个左右的秦巴山脉特色农产品集散与交易市场；依托互联网与电商优势，并结合产品认证与追溯等体系的建立和完善，探索特色农林产品的营销新路径。

4. 建设农副产品电商销售网络和物流配送平台

秦巴山脉区域拥有品质突出的农业生态资源，但面临销售无门、运输无路的局面。应结合互联网战略，着力开展"互联网+农业"的应用，构建秦巴山脉区域的农村电商销售平台，建立覆盖秦巴山脉区域的统一的跨区域农业信息销售网络，降低市场风险。同时，加快农村信息网络基础设施建设，政府应加强和网络基础设施运营商的合作，制定适合农民使用的网络终端设备。秦巴山脉区域开展农业电商的最大阻碍在于物流环节的打通，因此，应加快推进秦巴山脉区域农村一级农产品电商物流配送体系和配送交通网络的建设，鼓励组建大型流通企业，推进农产品电商公司与已有物流配送系统的结合，协调相关部门并配合优惠政策，健全物流配送系统。鼓励启动农村青年电子商务人才培养计划，开展农村电商专项培训，切实推进农村电商发展。

四、合理发展文化旅游产业

（一）发展目标

打造区域特色旅游产品、旅游品牌，提升旅游服务质量、开发多种旅游项目，将旅游服务产业打造为秦巴山脉区域的经济支柱产业及核心产业。将秦巴山脉区域打造成为"国际性生态旅游度假目的地"、"国际性中国多元文化旅游目的地"和"国内自驾探险旅游乐土"，以及集度假、观光、探险、休闲等为一体的多元化旅游目的地体系。

（二）发展重点

1. 秉持"一个核心理念，五大发展支撑"的战略理念指导秦巴文化旅游发展

"一个核心理念"即围绕"国家中央公园群"，将秦巴山脉区域作为整体塑造成中国生态之源与休闲游憩目的地；"五大发展支撑"即通过文化产业支撑、生态保护支撑、空间结构支撑、名牌产品支撑、协调机制支撑五大体系支撑秦巴文化旅游的可持续发展。

2. 面向不同的群体与需求，发展多种业态、功能与模式的文化旅游

以汽车自驾及大数据互联网移动通信，叠加已有的顶级旅游景点、景区，以传统旅游业的结构为前提，侧重以消费者的需求和行为选择为原则，建立以交通为轴，以跨界跨地区为特点，以自驾为主要形式，从交通走廊、经济走廊、文化走廊结合的角度，重构旅游产业，设计旅游走廊，形成大环线、节点城市聚集、乡村旅游驿站和项链形态的多中心聚合结构。

3. 开发多元旅游产品

根据秦巴山脉区域旅游资源特征产品发展现状、消费者需求及产品发展趋势，构建秦巴山脉旅游产品谱系，分为山水休闲度假旅游产品、历史遗迹旅游产品、现代产业旅游产品三大传统旅游产品谱系，以及国家公园、自驾旅游、体育旅游、"互联网+"高端定制旅游四大新业态旅游产品。开发多元旅游产品，如摄影旅游、美食旅游、乡村生活旅游、养生保健旅游等。关注和开发民族、民俗、民间文化及非物质文化遗产，创意创新旅游产品，结合乡村特产，发展旅游产品和特色产品。秦巴山脉区域十大核心旅游产品项目建设见图4.2。

表4.2　秦巴山脉区域十大核心旅游产品项目建设

序号	项目名称	所在地	建设要点
一、秦巴山脉国家公园旅游			
1	神农架国家公园	湖北省神农架	根据国家公园建设标准，优化景区生态保护工程及基础设施、旅游服务设施建设
2	秦岭国家公园	陕西省西安市	
3	大熊猫国家公园	四川省、陕西省	
4	伏牛山国家公园	河南省南阳市西峡县	
二、丝路风情体验游			
1	张骞丝路文化景区	陕西省城固县	丝路文化博物馆、旅游服务设施建设
2	秦岭古蜀道探险（子午道、傥骆道、褒斜道、陈仓道等）	陕西省、甘肃省	沿途生态环境修复、栈道修建、旅游服务、徒步旅游者服务中心建设
3	崤函古道遗址	河南省陕州区	遗址修复保护与文化展示设施建设、栈道修建
三、藏羌彝文化游			
1	北川羌城旅游区	四川省北川羌族自治县	民族村寨环境整治、旅游服务设施建设
2	扎尕那山	甘肃迭部县	生态保护，发展民族村落旅游，特色民宿建设、自驾营地建设
3	大峪沟	甘肃省卓尼县	景区服务设施建设、自驾营地建设
4	腊子口国家森林公园	甘肃迭部县	生态保护，完善对外交通，加强自驾服务设施建设
5	铁楼千年白马藏族传统村落	甘肃省文县	发展乡村旅游，加强民宿、文化设施建设
四、史前文明始祖游			
1	巫山龙骨坡遗址	重庆市巫山县	遗址公园建设、博物馆等文化设施建设
2	蓝田猿人遗址博物馆	陕西省蓝田县	遗址公园建设
3	蓝田华胥	陕西省蓝田县	华胥遗址保护工程、博物馆等文化设施建设
4	灵宝市女娲陵	河南省灵宝市	遗址保护、祭祀场所建设
5	宝鸡炎帝陵	陕西省宝鸡市	

续表

序号	项目名称	所在地	建设要点
五、先秦两汉三国历史游			
1	李白故里	四川省江油市	文化遗址保护，配套文化设施建设、旅游服务设施建设，加强文化宣传营销
2	昭化古城	四川省广元市	
3	千佛崖	四川省广元市	
4	阆中古城	四川省阆中市	
5	汉中武侯祠	陕西省勉县	
6	青川木古镇	陕西省汉中市宁强县	
7	襄阳古城	湖北省襄阳市	
8	南漳春秋寨	湖北省襄阳市南漳县	
六、川陕红色文化游			
1	邓小平故居	四川省广安市	红色文化遗址保护与修复，加强红色文化活动组织与文化营销
2	通江红四方面军总指挥部旧址纪念馆	四川省通江县	
3	通江川陕苏区红军烈士陵园	四川省通江县	
4	苍溪红军渡纪念地	四川省苍溪县	
5	仪陇县朱德故居纪念馆	四川省仪陇县	
七、秦巴山水养心游			
1	长江三峡（白帝城、天坑地缝、大昌古镇等）	重庆市、湖北省	加强景区交通可达性，加强与周边神农架等景区的交通联系
2	柞水溶洞	陕西省柞水县	以景区生态保护为前提，提升景区旅游服务设施建设与服务等级，提升景区旅游服务水平
3	安康瀛湖风景区	陕西省安康市	
4	尧山国家级风景名胜区	河南省平顶山市	
5	佛坪	陕西省汉中市	
6	米仓山	四川省南江县	
7	花萼山	四川省万源市	
8	大巴山自然保护区	重庆市	
9	丹江湿地	湖北省丹江口市	
10	石门湖风景名胜区	河南省南阳市西峡县	
11	昭平湖风景名胜区	河南省鲁山县	
12	白龙湖国家级风景名胜区	陕西省宁强县、甘肃省文县	
13	文县天池	甘肃省陇南市	
14	官鹅沟	甘肃省陇南市	

续表

序号	项目名称	所在地	建设要点
八、户外自驾探险游			
1	秦巴自驾越野拉力赛	秦巴山脉内	筹办国际、国内不同赛段与等级自驾拉力比赛
2	秦岭自驾爱好者基地	陕西省秦岭	新建驿站型营地、目的型营地、景区依托型营地多处，形成区域自驾热点、区域自驾营地网络
3	巴山自驾爱好者基地	湖北省巴山	
4	陇南自驾爱好者基地	甘肃省陇南市	
5	伏牛自驾爱好者基地	河南省南阳市、栾川县等	
6	迭部自驾爱好者基地	甘肃省迭部县	
7	汉中自驾爱好者基地	汉中市	
8	武当自驾爱好者基地	十堰市	
九、户外运动休闲游			
1	环秦巴自行车赛	秦巴山脉内	筹办国际、国内不同赛段与等级的自行车、马拉松比赛，依托大型滑雪目的地举办滑雪竞技赛
2	秦巴马拉松赛	秦巴山脉内	
3	秦巴滑雪竞技赛	伏牛山、甘山等	
4	伏牛山世界滑雪乐园	河南省南阳市	完善滑雪场地设施建设，提升旅游服务设施建设水平
5	秦岭国家山地户外运动训练中心	陕西省秦岭	秦岭内，建设国家级攀岩中心、登山户外运动中心、综合户外运动基地
6	伏牛山户外探险基地	河南省南阳市	
7	光雾山户外拓展基地	四川省巴中市	
8	柞水漂流基地	陕西省柞水县	主题漂流旅游产品开发
9	丹江漂流基地	湖北省丹江口市	
10	诺水河漂流基地	四川省巴中市	
十、乡村休闲农业体验游			
1	传统村落、特色村寨乡村旅游	陕西省、河南省、湖北省、四川省、甘肃省、重庆市	以西安市长安区、柞水县、栾川县、嵩县、平武县、苍溪县、平昌县、平利县、巫山县、谷城县、凤县、两当县、卓尼县、宕昌县为增长极，带动传统村落、特色村寨旅游，打造九大乡村旅游组团
2	华蓥山黄花梨度假村	四川省广安市	带动周边乡村旅游，建设特色民宿、度假村，提升乡村旅游建设水平与服务水平
3	襄阳市锦绣园	湖北省襄阳市	
4	武当道茶文化旅游山庄	湖北省十堰市	
5	开州区奇圣现代观光农业生态产业园	重庆市开州区	

4.构建秦巴山脉区域文化旅游扶贫体系

把文化旅游扶贫作为环秦巴山脉文化走廊和文化保护工程的主要内容。融合现代农业、美丽乡村、休闲养生养老、工艺美术、非遗开发与乡民合作社，营造乡村生活。开发传统生产、生活技艺，发展乡村作坊产业，如油坊、米坊、醋坊、酒坊、布坊等，以此为文化元素发展旅游产品，丰富旅游体验，组织生产合作社，致富乡民。

五、转型调整传统工矿格局

（一）发展目标

通过"整合、优化、转型"，对秦巴山脉区域内既有工矿产业体系进行优化调整，逐步引导传统工矿产业体系转向环境友好、资源节约的新型工矿产业体系，构建工业循环经济产业链；结合秦巴山脉区域生态格局划定，整合既有工矿产业空间分布，引导工矿企业向园区集中，构建与山脉生态格局相融的工矿产业格局。通过转型绿色工矿业，促进秦巴山脉区域生态环境保护和资源集约利用。

（二）发展重点

1.淘汰过剩产能和重污染产业，推动传统工矿业改造升级

对小钢铁、小水泥、小煤炭企业，特别是重要旅游景点附近的小钢铁厂，要尽快关、停、并、转或异地搬迁，化解过剩产能；对于濒临倒闭的"僵尸企业"要斩钉截铁处置，腾出宝贵的实物资源、信贷资源、人力资源和市场空间。此外，实施重大技术改造升级工程，支持传统工业企业瞄准国际、国内行业标杆，增加科技研发投入，在保持传统名牌产品优势的同时，大力开发消费类新产品，全面提高产品技术、工艺装备、能效、环保等水平，扩大国内市场，开拓国际市场，成为行业专业化的"小巨人"。对于传统资源开发型企业，建议采取积极的绿色生产转型引导政策，鼓励工矿企业开展绿色节能环保工艺升级。

2.逐步推进资源开发退出与限制机制，建立矿产资源战略储备基地

以矿体储量规模、矿种需求度、国内外的获得性、单位面积环境承载力或扰动破坏容许度等为依据开展综合分析，评价矿产开发与环境可行性。对规模小、优势不强、环境敏感及国内外其他区域替代性较强的矿床采取限制和退出开发，开展国家战略储备，还人民群众青山绿水。制定污染类工业淘汰机制和生态敏感区域的矿山关停方案和转移方案。形成分片区、分强度的合理矿产开采方案。划定矿产资源的战略储备区、限制开采区、适宜开采区，整合工矿产业空间布局，强化园区发展，减少小规模生产下的散点污染。整合陕西、河南钨钼黄金集中矿产区等跨地区矿产资源区，形成跨地区矿产整合开采区。

3.加快发展新型制造业，培育新型工业门类

实施绿色制造工程，推进产品全生命周期绿色管理，构建绿色制造体系；实施智能制造工程，贯彻落实"中国制造2025"发展战略，推动生产方式向柔性化、智能化、精细化转变，推动制造业由生产型向生产服务型转变。重点发展汽车制造、航空航天、电子信息、精密制造、机床工具、工程机械、食品饮料、生物医药等优势产业集群。

4.引导工业园区化发展，形成集聚的产业发展格局

针对秦巴山脉区域当前工业布局分散，多点开花、难于治理的局面，应积极引导区域内工业产业向秦巴山脉外围产业集聚区和经过严格审批程序的区域内工业园区布局，通过有力的整合措施，形成外围集聚、内部散点状的工业产业空间格局。其中，秦巴山脉区域核心区内部工业主要集中在基础较好的巴中等城市及道路沿线，呈散点状分布。

六、积极培育战略性新兴产业

（一）发展目标

围绕创新发展的思路，以促进秦巴山脉区域产业绿色化转型为主线，积极培育秦巴山脉区域发展绿色生态的战略性新兴产业门类，重点培养互联网信息产业、生态依托型产业和特色教育产业三大领域，在发挥秦巴山脉自身生态环境品质优势的同时，创新秦巴山脉产业业态，促进秦巴山脉区域的绿色可持续发展。

（二）发展重点

1.针对山区信息闭塞问题，重点做强互联网信息产业

重点突出"互联网+"在农业领域的应用，为交通闭塞区农民提供更多的农产品销售空间，实现农民增收。结合"互联网+"，重点发展信息服务业，构建电商物流中心，解决山区农业最后一千米的运输问题。实施"互联网+"行动计划，促进互联网在山区农村生活、山区防灾治理、山区旅游服务、山区交通组织方面的深度广泛应用，形成网络化、智能化、服务化、协同化的产业发展新形

态。积极发展构建"秦巴大数据中心"，补充国家计算机数据备份中心、城乡管理GIS（geographic information system，地理信息系统）大数据中心、生态防灾大数据指挥中心和物联网数据信息中心等。

2.挖掘自身生态资源优势，发展生态依托型新经济

秦巴山脉具有独特的气候资源、优质的水资源、丰富的中草药资源、宜居宜养的优质生态环境，应挖掘自身优势生态资源，积极扶持生态依托型的新经济门类。按照"生态健康产业先行示范区"的要求，重点发展水经济、健康医养两大领域。充分利用秦巴山脉优质水资源，对秦巴山脉矿泉水资源进行系统勘查，查明优质水资源分布规律、类型、储量，发展矿泉水产业，打造天然、健康、高端的世界级优质矿泉水生产基地，形成优水优价的市场局面。结合秦巴山脉旅游产业发展导向，拓展康养、疗养、度假、养老等业态，形成周边地区的健康疗养度假基地。结合农林中医药产业发展导向，补充拓展功能品等加工产业门类。

3.结合山区引智扶贫需求，培育特色教育产业领域

按照"教育优先、人才强区"的发展理念，针对秦巴山脉地域特色与人才需求，着力发展教育产业，做优新型产业人才、做特地域特色人才、做强基础技术人才，通过新兴产业人才、地域特色人才、基础技术人才等三大模块人才的培育带动其他类型人才的整体发展。

第三节　文化保护传承战略

一、文化价值的再认识

秦巴山脉是我国乃至东亚人类的重要发源地，是佛教、道教两大宗教的发祥地和传承区，是多元地域民族文化的交融区，是文人墨客避世隐逸的首选区域，是原真传统乡村风貌的展示区。

秦巴山脉拥有包括巫山人、蓝田人等在内的时间跨度久远、数量巨大的史前人类文化遗存，自200万年前就有大量的史前先民在该地繁衍生息，是东亚史前人类和史前文化的发源地。秦巴山脉自三皇五帝统治的上古神话时代起就位于中原文明的核心区域内，伏羲、女娲、神农、黄帝的出生地和主要统治中心均位于秦岭之中。自夏朝以来直至唐末，中原王朝的政治和经济中心都位于秦巴山脉区域，该区域承载了数千年主流的华夏文明发展。

秦巴山脉占据西接西域、南临云贵、东靠中原的重要地理区位，自古以来就是中原地区和西域、南疆等诸多国家文化、宗教和经济相互冲击融合的重要文化交融区，是佛教、道教等宗教的重要发展区域，也是三秦文化、巴蜀文化、藏羌彝文化和楚文化的交融区。此外，秦巴山脉区域还孕育了以传统村落为载体的传统乡村文化和以养生治学为主要表现形式的传统隐逸文化，在我国乃至世界文化史上独树一帜。

二、文化传承保护思路

（一）发展思路

挖掘秦巴山脉丰富厚重的文化资源，通过限制开发、维护修复等方式，保护丰富的历史及地域文化遗存；通过活化展示、外溢拓展等方式，传承展示地区特色文化。结合现代服务业需求，依托文化资源，积极发展文化产业，打造地区文化产品。通过保护传承和拓展弘扬两大路径，实现秦巴山脉文化资源的保护与传承，提高秦巴山脉的世界文化感知度。

（二）发展目标

保护秦巴山脉区域内历史及地域文化遗存，提高秦巴山脉在我国和世界的文化感召力，传承华夏文脉，丰富国人的文化精神寄托，将秦巴山脉区域及周边地区打造为中华传统文化的核心溯源地与传承展示区。

到2020年，区域内优秀文化资源得到较好传承，成为国家文化遗产保护传承示范基地；全球华人根亲文化资源得到充分保护和科学利用，成为华人根亲文化圣地；文化产业增加值占全区域地区生产总值比重达5%以上，成为全国重要的文化产业基地；文化与经济、科技、旅游等紧密融合，体现出鲜明的时代特征，引领经济社会发展，成为现代文化创新发展新高地；在树立中国良好对外形象中发挥更大作用，成为中华文化"走出去"的重要基地。到2030年，文化产业增加值占全区域地区生产总值比重达8%以上，成为国民经济支柱产业，建成国家华夏历史文明传承创新区。

三、重点保护五大文化走廊

结合秦巴山脉自身文化遗存的分布特征，建议重点开展五大文化走廊的保护传承，分别为黄河文化走廊、长江文化走廊、汉江文化走廊、丝路文化走廊和藏羌彝文化走廊，共同形成华夏文明传承创新区。

黄河文化走廊融合了中原地区不同历史阶段的各种文化成果，形成了以炎黄文化为初始、以周文化为奠基、以秦文化为集成、以汉唐文化为辉煌的中华文明生成脉络。此外，黄河文化不断吸收主要来自西方和北方的羌、匈奴、羯、氐、鲜卑、蒙古等少数民族文化，又与江南的百越、巴蜀、楚文化相结合，形成了中华文明的主题特征。该文化走廊以秦岭尤其是终南山地区为重点，以及秦岭北麓的西安、天水、洛阳等主要区域，重点开展历史文化的保护与传承，注重优秀传统文化的活化展示。

长江文化走廊源远流长，涵盖了巴蜀文化、荆楚文化、吴越文化等文化群落，包孕近代湖湘文化和海派文化，并发展为现代新文化。受改革开放潮流的深刻影响和商品经济、科技发展的有力推动，长江文化正在发生文化转型，原来主要标志农业文明的传统形态逐渐转向现代化，形成以商品经济为基础，以商品文化、科技文化为特色因素的多种文化质态的融合体。该文化走廊主要是巴山地区，以及重庆、武汉等秦巴南麓地区。该文化走廊在保护历史文化遗存和地域文化特色的同时，应强化现代文化产业培育的优势。

汉江文化走廊主要位于陕西省，为汉江干流、褒河、丹江流经区域，主要包括陕南的汉中、安康、商洛三个地级市。该走廊有众多名胜古迹与丰富多彩的民风民俗，以汉文化为主，有"两汉三国"、"商山四皓"、汉阴"三沈"等悠久的历史文化底蕴，同时是秦陇文化、巴蜀文化、荆楚文化等多元文化的交汇地。受地理条件制约，该区域形成了自足的"世外桃源"式发展现状。"两山夹一川"的独特地理环境，孕育了独具特色的陕南文化，并与成都板块形成整体关联。该文化走廊重在传承弘扬，挖掘三国文化、秦楚文化、巴蜀文化等特色，在城乡建设中构建秦巴腹地地域文化鲜明的特色表征区。

丝路文化走廊以西安为核心，东扩至洛阳，向西延绵千里，形成了以丝绸之路为主题的文化遗存带，内涵丰富，现实意义重大。以石窟为例，除了洛阳龙门石窟，主要在甘肃境内形成了著名的丝路石窟走廊，包括敦煌莫高窟、天水麦积山石窟、永靖炳灵寺石窟、庆阳北石窟寺、武威天梯山石窟等文化遗存，石窟规模宏大，在中国佛教史和艺术史上占有极其重要的地位。该文化走廊与国家"一带一路"倡议关联紧密，并将秦巴山脉与欧洲的阿尔卑斯山脉更紧密地联系。因此，深入挖掘其文化内涵、保护历史遗产、开展相关文化活动、发展文化旅游产业，具有多方面重要意义。

藏羌彝文化走廊包括四川省甘孜藏族自治州、阿坝藏族羌族自治州、凉山彝族自治州等地区。该区域应合理利用地方和民族特色文化资源，在与产业和市场的结合中实现民族文化的有效传承与保护，培育各具特色的民族文化产业品牌；推进文化与生态、旅游的融合发展，把藏羌彝文化走廊建设成富有地域和民族特色的文化旅游目的地。

四、积极开展文化产业建设

文化产业正在迎来黄金发展期，在文化产业精细化、数字化和商业化的发展趋势下，秦巴山脉区域文化产业应改变以往的单调粗放发展模式，对于不同的文化资源应分门别类采取针对性发展策略，建构适合地区特色的产业链，避免同质化竞争；改变以往的各区域各自为战的独立发展模式，采取区域合作联动方式，形成规模化产业竞争力，应对多方面的冲击浪潮。

根据秦巴山脉区域历史文化、地域文化、宗教文化、隐逸文化、村落文化等物质类和非物质类文化资源的不同形态和推广需要，构建博物馆型和都市产业型两种文化产业发展模式。博物馆型发展模式适用于历史、地域、宗教、隐逸等各类文化资源中的物质文化遗存，以博物馆、特色纪念品、影视产品、书籍等为展示方式；都市产业型发展模式适用于各类文化资源中的非物质文化遗存，以地域风情体验、影视媒介、特色民俗体验、宗教文化感知、隐逸健康修行等为文化展示方式，全面拓展新闻出版发行、综合文化演艺、衍生工艺品生产、文化创意设计等文化产业新业态。将秦巴山脉区域历史文化、地域文化、宗教文化、村落文化、隐逸文化等按照物质类和非物质类进行规划，提出其适宜的产业发展模式（表4.3）。

表4.3　秦巴山脉区域文化产业发展模式

类型	内容		可选产业模式	产业发展内容	产业园类型
历史类文化遗存	物质类	化石、聚落遗址、出土器物、构筑物遗址	新闻出版发行服务、广播电视电影服务、文化艺术服务、工艺美术品生产、文化创意设计服务	博物馆、特色纪念品、纪录片、书籍	博物馆型
	非物质类	历史传说、技术传承	新闻出版发行服务、广播电视电影服务、文化艺术服务、工艺美术品生产、文化创意设计服务	纪录片、电影电视剧、书籍	都市产业型
地域类文化遗存	物质类	构筑物遗址、出土器物	新闻出版发行服务、广播电视电影服务、文化艺术服务、工艺美术品生产、文化创意设计服务	博物馆、特色纪念品、纪录片、书籍	博物馆型
	非物质类	历史传说、技术传承	新闻出版发行服务、广播电视电影服务、文化艺术服务、文化创意设计服务	地域风情旅游业、纪录片、电影电视剧、书籍	都市产业型
宗教类文化遗存	物质类	庙宇、石窟、遗址圣地、壁画、雕塑等	新闻出版发行服务、广播电视电影服务、文化艺术服务、工艺美术品生产、文化创意设计服务	博物馆、特色纪念品、纪录片、书籍	博物馆型
	非物质类	历史故事、诗歌等	新闻出版发行服务、广播电视电影服务、文化艺术服务、文化创意设计服务	纪录片、书籍、特色民俗、宗教文化	都市产业型
隐逸类文化遗存	物质类	隐士遗迹	新闻出版发行服务、广播电视电影服务、文化艺术服务	博物馆、纪录片、书籍	博物馆型
	非物质类	历史故事、诗歌等	新闻出版发行服务、广播电视电影服务、文化艺术服务、文化创意设计服务	隐逸文化、纪录片、电影电视剧、书籍	都市产业型
村落类文化遗存	物质类	特色乡村建筑、空间聚落、美食	新闻出版发行服务、广播电视电影服务、文化艺术服务、工艺美术品生产、文化创意设计服务	民俗文化、纪录片、书籍、特色设计产业、展览馆	都市产业型
	非物质类	舞蹈、节日、民俗	新闻出版发行服务、广播电视电影服务、文化艺术服务、文化创意设计服务	民俗文化、纪录片、书籍、特色设计产业	都市产业型

第四节　教育体系创新战略

一、开展教育体系创新的必要性

秦巴山脉区域是我国11个集中连片特困区中贫困人口最多的区域，2015年秦巴山脉区域共有国家级贫困县67个，贫困人口712万人，贫困发生率11.6%。地区致贫的重要因素之一是山区人口受教育程度较低，导致就业渠道匮乏，进而导致家庭经济贫困。此外，山区人口受教育程度较低，也直接影响到人口素质，进而导致地区人口的生态环境保护意识缺乏、绿色创新发展路径受限。

因此，秦巴山脉区域开展教育体系创新改革十分必要，不仅是促进山区生态环境保障的重要方面，而且是解决山区社会贫困问题的重要支撑，是实现秦巴山脉区域绿色循环发展路径的重要依托。

二、国外教育体系的经验借鉴

（一）瑞士：“双轨制”“学徒制”职业教育体系

瑞士位于欧洲阿尔卑斯山脉地区，“双轨制”教育体系十分具有特色。瑞士在九年义务教育后实行“双轨制”教育，学生开始分流，一条轨道是进入普通高中学习，接受普通高等教育，约有1/4的初中毕业生选择该条道路；另一条轨道是进入工厂学徒和进入职业高中学习，接受职业教育，约有3/4的初中毕业生选择该条道路。瑞士的职业教育一方面紧贴社会经济需求，另一方面注重实践。瑞士的经济结构以工业和服务业为主，就业人口比重为服务业占61%、工业占33%、农牧业占6%。因此，高职教育以职业技术类、酒店管理和旅游类、行政管理和商业类、健康和护理类、社会工作类、新闻媒体和通信类及工艺美术类等七大类职业为主。瑞士接受职业教育的学生每周要有3~4天时间到企业内实习，在瑞士约有30%的企业为职业教育学生提供学徒岗位，约75%的企业老板均是学徒出身。这样的培养模式大大提高了毕业生岗位适应能力和就业竞争力，且紧贴社会、经济结构变化和劳动力市场需求，使瑞士成为全球失业率最低的国家之一。

（二）日本和韩国：城乡教师轮岗制度

日本和韩国针对区域不均衡的教育发展问题，制定了城乡教师轮岗制度。其中，韩国根据不同地区的发展差异制定的教师流动轮岗制度，更能体现地区教育均衡的理念。韩国中小学教师在同一所公立学校的工作年限为4~5年。对于偏远农村地区的行政区，教师在城市工作的时间可以是8~10年，之后将流动到农村学校工作3~4年。

韩国根据各地的城市化水平程度，将所有学校的人事管理行政区划分为五级区域，分别为Ⅰ区域、Ⅱ区域、Ⅲ区域、Ⅳ区域和Ⅴ区域。Ⅰ区域是城市化水平最高、教师最愿意竞争岗位的地区，Ⅴ区域是城市化水平最低、教师竞争岗位最不激烈的地区。教师在同一所公立学校的教学工作期限是5年。Ⅰ区域的教师教学工作年限不超过8年；Ⅱ区域的教师工作期限可以是10年。Ⅰ区域和Ⅱ区域的流动教师可以轮换到Ⅲ区域或更低区域。当教师从Ⅰ区域和Ⅱ区域轮换到Ⅳ区域和Ⅴ区域时，他们再回到Ⅰ区域和Ⅱ区域的工作年限为3年；当他们轮换到Ⅲ区域时，他们回到Ⅰ区域和Ⅱ区域的工作年限为2年。

三、秦巴山脉区域教育体系创新思路

（一）教育体系创新目标

教育是解决地区贫困问题的根本途径，秦巴山脉区域人口众多，应以"扶智"推动"扶贫"。结合国际经验应大力发展中等、高等职业技术教育，培养地区绿色产业发展需要的技能型人才，增强贫困地区、贫困人口自力更生、自我救助、自我发展能力。促进基础教育资源均等化，让贫困家庭子女都能接受公平有质量的教育，阻断贫困状态的代际传递。最终以秦巴山脉区域教育体系的发展，赢得秦巴山脉区域贫困问题的改善。

（二）教育体系创新路径

针对秦巴山脉区域教育现状等条件，建议重点实施三大计划和两大策略。三大计划分别为技工培训计划、引智援建计划、十年树人计划；两大策略分别为山区职业教育推广策略和基础教育资源均衡策略。

1. 三大计划

技工培训计划。针对当前秦巴山脉区域劳动力职业技能匮乏的问题，全面开展多层次的职业教育，培育与秦巴山脉绿色农林、旅游服务、新型工业、信息物流、电子商务等不同行业紧密相关的职业技术工人，引导人口劳务输出。

引智援建计划。针对当前秦巴山脉区域教育人才缺失的问题，建议结合南水北调供水区等沿海发达地区，开展对口教育人才援建，吸引高级职业教育人才、

基础教育人才从事秦巴山脉区域教育等交换支援建设。

十年树人计划。针对当前秦巴山脉区域人口基础教育水平较低、人口素质有待提升的问题，计划用十年时间开展基础教育，从根本上提高秦巴山脉区域人口的受教育水平，引导其走出大山，实现异地城镇化。

2. 两大策略

秦巴山脉区域职业教育推广策略，具体包括三个方面：一是以秦巴山脉腹地的大中型企业为对象，鼓励试行推广"学徒制"职业教育模式。鼓励腹地大中型企业与秦巴山脉区域职业教育机构联合开展职业教育。为受职业教育者提供实习岗位和学徒工机会。二是对秦巴山脉区域的初中、高中教育体系实行职业教育双轨并行试点，即在秦巴山脉区域的初中、高中教育课程设置中加入职业教育相关课程，比例不少于40%。三是结合秦巴山脉区域突出的生态绿色产业就业需求，开展针对性较强、贴合实际的职业教育门类，具体包括装备制造、医药制造、农产品加工、农村金融、电子商务、旅游服务、康养护理等领域的职业教育。

基础教育资源均衡策略，具体包括两个方面：一是与秦巴山脉区域外围城市联动的退休教师支援政策。鼓励秦巴山脉周边大中城市的退休教师支持秦巴山脉区域教育，到秦巴山脉区域任教任岗，并提供相应的鼓励优惠计划和退休延迟政策支持。二是着眼于秦巴山脉腹地的城乡教师轮岗政策。鼓励秦巴山脉腹地中小城市实行城乡教师三年轮岗制度，将秦巴山脉偏远山区纳入秦巴山脉腹地大中小城镇的学区划定范围内，实行一个学区内定期的轮岗制度，保障偏远山区的基础教育资源公平性。

四、重点发展山区职业教育产业

大力发展山区职业教育产业，结合秦巴山脉区域教育资源本底，构建1+3+6+n的职业教育产业结构：1个产业大类——特色教育产业；3个产业属性——新型产业人才培育、地域特色人才培育、基础技术人才培育；6个产业中类；n个产业小类。

在秦巴山脉区域的职业教育体系空间布局上，构建圈层布局的大格局，即工业类、工程类、流通类职业人才培养布局在秦巴山脉外围大中城市地区，农林类、服务类职业人才培养布局在秦巴山脉核心腹地。建立"一主两副、多点辐射"的特色教育格局体系。其中，"一主"即以汉中为中心，加强职业教育体系建设，创建秦巴大学；"两副"即十堰、巴中两个副中心，辐射服务外围区域；"多点"即商洛、安康等地级市及县级中心城市，建立职教网络。

第五节　空间整理优化战略

一、空间面临的问题

秦巴山脉区域地形复杂、生态肌理错综、城乡分布多变，当前区域面临的主要空间问题集中在以下三个方面。

（一）生态保护与城乡建设矛盾突出

秦巴山脉区域生态环境脆弱，地质灾害频发，水土流失严重，环境敏感度高，面临库区水环境质量具有全国性影响、经济社会发展环境严峻等多种制约。虽然区域内人均土地资源面积大，但可开发利用面积少，人口承载力低。区域内城市建设用地匮乏，适宜建设的空间资源较为稀缺，但乡村地区土地空废化严重，工业生产建设随意。生态保护与城乡建设之间矛盾突出。

（二）人居及产业空间建设缺乏有序引导

秦巴山脉区域当前的城乡建设，尤其是镇（乡）、村建设过度分散，导致公共服务成本较高，土地利用效益较低，且不利于区域生态环境修复与保护。此外，区域内工矿企业多点开花、分布过散，产业空间布局亟待进行园区化整合、梳理。整体而言，分散的布局、粗放的利用、乏力的引导，是当前秦巴山脉区域城乡建设的突出问题，需要进行战略性、前瞻性、集中性、有序性的科学整合。

（三）交通联系不够通畅，有待进一步加强

秦巴山脉区域内国省干线公路比例较小，总里程仅约1.4万千米，不足区域公路网总里程的8%。区域内城际交通通道的连通性较差，区域内路网多从核心（省会）城市向外放射，省会到其他次级中心城市间联系通道有待加强；区域更次级城市（市、县）间的连接通道较少；通往各主要经济节点的交通线路建设滞后，等级普遍偏低。区域核心腹地的大部分县乡公路等级低、路况差，与周边干线公路连接不够通畅。

利用地理信息系统（ArcGIS平台）绘制中心城市的等时线，依据等时线分布，可将秦巴山脉区域进一步区分为四类（Ⅰ类、Ⅱ类、Ⅲ类、Ⅳ类）可达性条件不同的地区（表4.4）。秦巴山脉区域被多个城市群环绕，但除了北部西安周边约1.3万平方千米的地区受城市群影响较为明显外，其他占区域总面积95.6%的

地区都属于典型的非城市群地区，这些地区面临着严峻的生态保护和扶贫开发的双重任务。而Ⅳ类区域处于距中心城市2小时、距高速铁路站点1小时辐射范围以外，占秦巴山脉区域总面积的32.9%，在未来高速交通网络格局下，仍属于偏远地区（图4.4）。

表4.4　秦巴山脉区域可达性划分

区域划分	划分标准	面积/万千米²	占秦巴山脉区域面积比重	特征
Ⅰ类区域	处于中心城市1小时交通联系范围以内	1.3	4.4%	主要集中于西安周边
Ⅱ类区域	处于距中心城市1~2小时可达性范围以内	9.2	31.2%	不属于城市群地区，但其与城市群及中心城市仍然具有较强的联系，在一定程度上享受中心城市的辐射和带动作用
Ⅲ类区域	与中心城市的距离超过2小时、与高速铁路站点的距离小于1小时	9.3	31.5%	不属于城市群和大城市的辐射范围，但与高速铁路站点所在城市具有较强的联系
Ⅳ类区域	处于距中心城市2小时、距高速铁路站点1小时辐射范围以外	9.7	32.9%	在未来高速交通网络格局下，仍属于偏远地区

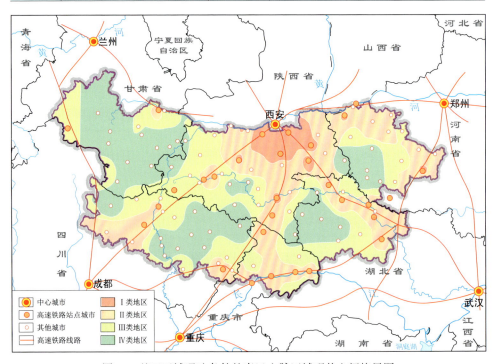

图4.4　基于区域通达条件的秦巴山脉区域现状空间格局图

二、空间整理思路与目标

（一）总体思路

针对秦巴山脉区域空间发展面临的现状问题，以"整理、优化"为核心主线，重点对区域的城乡建设、人居布局、土地功能、交通设施等进行整理优化，构建秦巴山脉绿心空间发展模式，协调秦巴山脉区域的人地关系，实现区域城乡建设与生态保护的和谐发展，构建绿色循环的城乡人居环境和空间建设模式，实现秦巴山脉空间的绿色、集约、合理发展。

（二）发展目标

通过空间整理优化，实现秦巴山脉区域合理的国土功能引导，成功疏解秦巴山脉腹地人口密度，实现生产空间的园区化、生活空间的组团化，构建环秦巴绿心模式，形成通畅的区域交通网络，全面建成与生态基底相融合的空间建设格局。

（三）绿心模式

着眼于秦巴山脉及外围环秦巴山脉城市地区，借鉴兰斯塔德等绿色空间发展经验，将秦巴山脉地区建设成为以秦巴山脉腹地为绿心（包含汉中、十堰等部分散点状城镇区）、以环秦巴山脉城市地区为外环串珠状建设带的环秦巴绿心模式（图4.5）。

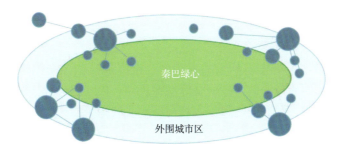

图4.5 秦巴山脉区域绿心模式图

以绿色循环单元为基本尺度，构建跨产业、跨城乡、跨区域三个相互作用的子系统发展模式，以构成秦巴山脉区域绿色循环发展的复合经济社会系统（图4.6、表4.5）。结合生态基础和产业条件，以绿色为导向，提出全绿、深绿、中绿、浅绿四种绿色循环单元，以此引导不同区域的人居环境建设模式。

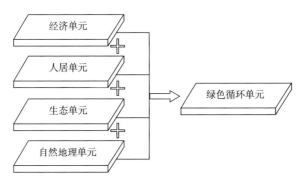

图4.6　绿色循环单元的构成耦合模式图

表4.5　秦巴山脉区域绿色城乡建设模式

项目	提升单元	发展单元			恢复单元			
区域	汉江流域盆地区域（十天高速）	巴山南麓（广万高速）	丹江流域（西武高速）	小秦岭区域	陇南山区	嘉陵江北流域	终南山区域	神农架区域
城镇类型	浅绿、中绿	浅绿、中绿、深绿	浅绿、中绿、深绿	浅绿、中绿、深绿	深绿、全绿	深绿、全绿	深绿、全绿	深绿、全绿
循环单元核心	汉中、安康、十堰、陇南	广元、巴中、达州	商洛	卢氏	陇南、舟曲	凤县	宁陕	万源、神农架
发展目标	加快中心城市建设，推动高效城镇化	产业循环带动快速城镇化			保障生态联动绿色城镇化			
发展管控要求	产业高端化、城镇智能化、发展循环化	产业空间整理城市职能梳理绿色政策管理			恢复生态，人口疏解，精准扶贫，加快综合循环枢纽建设（交通、信息、公共设施），推进教育普及化、公共设施现代化			

1. 全绿型绿色循环单元

对大部分村庄及处于自然生态保护区、水源地、国家公园区域内部且对生态具有较大干扰的部分乡镇，按照全绿型绿色循环模式引导，控制规模，迁村并点，禁止发展工业、采矿业，引导农林畜药产业的绿色生产，发展乡村旅游，实现废水、固体废弃物、垃圾全处理或零排放。

2. 深绿型绿色循环单元

对生态保护要求相对较低，距离生态极度敏感区、水源保护地相对较远的一般型乡镇或乡村，按照深绿型绿色循环模式引导，尽量以集中、集约的原则开展空间建设，禁入污染较大的第二、第三类工业，建构第一、第二、第三产业融合的全绿色循环产业链，打造全生态、无污染的生态旅游小镇，加强现有基础设施的生态化改造。

3. 中绿型绿色循环单元

对地势相对平坦、交通条件及产业发展较好的县城及中小城市，按照中绿型绿色循环模式引导，划定城市扩展边界，防止蔓延发展。应组团式布局，产业园区化、集群化、集约化，建设循环工业园、循环农业园及循环物流园，推进基础设施绿色循环化，大力发展绿色能源。

4. 浅绿型绿色循环单元

对人口相对较多、规模较大、对生态环境干扰较大的区域中心型大城市，按照浅绿型绿色循环模式引导，合理确定城镇人口规模与城市用地规模，划定生态红线。功能上突出金融商贸、信息服务、科技研发等高端服务功能，产业上限制高耗能、高污染、产能过剩的低端产业，产业向工业园区集中，向城郊转移，部分城市商务办公职能向城市外围疏解，大力推广海绵城市建设，促进雨水资源化利用。

秦巴山脉区域是国家主体功能区划定的生态多样性功能区中涉及人口最多的区域，较高的人口密度分布导致人地矛盾更为突出。疏解人口密度，通过人口迁出战略的实施，保障合理的生态承载力，是化解人地矛盾、规避生态保护与建设开发之间矛盾的根本路径。

结合秦巴山脉区域内汉江河谷、丹江河谷、徽成盆地、巴山南麓等人口稳定区和人口集聚区的城镇承载力，积极开展秦巴山脉区域的城乡居民点体系重构整理。划定人口疏散区和人口限制区，采取生态补偿、移民搬迁、城镇化等方式调控人口，开展合理的空间转移和区外迁出。建议用5~10年时间，通过户籍制度改革在外围周边大中城市落户非常住人口2 143万人，通过搬迁等策略引导常住人口外迁300万~500万人，力争人口规模控制在90人/千米²左右的合理生态承载范围之内，形成基于生态承载力的合理城乡布局体系。

三、整合山区生产格局

重点对与生态环境保护矛盾较大的工业生产空间进行整理。重点引导秦巴山脉腹地工矿企业向腹地边缘迁移、向腹地城镇集中建设的川道迁移，引导既有工矿企业向工业园区和循环园区集聚、既有工矿企业以产业集群方式搭载链条化集聚板块。

通过工业生产空间整理，形成陇南农副产品加工板块、陇南有色金属加工板块、广元电子信息板块、川北油气化工集群、绵阳高新产业板块、渝北盐气化板块、渝东北轻纺制药板块、十堰汽车装备制造板块、襄西食品加工板块、伏牛山钼矿开采板块、汉中航空产业板块、安康生物医药板块、商洛新能源产业板块等多个工矿生产集聚区。最终形成以围绕在秦巴山脉腹地周边呈环状布局的工矿生产板块集聚环为主，以十天高速沿线绿色新型工业生产板块集聚带为辅的"一环一带"生产空间分布格局。

四、优化山区国土功能

按照国家中央生态主体功能区的规划和布局要求，以秦巴山脉区域生态红线安全格局为根本，划定秦巴山脉区域的国土开发功能格局，严格划定不同功能区的开发边界，开展分功能区的建设管控引导，切实保护生态敏感保护区和城乡生产建设。将秦巴山脉区域国土划分为优先发展区、提升发展区、限制开发区、禁止开发区等四大功能区（图4.7）。

图4.7　秦巴山脉区域国土功能区划图

（一）优先发展区

优先发展区作为城市化地区，开展人居建设和生产建设，提供人居服务、工业品生产和生活服务。巴山以南、小秦岭区域建设条件较好，保护要求相对较低，作为优先发展区域，该区域与生态环境保护矛盾较小，建设管控要求较低，是城乡建设和工业生产的集中承载板块。

（二）提升发展区

提升发展区主要为汉江流域川道地区，其地处秦巴腹地，但地形平坦，建设条件较好，且人口密度大、产业发展基础较好、城乡建设历史悠久。该区域以适度发展为核心原则，对城乡建设、工矿生产等进行一定程度的管控，原则上不予发展污染性工矿产业、不予进行大强度高密度的城乡建设、不予进行过于密集的区域基础设施建设，区域内建设活动应以汉江流域生态环境保护为前提，进行有保护性的开发建设。现有污染企业应区别不同情况进行撤迁、转型、提升，以更高标准满足国家生态环境保护要求。

（三）限制开发区

限制开发区依托生态安全格局中的重要生态区划定，区内主要开展绿色农林生产，限制工矿生产，不能设置污染企业，人居空间布局原则上进行整理、集中、挖潜，不鼓励大规模扩建。

（四）禁止开发区

禁止开发区依据生态安全格局中的非常重要生态区划定，实行最严厉的生态保护，作为自然保护区、森林公园、地质公园等进行保护地控制，对于区域内人口稠密且不适宜发展的片区，原则上实施生态移民。

五、完善山区交通体系

以"对外快捷、对内通畅"为目标，完善秦巴山脉区域内外交通体系。对外交通方面，全面建成秦巴山脉区域核心区内21条国家高速公路，包括主线15条和联络线6条。形成以区域枢纽中转为支撑连接核心区的对外交通空中通道，打造拓展区干线枢纽机场到核心区支线机场1小时航空圈，形成秦巴山脉区域通达全国3小时航空服务圈。对内交通方面，基本消灭国省道路网中的断头路，国道基本达到二级公路标准，省道基本达到三级公路标准。构筑区域内旅游环飞航线，打造核心区支线机场间1小时航空圈旅游航线。基本实现所有具备条件的乡镇通水泥（沥青）路、建制村通公路，所有具备条件的建制村通水泥（沥青）路。

此外，针对休闲文化旅游等产业发展的交通需求，重新设计交通微循环系统，有重点地进行道路交通改造。结合扶贫整体推进、异地搬迁、生态移民等政策，重点提高具备条件的乡镇和建制村通水泥（沥青）路比例。重点建设一批具有县际出口通道功能，连接重要产业园区、旅游景区、矿产资源开发基地等主要节点的县乡级公路。同时，积极发展轨道交通、通用航空等交通方式，加快秦巴山脉区域交通方式的提升和优化，构建绿色交通体系。

第六节　区域协同发展战略

在"一带一路"背景下，以成渝-关中平原-中原-武汉四大城市群为支点的中部"井"字地区，将成为未来我国中西部崛起、实现西向开放和海陆统筹的关键所在，而该区域恰环绕在秦巴山脉周边。因此，无论从宏观战略的导向趋势，还是自身腹地的外溢诉求来看，秦巴山脉区域核心区与环秦巴山脉城市地区的协同发展都将成为必然。环秦巴山脉城市地区又是秦巴山脉区域解决生态保护和扶贫攻坚矛盾的外部强大依托。

一、战略地位认知

多年来，我国国土空间总体上呈现出东部沿海地区与西部内陆地区发展水平差距较大的不均衡发展格局。在国际政治、经济环境悄然变换的新形势下，"一带一路"倡议不仅开拓了我国西向开放的新通道，同时也拉开了我国国土空间战略从"极化"走向"均衡"和东西双向开放的序幕，我国西部地区将成为内陆西向开放的新前沿。新的经济社会、科技文化等要素的关联性必然使我国国土空间格局发生新的变化，国土"井"字形格局被进一步强化。新的发展态势要求西部地区出现能够承担西向开放核心职能的城市集群，从而呈现我国东西并重、多向开放、海陆统筹、南北贯通的发展格局，而这一格局中能够真正承担"一带一路"倡议的西部城镇集群如何形成、在何处形成则成为关键所在。

在国土资源方面，胡焕庸线表明了我国基本稳定的人口分布格局，也表明了相关城镇发展要素（生态、经济、社会、文化等）的聚集状态。胡焕庸线以东是我国地理版图的中东部地区，集聚了全国94%的人口。

我国人口稠密地区的东部分布有长江三角洲、珠江三角洲、京津冀三大城市群；西部边陲的高原与荒漠地区受自然条件约束，除以乌鲁木齐为核心的天山北麓地区能够形成区域层级的城市集群外，总体只能形成散点状的城镇分布。而我国人口稠密的东部地区，即胡焕庸线附近的城镇集群，则既能承担西向开放职能，又能够具有国土空间东西平衡意义。综合考虑到国家经济、社会、安全等要素，作为承担"一带一路"倡议核心枢纽职能的国家级西部城市集群，适合于出现在成渝-关中平原一带。

秦巴山脉地区地处我国地理中心，北扩关中平原城市群、东连中原城市群、西达成渝城市群、南倚武汉城市群，地区内分布两江新区、西咸新区、天府新区、兰州新区等四大国家级新区，集聚了我国中西部核心优势要素。从空间区位关系看，秦巴山脉地区北接丝绸之路经济带的枢纽区（西安、兰州），向西联系丝绸之路经济带核心门户区（新疆），南连长江经济带中部支撑区（重庆、武汉），向南通过贵阳联系昆明、南宁两大海上丝绸之路桥头堡。因此，环秦巴山脉地区具备连接丝绸之路经济带、长江经济带、海上丝绸之路的区位条件，是"一带一路"和长江经济带的转换枢纽平台。可见，环秦巴山脉各城市群不仅区位条件特殊，发展基础雄厚，是中西部人口相对稠密的潜力增长区，同时更是未来带动中西部地区发展、支撑我国东西双向开放的核心地区。

二、现状协同问题

采用空间经济强度指标对秦巴周边城市地区的内部联系强度进行评价，并从交通流量、公共服务设施吸引力等角度进行补充分析。结果表明，秦巴山脉周边城市地区内部虽然受空间距离等因素的影响，但空间经济联系强度较弱。以秦巴山脉周边城市地区34个城市（561个城市对）为样本进行计算，空间经济联系强度小于10的城市对占到80%，仅有12个城市对之间的联系强度大于100（图4.8、表4.6）。对比长江三角洲、珠江三角洲和京津冀地区的空间经济联系强度，秦巴山脉周边城市地区无论是整个区域的城市空间联系强度总量，还是平均每两座城市之间的经济联系强度，均处于末位。究其原因，一方面是城市之间的空间距离较远，另一方面是区域内各城市的经济和人口规模相对较小。

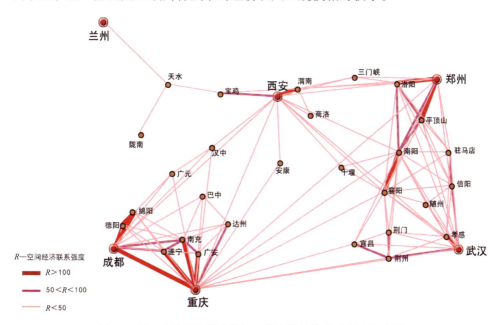

图4.8　秦巴山脉周边城市地区内部空间经济联系强度示意图

表4.6　四大城市发展区域空间经济联系度

单位：（亿元·万人）/千米²

区域	区域空间经济联系强度总量S_{ij}	区域内平均每两座城市之间经济联系强度F_{ij}
珠江三角洲	19 918	553
长江三角洲	35 120	43
京津冀地区	9 875	123
秦巴山脉周边地区	6 369	11

　　根据秦巴山脉周边城市地区核心城市的交通流、公共服务设施等数据，对秦巴山脉区域内部各城市之间的协同潜在吸引力进行补充分析（表4.7），核心城市在交通联系、教育联系、公共服务吸引等方面存在较大的协同潜力。重庆、成都和西安的交通流量均较大，尤其是航空旅客吞吐量较为突出，从侧面反映了成渝城市群与关中平原城市群的交通联系较为紧密；在教育实力方面，重庆、成都和西安的科研教育实力相对雄厚，共拥有"985"大学6所、科研院所127所。协同发展有可能形成国家级科技教育基地及中西部地区的科教中心，对教育扶贫、带动山区发展十分有利；从医疗等公共服务设施支撑方面看，重庆、成都、西安、武汉、郑州均能保障中心城市的综合服务职能。

表4.7　五大核心城市相关联系指标值

城市	航空旅客吞吐量/万人次	公路旅客运输量/亿人次	"985"大学/所	三级甲等医院/所	科研院所/所
重庆	3 239	6.48	1	64	46
成都	4 200	1.32	2	25	30
西安	3 265	1.96	3	24	51
武汉	1 728	1.14	2	25	23
郑州	1 730	0.84	0	15	21

资料来源：2014年各城市国民经济与社会发展统计公报及网络数据

　　上述分析表明，秦巴山脉周边城市地区内部各城市相互之间联系相对薄弱，尚处于各自独立发展、联动不成网络的初期阶段。地区协同发展面临的主要问题如下。

（一）各核心城市群之间空间距离过远，协同发展的时间成本和运输成本较高

　　关中平原城市群到成渝城市群的直线空间距离约为600千米，成渝城市群到武汉城市群的直线距离为760千米，武汉城市群到中原城市群的直线距离为450千

米，中原城市群到关中平原城市群的直线距离为400千米，关中平原城市群到武汉城市群的直线距离为650千米，中原城市群到成渝城市群的直线距离为880千米。而美国波士华（BosWash）大都市带东北-西南轴线总长仅966千米，日本东京-大阪大都市连绵区总长仅400千米，荷兰兰斯塔德城市群环绿心总长不足200千米。相对较远的物流距离是秦巴山脉周边城市地区协同发展面临的客观难题。

（二）各核心城市群的内在吸引力有待加强，城市职能仍以服务腹地为主，对外辐射职能不足

近年来重庆、成都、西安、武汉、郑州等城市的金融服务、对外贸易、产业升级等内在核心竞争力不断增强，这些城市也已逐步成长为中西部区域级中心城市。但城镇群内中小城市科技创新、信息枢纽、物流集散等对外辐射职能有待进一步发展壮大。内部城市竞争力不足，无法形成外向影响效应，是当前秦巴山脉周边城市之间无法形成协同体系的重要原因。

三、区域协同思路

秦巴山脉是周边城市赖以生存的生态根基，周边城市的协同发展，必然以秦巴山脉的生态保护为前提。相较于我国其他大城市聚集地区，秦巴山脉周边城市地区以秦岭-巴山山脉为中央绿核，形成了生态特色十分凸显的空间格局。从国外发展经验可知，理想的大都市发展区并非仅有连片的高密度城市区，而是由山体、河流、农田等绿色生态空间间隔，形成城市与自然生态区域的融合体。因此，秦巴山脉周边城市地区的协同发展应变不利为有利，充分发挥秦巴山脉这一生态绿心的天然优势，与秦巴山脉生态保护目标相统一，结合秦巴山脉特殊的生态环境，构建以秦巴山脉腹地为绿心（包含汉中、十堰等部分散点状城镇区）、以环秦巴山脉现状四个城市群地区形成的串珠状生态与城镇建设带为外环的泛秦巴山脉区域绿心空间组织模式，即"以山脉腹地为绿心、以外围串珠状分布的城镇与生态地区为外环"的秦巴绿心模式。这一模式中包含两个重要方面：一是突出秦巴山脉腹地绿心的生态保护与建设，引导腹地绿心的工业、人口等要素的必要集中及向外围疏解；二是避免外围环带城市地区的集中连绵发展，形成以四个城市群地区为核心的城镇地区与生态保护集中区域串珠状布局的整体形态。

因此，秦巴山脉外围城市特别是大城市在满足自身生态环境保护需求的前提下，应注重对秦巴山脉山区腹地城镇化人口的承接和对秦巴山脉山区腹地生态保护与城乡发展的辐射与带动作用，形成强大的核心城市功能优势；秦巴山脉内部城市发展规模应该强化控制与集聚，同时与外围核心城市职能形成协同，结合原有"三线建设"基础，积极发展科技类精密型产业和绿色产业，同

时注重城市化人口的承接和服务业发展。

最终，将秦巴山脉核心区打造成我国的中央生态主体功能区；将环秦巴山脉外围城市地区打造成支撑我国东西双向开放的中部砥柱；将泛秦巴山脉地区打造成全国生态文明示范区。环秦巴山脉城市地区示意图见图4.9。

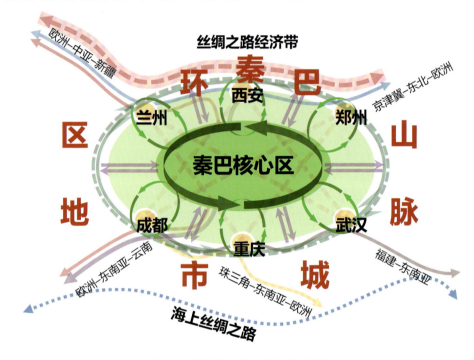

图4.9　环秦巴山脉城市地区示意图

四、区域协同路径

秦巴山脉区域保护与发展需依托外部环秦巴山脉城市地区开展，以实现人口输出和经济发展。明晰秦巴山脉核心区与外围区的分工定位，以绿心生态保护为根本，通过促进外围环秦巴山脉城市地区的区域协同发展，加大秦巴山脉内部山区腹地的生态保护力度，加快秦巴山脉内部山区腹地的扶贫攻坚。转变当前单一的山区洼地向外围高地输出生态资源的不均等关系，改善秦巴山脉内部山区腹地与外围的交通联系，形成区域内外良性联动的协同发展格局。

（一）分步协调

首先，形成成渝-关中平原核心枢纽支撑区。成渝城市群具有金融信息、制造产业、科教实力、人口资源、腹地市场等多重优势，作为胡焕庸线附近最大的城市群，无论是腹地外溢需求还是西向开放通道联系需求，成渝城市群都将与相对邻近的关中平原城市群关联协同，通过大西安地区的区位与要素优势叠加，构成核心枢纽城市集群，进而通过兰州与乌鲁木齐（陆上丝绸之路）相接、通过贵阳与昆明（海上丝绸之路）相接，成为"一带一路"的转换枢纽平台。

其次，武汉-郑州城市群在国家交通骨干网络激发下也必然需要协同发展，形成秦巴山脉周边地区武汉-郑州与成渝-关中平原的"双纵"格局。

最后，成渝-关中平原城市群和武汉-郑州城市群之间的联系不断加强，国家城镇网络的中部城市群支撑格局逐渐形成，以秦巴山脉为中央绿心、外围城市地区串珠状集聚发展的协同网络格局逐步呈现。

（二）分层协调

一方面，重点协调秦巴山脉核心区与外部环秦巴山脉城市地区的关系。秦巴山脉核心区作为秦巴山脉生态安全、战略储备及文化之源的核心区域，除沿汉江区域可适度开放外，其余区域以限制开发和禁止开发功能为主。该区域以疏解非生态功能为重点，主要发展生态农林全产业链发展、健康科技全产业链发展，并通过这两大产业链接、支撑圈内主要居民点的发展，并引导核心区内的现有工矿企业外迁，着力构建"高绿纯"生态经济结构；环秦巴山脉城市地区作为中西部地区的发展前沿和经济重心，承担国家层面重要的经济功能，是支撑整个秦巴山脉区域经济持续发展和城镇集约发展的重点区域，是核心区发展的外部依托。该区域以"积极疏解非生态功能、适度培育新型生态经济"为重点，是核心区人口疏解、产业外迁的主要承载地，应积极引导企业向园区集聚，鼓励企业开展绿色循环生产改造，保障秦巴山脉核心腹地的生态安全建设。秦巴山脉核心区与外围地区的协同，重点要处理好保护与发展、前沿与腹地、疏解与承接三对关系。通过外围城市地区疏解核心区的生态压力、实现核心区的生态保护；通过核心区的生态涵养，为外围城市地区提供生态保障和休闲后花园。

另一方面，积极开展秦巴山脉内部的协调。秦巴山脉核心区以限制开发和禁止开发功能为主，应在生态修复、流域治理、旅游开发等方面开展合作，协同打造空清、水净、山绿、天蓝的秦巴绿心。根据区域"生态—环境—经济—社会"系统的各要素间的耦合关系、耦合原则、耦合效应和耦合模式，推进秦巴山脉核心区生态环境专项规划或者相关规划的研究及编制工作，如大气环境治理规划、重点流域水污染防治规划、环秦巴山脉经济圈地下水污染防治规划等。除了统一设定治理目标、提出治理措施外，在生态环境管控的协同体制机制上寻求创新或者突破，探索建立秦巴山脉区域或流域环境保护管理机构，探索跨行政区域的大气污染联合联控和流域污染综合治理的相关事宜。

五、区域协同策略

（一）明确顶层设计，促进制度协同

为落实以环秦巴山脉城市圈为依托的区域协同联动战略，使区域资源从规划、建设，到管理、经营都采取区域管理、区域共建共享、多城市参与决策的模式，以保障区域资源的有效利用和合理开发，从顶层设计、产业对接、设施配套、信息互动等方面制定协同联动路径。

1. "顶层设计"协同"区域规划"

提升对秦巴山脉区域生态安全、人类文明、世界著名山脉等方面的价值认知，准确把控其发展方向与重点。着力协调拓展区域各主要城市、各主体功能区之间的分工协作，重点处理好生态建设与扶贫开发、环境保护与资源开采、文化传承与产业开创之间的关系；协同推进"生态主导、扶贫为基础、适度发展"的区域一体化规划编制。

2. "顶层设计"推进"区域治理"

环秦巴山脉城市地区政府间协同治理机制创新的重点集中在行政协议机制、区域公共产品的产权交易机制及效果评价指标体系建设三个方面。在行政协议机制方面，探索通过主要领导定期磋商、相关部门不定期互动等方式，建立区域政府协同治理的法治化路径；在区域公共产品的产权交易机制方面，探索通过激励机制、产业转移机制、利益分享机制、生态补偿机制等，建立区域政府协同治理的市场化路径；在效果评价指标体系建设方面，探索通过建立城市发展转型评价指标体系、城乡协调发展指标体系、山地持续发展指标体系等，建立秦巴山脉区域政府协同治理的效果评价模型。

（二）推进快速交通，打破空间阻碍

快速交通技术是攻克远距离空间协作的必要手段。当前全球快速交通技术不断提升，超级高铁、快速轨道交通、磁悬浮列车等技术正在不断缩短空间距离。因此，秦巴山脉周边城市之间的协同发展需要着重加强快速交通通道的建设。我国秦巴山脉区域现有和正在建设的快速交通干线已经显现出后发优势，通过进一步合理的规划建设，完全可以形成生态代价小、综合效益高的交通体系，使空间距离不再成为交流来往的阻碍。

强化环秦巴山脉周边城市地区互联互通的现代交通、通信、旅游服务基础设

施体系。在交通建设方面，注重快速交通（包括高铁、高速、通用航空）干线体系的完善与文化旅游慢行系统的搭建，形成国家干线体系统领下的秦巴山脉内部交通网络。加快秦巴山脉外部大环线建设，构建各中心城市及主要功能单元间快速交通体系。在现有陇海、长江北岸东西交通廊道的基础上，通过郑州至武汉、兰州至重庆等线路形成环秦巴山脉的交通廊道，并在环线内部强化现有多条国家快速交通干线，如成渝城市群与关中平原城市群之间的快速轨道交通网络建设，加快渝西高铁、西武高铁、西成高铁的建成通车。这一格局相当于把尺度巨大的串珠状城市地区环绕秦巴绿心首尾相接，并在绿心内布局快速直线交通，包括轨道交通与通用航空等技术措施，对相关城市再进行连接，从而在环秦巴山脉范围内形成直线+环线的交通骨干网络。

（三）构建绿心模式，维护生态根基

从区域协同角度出发，充分借助外围城市地区推动秦巴山脉的绿色发展，积极构建绿心模式。一方面，形成绿心空间共识，加强外围城市地区对秦巴山脉核心腹地的生态保护和生态补偿；另一方面，引导秦巴山脉核心腹地人口、产业等向外围城市地区转移，加强外围城市地区创新资源等绿色经济形态向核心山脉腹地的渗透，最终实现外围拱卫腹地、内外协同发展的互赢格局。

应打破行政壁垒限制，联合五省一市共同开展生态保护建设。整合各省市水质监测网点，构建区域联动的水质监测网点体系，并配套相应的水污染联合预警方案。严格执行秦巴山脉生态保护地相关生态保护和限制开发要求，对秦巴山脉区域的重要生态敏感区和自然保护地形成五省一市统一的生态保护管理机制。建立嘉陵江流域、汉江流域等流域沿线生态保护机制，确保上下游之间的生态保护协调。打破行政界线，共同保护天然林区、水源地、自然保护区等生态敏感区，鼓励跨区域构建生态保护治理区，建立秦巴山脉国家公园体系。

（四）强化对外职能，提高协同动力

外围核心城市群地区尚未形成较大的城市集聚力与辐射力，是导致当前秦巴山脉腹地保护与发展滞后的重要原因，周边城市在协同与竞争中突出核心优势十分重要。应有侧重地引导各核心城市突出强化其对外优势职能，逐步强化富有特色的职能结构。引导成渝城市群突出区域级金融中心的地位，引导武汉都市圈形成区域级制造业中心和教育中心，引导中原城市群突出物流交通服务中心职能，引导关中平原城市群科研文化中心和国防军工基地的职能。同时积极加强各城市群地区在国防军工产业、电子信息产业、装备制造产业、新型能源化工产业等四大领域的联动合作。结合互联网信息技术，加强各核心城市在知识创新、信息互通、物联统筹等方面的协同合作。形成互补联动、错位衔接、合作竞争的区域分工格局。

根据环秦巴山脉城市群地区内外发展基础，合理分工内外产业职能，加强周边城市与秦巴山脉腹地的功能流通，转变单向生态资源输出为多向功能协作。引导秦巴山脉腹地城镇资源消耗型企业、污染风险较大企业逐步向外围工业园区迁移，并实现绿色循环转型。强化外围城市科技研发与互联网在内外区域产业结构优化中的重要作用。加大秦巴山脉外围城市电子信息、生物产业、教育培训等职能的协同发展与转移扩散。加快建立秦巴山脉农林产业统一品牌，推动绿色农林产业、旅游休闲产业快速发展和生态城市建设。

（五）强化外围协作，共建旅游体系

秦巴山脉腹地以生态主体功能区建设为主，在现状基础上完善必要的交通干线及其网络体系，以及大分散、小集中的散点状城乡控制发展地区，对现状城乡空间体系进行整理；秦巴山脉外围形成环秦巴山脉大中城市与绿色生态地区相间隔的串珠环状城镇空间带，外环与绿心共同构成以生态文明建设为引领的新型城镇化城乡空间结构体系。加强周边大城市对秦巴山脉腹地人口疏散迁出的承接能力，强化外围中心城市对腹地的带动作用。通过特殊的空间与产业结构体系建设，不仅形成带动中西部地区崛起发展的核心地区，同时在秦巴山脉内外区域展开具有国防安全意义的高科技装备制造产业体系建设。

以华山、武当山、太白山、终南山、神农架、光雾山等特色自然与文化旅游资源为核心，结合国家公园建设，带动秦巴山脉及外围城市地区的文化旅游发展。鼓励跨区域文化遗产、自然遗产的联合申报工作，鼓励三国文化区、嘉陵江流域的跨区域联合保护开发。依托环秦巴山脉外围环线，构建环秦巴山脉旅游圈，建设秦岭博物馆并举办秦巴论坛，联合五省一市举办秦巴山脉大型赛事。建设汉中、十堰、达州三个秦巴山脉内部旅游服务中心，构建中部秦巴山脉生态旅游板块、南部成渝旅游板块、西部陕甘川旅游板块、东部豫鄂旅游板块四大旅游板块，形成鄂豫宗教与生态文化旅游带、陕川三国蜀汉文化旅游带、甘川历史文化生态旅游带、豫陕甘汉江流域生态旅游带、陕鄂历史生态文化旅游带五条旅游联动带。

第五章 秦巴山脉区域各领域绿色循环发展策略

第一节 水资源保护与利用策略

一、现状问题

秦巴山脉水资源丰富，丹江、汉江、嘉陵江及汉江最大支流堵河等均发源于此。根据区域内各省市水资源公报汇总，秦巴山脉每年汇入长江、黄河及淮河的累计水量约 1.5×10^{11} 立方米。同时，秦巴山脉还是南水北调中线工程的水源地，分布有多个水源保护区及涵养区、生物多样性保护区、原始林区、水土保持区等生态敏感区。尽管秦巴山脉水资源丰富，但由于区域生态保护压力较大，近年来水环境资源保护与各方面的矛盾突出。

秦巴山脉水资源量空间分布不均，各省市水资源量差异较大（表5.1、图5.1）。地表水和地下水资源量及水资源总量均呈现出逐年递减的趋势，从侧面反映了该区域急剧增加的自然资源开发活动对水资源减少产生的重大影响。

表5.1 秦巴山脉区域水资源量现状 单位：亿立方米

水资源量	2010年	2011年	2012年	2013年	多年平均值
地表水资源量	1 245.4	1 355.4	1 017.1	953.5	1 095.3
地下水资源量	341.2	357.4	321.7	303.8	348.5
水资源总量	1 363.9	1 487.0	1 123.0	1 048.5	1 252.3

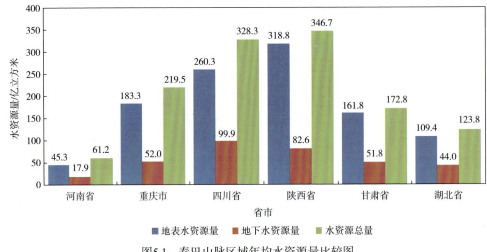

图5.1　秦巴山脉区域年均水资源量比较图

秦巴山脉区域水资源保护及利用面临的主要问题有以下几方面。

（一）水资源利用率低

秦巴山脉水资源丰沛，但水资源利用率较低，其中地表水利用率仅为28%，地下水利用率为45%。尽管目前秦巴山脉区域用水需求矛盾并不突出，但是水资源在区域内外的分配体系急需完善。

（二）河流受污染风险较高

秦巴山脉区域整体水质状况良好，但部分河段，如十堰市天河、南阳市老鹳河、天水市渭河等污染现象比较严重。区域内农村生活污水、畜禽养殖废弃物处理率均较低，大多数直接排入江河，造成大量营养物质随地表径流进入水体，农业面源污染日益严重。秦巴山脉区域是我国多种矿种分布密集区，采矿、选矿及其加工企业众多，形成了数量众多、形式各异的尾矿库、废石场及渣场。大部分建设时间较早，建设标准较低，环保设施缺乏，安全基础较差。三峡库区和丹江口库区石漠化较为严重。

（三）水质监测预警能力较为薄弱

水质监测点位布设不足、局部重复，环境监管能力、手段比较落后。尚未建立全流域的风险源、水环境数据库，信息传输系统有待进一步完善，水质预警预报能力还比较薄弱。

（四）生态补偿机制有待完善

针对丹江口水库及上游地区的水质保护，国家与地方政府都制定了一些涉及生态补偿的制度和政策措施，但仍存在生态补偿核算标准不统一、标准偏低、补偿金额过低等问题。补偿方式主要为国家的重点功能区转移支付，补偿方式和补偿资金来源较为单一。

（五）水经济发展优势有待进一步拓展

秦巴山脉区域的大部分地区降水较为充沛，部分区域水资源储量丰富、类型多样、水质良好、水量稳定，有适合规模开发的清洁水源地，具有发展矿泉水产业、做大水经济的水资源优势。

二、战略思路

（一）保护优先

划定秦巴山脉区域的生态控制红线和分阶段环保目标，引导秦巴山脉区域产业合理布局，积极落实《水污染防治行动计划》，推动区域水量调度、环境功能区划、质量目标管理、饮用水水源保护、生态流量保障、船舶和陆源污染防治等相关法规制定，研究制定相关配套政策，为区域生态环境保护和污染综合整治提供法规保障。加强秦巴山脉区域生态环境保护和污染防控顶层设计，逐步实现由行政区域环境管理向流域环境管理和"山、水、林、田、湖"一体化管理转变，推进秦巴山脉区域生态环境保护和污染综合整治。

（二）创新支撑

以绿色发展理念创新引导绿色发展实践创新。通过推行清洁生产、循环经济等措施，推动经济、社会和环境三重转型发展，变控制、限制为引导产业发展，以转型发展取代"关停并转"的短期行为。实现工业废弃物资源化利用，积极构建绿色农业、生态农业产业链，提高化肥和农药利用率，促进农业、农村废弃物资源化利用，减少农村水源的面源污染；大力倡导绿色生活理念，转变生活方式，降低生活污水及垃圾排放量。

三、战略目标

（一）总体目标

建立完善水资源开发及保护的法律法规，包括跨流域水资源管理配置、地下水污染防治等；建立健全水资源（含地下水）监测、预警网络，推广水资源保护和应急保障技术；改革水资源管理模式，建立跨区域专门机构，协调各行政区及各部门单位，使流域管理发挥更大的优势作用；建立健全水生态补偿机制，创新水经济发展模式。

（二）阶段目标

到2030年，建立起完善的水质监测、预警网络；形成科学合理的水资源保护与利用管理机制和补偿体系；推广应用先进的水资源保护和应急保障技术。

到2050年，形成基于优质水资源保护开发、优用优价的经济发展模式，完成前期过度开发造成的石漠化等生态修复，建立水资源绿色开发的技术平台及人水和谐共处的生态模式。

四、重点措施

（一）健全法律法规，完善配套政策

加快立法制定秦巴山脉区域顶层设计与规划的步伐，以保证区域内管理机构、各地方政府、企业、社会等多元主体在参与共治中有章可循、协调一致。建议向国务院争取将秦巴山脉纳入国家《重点流域水污染防治规划（2016—2020年）》，尽快推动国家层面立法制定和推动实施《秦巴山脉水环境功能区划》《秦巴山脉水资源开发利用与保护总体规划》《秦巴山脉水污染防治规划》等，由全国人大立法通过并颁布实施，以增强权威性。在顶层设计中，重点解决以下问题。

1. 秦巴山脉水环境保护与治理的体制性问题

进一步优化现有管理体制，明确秦巴山脉区域管理机构、各地方政府的权责关系，将各部门的权力划分清晰，厘清各部门在秦巴水环境保护与治理中的具体职责，确保集体行动步调一致，建立制衡和监督机制，化解"体制性内耗"。

2. 秦巴山脉水环境保护与治理的协调性问题

建立跨行政区交界断面水质达标管理、水环境安全保障和预警，以及跨行政区污染事故的应急协调处理等机制，统一上下游水环境功能区划和水功能区划水质目标，协调解决跨地区重大水环境问题等。

3. 秦巴山脉水环境保护与污染治理的约束性问题

对丹江口水库等重点水域的取水总量控制、水工程调度做出规范；明确在流

域从事开发利用活动要符合水功能区保护要求，主要流入秦巴山脉各河道控制断面需达到水功能区水质标准等。

（二）完善补偿体系和机制

1.建立区域生态补偿标准核算方法体系

综合考虑居民公平享受公共服务、减少发展制约因素，以及保护自然资源、维持生态系统服务功能等方面的需求。根据环境治理成本，充分考虑库区面积、淹没土地面积、总人口、水质影响程度、人均财力、移民安置、企业关停受损和工程建设贡献等综合因素，区分不同权重，合理确定库区及上游地区的分配比例，开展库区及上游地区生态补偿标准核算研究。

2.建立协商谈判与区域共同发展机制

建立输水区、受水区生态保护共建共享机制。引导鼓励生态环境保护者和受益者之间通过自愿协商实现合理的生态补偿。搭建有助于建立调水生态补偿机制的政府管理平台，促进输水区、受水区协作，采取资金、技术援助和经贸合作等措施，支持库区及上游地区开展生态保护和污染防治工作，推动水源地生态保护区积极发展循环经济和生态经济，限制发展高能耗、重污染产业。

3.积极探索市场化生态补偿模式

开放生产要素市场，促使水资源资本化、生态资本化。完善库区及上游地区水资源合理配置和有偿使用制度，推进建立水资源取用权出让、转让和租赁的交易机制，逐步推行政府管制下的排污权交易，运用市场机制降低水资源治污成本，提高水资源治污效率。

4.探索建立不同形式的水权交易体系

借鉴国际、国内的成熟案例，积极探索输水区与受水区之间的水权交易、跨行业的水权交易和不同用水者之间的水权交易等规则。通过水权交易，促进水资源的优化配置，提高水资源的利用效率。

（三）构建先进的水资源监测预警网络

1.整合环保水利环境监测站点，优化监测站点布局

建议综合考虑库区及上游地区自然环境特征、水环境功能区划、区域污染源分布特征、水文及采样可达性等因素，对现有断面进行优化筛选，确定在空间上

具有代表性、可操作性、历史延续性的监测断面布局，并确保水质监测站点与全国监测网络系统建设统一。

2.推进水质自动监测站建设

在库内重点控制断面、主要入库支流汉江、污染问题严重的支流的入库处、其他存在较大污染隐患的支流等合理设置自动监测站，弥补监测项目及频次不足的缺陷；在重点污染源企业排放口设置在线监测设备，实现对重点污染企业、重点污染区段的有效、准确监控。

3.加快监测机构建设，提高水质监测能力

探索建立跨区域水质管理机构，适当提高专职水质监测人员比例，保障水质监测的准确性、权威性。在库区及上游地区环境风险较高区段适当建立水环境应急中心，保障秦巴山脉区域水质安全。

4.建立流域水质监测预警系统

开展秦巴山脉区域内水质污染风险源调查、识别、分类、评价、分析；采用适宜的监测方法，掌握流域水质现状；结合水质模型，模拟水质动态变化过程，实现库区及上游地区的动态监测、及时预警。通过挖掘现有流域水环境信息资源，建立风险源识别，风险分析、评估、预警和应急控制技术方法，形成完整的流域水环境风险评估与预警体系。

（四）建立区域内重大水污染事件应急机制

1.建立水污染重大环境事故预防保障基金

由秦巴山脉区域内各省市共同出资，建立省级水污染预防保障金，主要用于解决秦巴山脉区域可能出现的突发性污染事件，包括水污染损失补偿、治理等。保障金首期可由各省市平均出资组成，以后则按照区域内重大水污染事故发生的责任地归属对各省市保障金出资份额进行调节。

2.创新水污染应急处理技术

探索联合净化方法，形成快速、高效、稳定的突发污染控制关键技术与适用工艺。在此基础上，研发自动化程度高、占地面积小、移动方便、处理高效的应急水处理设备，为水源突发污染事故应急处理提供技术设备支撑。

3.提高水污染预防监测能力

针对秦巴山脉区域上游大批伴生矿的开发可能导致的非常规水污染问题，加强水源水质监测力度和频度，全面掌握水源地及其保护区内可能存在的非常规污染的类别、生产和使用危险品的重点企业的地理位置信息、危险品的性质、实验室监测方法、现场应急监测方法、水质标准、应急处理方法、相关领域专家等基本情况，建立流域水源地非常规污染情况基础数据库，为水源非常规污染事故应急处理提供信息支撑。另外，在秦巴山脉区域建立环保、水务预防应急信息共享的服务平台，逐步实现应急指挥平台互联互通。

（五）开发绿色产业技术，保障水资源品质

开发全产业链绿色生产技术，改造传统工业是实现秦巴山脉水资源保护与利用的重要措施。加大基础研究和产业关键技术的研究，利用新材料、生物技术等对秦巴山脉部分水污染严重、资源利用率低、高端产品缺乏的传统行业进行绿色生产技术开发，变"限制"为"升级改造"，彻底解决传统产业存在的突出问题，促进传统产业健康发展，保障秦巴山脉水质安全、长期稳定。在适合布局工业的地域内集中建设生态产业园区，通过促进产业集聚、项目整合、资源综合利用和延伸产品链条等方式，构建循环经济体系，实现工业文明和生态文明有机结合。

（六）推进水经济发展模式

商品水开发是做大水经济的有效途径。对秦巴山脉现有矿泉水资源进行勘查，查明矿泉水资源分布规律、类型、储量，发展矿泉水产业，打造天然、健康、高端的区域优质矿泉水生产基地。

通过招商引资，吸引国内外大型饮品生产企业在秦巴山脉区域内部建厂，利用洁净水源的资源禀赋优势，依托大企业带动小企业，促进天然水产业集群发展，实现产业快速崛起。延长产业链条，提高综合效益，积极开发功能性矿泉水系列饮品，弥补品种不足。建议对现有商品水企业进行规范整顿、优化重组。引导和鼓励区域内现有商品水小企业联合重组、统一标准、统一品牌，以带动区域内商品水产业发展，形成市场优势。

在优质水源较充沛的地区，实行分质供水。分质供水从水源地就进行区分，分别建设生活水厂和工业水厂。生活水厂选用优质水库的水源，供城乡居民生活用水，实行计量取水，有偿送水；工业水厂则从河道采集水源，用于工业生产。

第二节　绿色交通体系构建策略

一、现状问题

秦巴山脉区域涉及渝新欧大通道、西成高铁、包茂高速、沪陕高速等多条交通干线，是东西南北交通联系的汇聚区。经过多年发展，区域内初步形成了"三横四纵"的交通运输主通道，其中"三横"为西安—商洛—南阳通道、襄阳—十堰—汉中—九寨沟通道、万州—巴中—广元通道；"四纵"为兰州—广元—成渝、西安—安康—重庆、三门峡—十堰—恩施、洛阳—南召—襄阳。

秦巴山脉区域内已基本形成了以高速公路、普通国道为主骨架，省道、县道、乡道为脉络，外连毗邻省、内通县和乡的公路网体系。截至2014年底，公路网总里程超过18万千米。其中，国省干线公路总里程达到1.4万千米，占公路网总里程的7.8%。从技术等级来看，二级及以上高等级公路里程仅占6%；路网面积密度为0.83千米/千米^2，路网人口密度为51.3千米/万人。秦巴山脉核心区内共有国家高速公路21条，包括主线15条和联络线6条；普通国道31条，包括放射线1条，纵线11条，横线14条以及联络线5条，目前普通国省道基本覆盖到每个县级节点。截至2014年，核心区域内所有乡镇已经全部通公路，其中97%以上的乡镇通沥青（水泥）路；建制村中，通公路的达97%以上，其中，通沥青（水泥）路的不足50%。

核心区域内铁路营业里程2 289千米，路网密度1.02千米/千米^2，低于全国平均水平。其中，双线铁路1 868千米，复线率81.6%；电气化铁路2 132千米，电化率93.1%。区域内铁路复线、电化率均高于全国平均水平，区域内2015年铁路覆盖率为51%。

截至2015年底，秦巴山脉区域内共有18个民航机场投入使用，目前已经形成了由省会城市的枢纽机场、干线机场和地级市的支线机场共同组成的民航机场体系，兼顾旅游、飞行训练等通用功能。

秦巴山脉区域水资源丰富，高于全国平均水平，属于丰水区。区域内水运主要集中在长江上游、汉江、嘉陵江等水系。《全国内河航道与港口布局规划》中关于长江水系高等级航道的布局方案为"一横一网十线"，其中，嘉陵江、汉江为"十线"中的重要组成部分。

根据《全国主体功能区规划》中交通可达性分析，秦巴山脉东部地区交通可达性略高于西部地区可达性，但整个秦巴山脉区域交通可达性处于中等偏低的水平。

二、战略思路

围绕打造世界三大著名山脉、国家中央主体生态功能示范区及国家公园体系的战略构想，贯彻落实创新、协调、绿色、开放、共享五大发展理念，充分发挥各种运输方式的比较优势和组合效率，坚持区域协同发展，坚持绿色、集约、安全发展，优化布局、调整结构、加强管理，着力构建"对外快捷""过境有序""内部通畅"的秦巴山脉区域绿色交通体系，引导和支撑服务秦巴山脉区域绿色循环低碳发展。

三、战略目标

总体形成"三横、六纵、一环"的交通主通道。其中，"三横"为西安—商洛—南阳通道、襄阳—十堰—汉中—九寨沟通道、万州—巴中—广元通道；"六纵"为洛阳—南召—襄阳通道、三门峡—十堰—恩施通道、西安—安康—重庆通道、西安—汉中—成渝通道、兰州—广元—成渝通道、兰州—九寨沟—成都通道；"一环"为跨陕西、甘肃、四川、湖北、河南、重庆五省一市的西安—宝鸡—陇南—九寨沟—广元—汉中—安康—十堰—三门峡—西安大循环旅游线。

（一）对外快捷

全面建成秦巴山脉区域核心区内21条国家高速公路，包括主线15条和联络线6条。形成以西成、武襄十、郑万高速铁路，京昆高速、青兰高速、连霍高速、沪陕高速、沪蓉高速、沪渝高速、包茂高速、福银高速和成渝环线等21条国家高速公路，襄渝、西康、宝成、西合、兰渝、阳安、蒙西至华中等干线铁路为主骨架的对外大能力通道。形成以区域枢纽中转为支撑连接核心区的对外交通空中通道，打造拓展区干线枢纽机场到核心区支线机场一小时航空圈，形成秦巴山脉区域通达全国三小时航空服务圈。

（二）内部通畅

基本消灭国省道网中的断头路，国道基本达到二级公路标准，省道基本达到三级公路标准。构筑区域内旅游环飞航线，打造核心区支线机场间一小时航空圈旅游航线。基本实现所有具备条件的乡镇通水泥（沥青）路、建制村通公路，所有具备条件的建制村通水泥（沥青）路。

（三）安全可靠

全面建成交通安全风险管理体系，实现对长途客运车辆、重型货运车辆、危险货物运输车辆的全面动态监控，实现交通事故率和死亡率显著降低。建成反应迅速、处置高效的交通应急救援系统，实现交通运输应急救援到达时间不超过1小时，一般灾害情况下公路抢通时间小于12小时，灵活、高效、迅速应对各类交通应急救援事件。

四、重点任务

（一）着眼于对外要便捷，加快建设，优化提升交通主通道

抓紧落实国家铁路规划，通过新建高标准快速铁路和既有线增建二线，加快构建与周边省会城市快捷大能力交通通道。继续建设西成高速铁路、郑万高速铁路、武襄十高速铁路、兰渝铁路、成兰铁路、蒙西至华中铁路、阳安增二线等项目建设，力争"十三五"期间形成良好的区域交通运输能力。规划建设西安至十堰高速铁路，与武襄十高速铁路形成一条西北至华中的高速铁路通道，推进相关支线建设。

加快建设国家高速公路、国家区域规划确定的重点项目，并适时启动其他具有明显区域通道功能的地方高速公路建设。重点是打通重要通道的瓶颈路段，加快推进G5广元—川陕、G65达州—川陕、G75川甘—南充、G7011汉中—略阳等路段建设；开工建设新增国家高速公路巫溪—镇坪、奉节—建始、桃园—巴中、巴中—广安—重庆、安康—平利等路段。将湖北丹江口—河南洛阳内乡、洛南—卢氏、兰州—成都高速连接线、丹凤—宁陕等高速公路纳入规划研究。

充分利用汉江与嘉陵江两大水系水运资源。突出骨架航道建设，增加四级以上航道里程；渠化、整治主要支流航道，逐步实现干支流直达。继续加强集装箱、汽车滚装等专业化货运码头和主要景区旅游客运码头建设；加强主要港区的快速疏港通道建设及其与跨区域铁路、公路主骨架的衔接。

进一步利用、整合区域内的机场资源，提高现有机场利用率。强化拓展区内枢纽机场的航班中转衔接功能，积极开辟拓展区枢纽机场与核心区支线机场之间的新航线，引导航空公司提升支线航空的通达、通畅能力，打造拓展区枢纽机场到核心区支线机场一小时空中通道。

构建十堰、汉中、广元、巴中、陇南、安康、商洛等区域性综合交通枢纽，完善集疏运体系。

（二）着眼于内部要通畅，尽快消除交通次干线上的短板，加快改善交通微循环

积极打通主要次级经济节点之间的断头路，重点建设一批连接重要资源开发地与旅游景区、对经济发展有突出作用的公路，增强区域自我发展能力。着力提

高普通国省干线中二级及以上公路比例。加大安全生命防护工程建设，提升交通干线抗灾能力。引导航空公司构筑核心区内旅游环飞航线，促进区域内旅游资源一体化协同发展。

根据秦巴文化旅游产业与特色农业布局，针对休闲文化旅游等群体特殊的交通需求，重新设计交通微循环系统，有重点地进行改造。要结合扶贫整体推进、异地搬迁、生态移民等政策，重点提高具备条件的乡镇和建制村通沥青（水泥）路比例。重点建设一批具有县际出口通道功能，连接重要产业园区、旅游景区、矿产资源开发基地等主要节点的县乡公路，尽快消除断头路。构建符合秦巴山脉区域绿色循环生态要求的多元化通用航空服务体系，重点在区域内的景点、景区、城镇聚集区、产业园区和重要交通枢纽场站，设立通用航空临时起降点等保障设施，完善通用航空运营服务基础网络。

（三）以绿色循环发展为核心理念，推动秦巴山脉区域交通发展转型升级

推动秦巴山脉区域交通运输发展由粗放型走向集约型，发挥各个地区及各种运输方式的比较优势和组合效率，力求在布局优化、相互衔接、一体服务和信息共享等方面取得突破性进展。建立区域综合交通运输体系发展协作机制，打破区域分割与行业壁垒，就区域内综合交通运输体系规划衔接、政策标准及重大项目建设等进行沟通和协商。

在秦巴山脉区域交通基础设施规划、设计、施工、运营和养护过程中，要高标准落实资源节约与环境保护要求，鼓励环保交通运输方式优先发展，严格生态环保设计，大力应用节能环保建筑材料及施工工艺。研究出台秦巴山脉国家中央主体生态功能示范区运输装备管控措施，加快淘汰高能耗、高排放的老旧交通运输装备、机械设备，应用清洁能源运输装备，提倡、引导公众采用公共交通、自行车和步行等绿色出行方式。

（四）以保护生态环境为重要红线，推动秦巴山脉区域交通安全风险防控一体化

有序组织危险品的过境运输，针对秦巴山脉国家中央主体生态功能示范区内的货物运输实行特殊的管控措施，围绕中央水库等生态极度敏感区域划出交通运输红线，严格限制危险化学品等货物运输从这些区域通过。对秦巴山脉区域过境运输通道进行统筹规划和设计，制定相关政策，尽可能避免过境交通直接进入秦巴山脉核心区域。推动秦巴山脉交通运输安全风险防控一体化进程，完善监控网络，实现对长途客运车辆、重型货运车辆、危险货物运输车辆的动态监控，确保区域内重大风险源可识、可防、可控。建立跨区域、跨部门预警信息快速通报与

联动响应机制。建成反应迅速、处置高效的交通应急救援系统，实现交通运输应急救援到达时间不超过1小时。定期组织突发事件应急演练。加快通用航空起降场建设，发挥通用航空在应对抢险救灾、反恐维稳、处置突发事件时的作用；提升重点水域应急搜救能力。

第三节　农林畜药绿色循环发展策略

一、现状问题

秦巴山脉区域总耕地面积为3.918×10^6公顷，占全国总耕地面积的24.22%，以坡耕地为主，25°以上耕地占有一定比例。种植业以粮食生产为主，2014年总产量为$3.041\ 1 \times 10^7$吨，粮食作物播种面积占农作物播种面积的55.6%；人均粮食为468.29千克，高于全国平均水平（443.46千克/人），总体上实现了粮食自给，但区域之间差异较大，个别片区自给不足且有较大缺口，粮食生产不能放松。

秦巴山脉区域农业特点明显，潜在优势较大。秦巴山脉区域是重要的中药材产地，也是全国中药材集散地，人工栽培中药材面积4.03×10^5公顷，占五省一市中药材种植面积的45.09%，中药材产量为124.14吨，占五省一市中药材产量的49.54%，但中药材加工水平不高。秦巴山脉区域的肉类总产量为$4.355\ 7 \times 10^6$吨，处于我国优质猪肉产区内，但近年来农户养殖量有较大萎缩。

秦巴山脉区域的森林覆盖率为57.3%，森林碳汇总量约为6.78GtC，占全国总量的7.04%，氧气产生量为10 630.49亿吨/年，占全国总量的8.66%。林地质量中等，生产力较低，是我国水土流失较为严重的地区之一。

秦巴山脉区域人均地区生产总值为24 716元，农林牧渔总产值人均6 370.12元，农村居民人均可支配收入7 391.9元。

秦巴山脉区域化肥施用量为748.1千米/公顷，是全国平均水平的1.5倍，农村生活污水、生活垃圾与规模化畜禽养殖污染普遍存在，对区域水质造成严重潜在污染。

二、战略思路

针对目前秦巴山脉区域人多地少、坡耕地为主、农业面源污染、区域生态环境压力大、长期农业生产基础薄弱、现代农业产业滞后、农村经济较差及农村教育滞后等问题，以创建秦巴山脉区域新时期的农业生态文明和形成秦巴山脉区域环境优美、产业高效、乡村繁荣的生态名山和世界名山为目标，以转变农业生产与农村生活方式为核心，围绕水源地生态环境红线管理、平原城郊和河川地高效绿色循环农业、低山丘陵区林下特色农产品生产、山地特色农产品加工与营销等四个方面，通过整体规划、生态补偿、引智招商、打造品牌、创新营销和示范带动，逐步实现农林业提质增效与产业绿色引领发展，走出一条富有秦巴山脉区域特色的农林畜药产业提质增效与绿色循环发展道路，创建秦巴山脉现代农业生态文明新格局，支撑秦巴山脉逐步发展成为生态名山和世界名山。

该战略思路的要点可以概括为"一个中心，两种动力，四个基本点"（图5.2）。"一个中心"即转变农业生产与农村生活方式；"两种动力"源于科教持续创新驱动与产业绿色引领发展，具体分解为整体规划、生态补偿、引智招商、打造品牌、创新营销和示范带动等；"四个基本点"分别是以绿水青山为导向的水源地生态环境红线管理、平原城郊和河川地高效绿色循环农业、低山丘陵区林下特色农产品生产、山地特色农产品加工与营销。

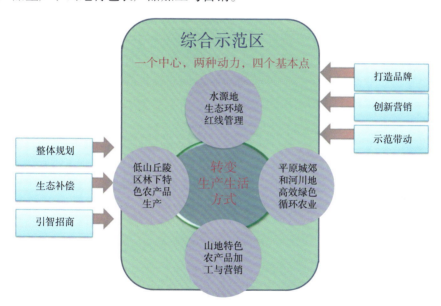

图5.2　秦巴山脉区域特色农林畜药绿色循环发展体系模式图

三、战略目标

（一）总体目标

全面贯彻绿色循环发展的理念，通过科教创新驱动、产业绿色引领和公众广泛参与，有序推进秦巴山脉区域农业生产与农村生活方式的转变，构建起秦巴山脉区域农林畜药绿色循环发展体系，尽早实现生态保护、农业提质增效、农民增收与绿色脱贫的近期目标；创建秦巴山脉区域环境优美、生态安全、产业高效和乡村繁荣的农业生态文明新局面，实现区域农业绿色循环、提质增效与生态环境安全双赢的局面，建立我国秦巴山脉生态高地与生态名山，确保南水北调中线工程的水体质量，凸显并持续发挥秦巴山脉区域对周边地区和全国的生态服务功能，为打造秦巴山脉国家中央主体生态功能示范区和世界名山提供坚实支撑。

（二）阶段目标

近期目标（2020年）：全面贯彻绿色循环发展的理念，强化水源区生态环境红线管理，有序推进秦巴山脉区域农业生产与农村生活方式的转变，总体构建起秦巴山脉区域农林畜药绿色循环发展体系的道路与模式，实现生态保护、农业提质增效、农民增收与绿色脱贫达到小康水平的基本目标。

中期目标（2030年）：通过科教创新驱动与产业绿色引领发展，显著提高农民素质和创业水平，稳步提高公众的生态环境参与度，科学提升山地森林质量和农业的生态化水平，推进秦巴山脉区域特色生态农林业发展，构建起区域环境优美、产业高效、乡村繁荣的新局面，创建独特的华夏秦巴山脉生态高地和生态名山，保障一江清水安全北送，并持续发挥秦巴山脉区域对周边地区和全国的生态服务功能。

长期目标（2050年）：通过创新发展与公众的自觉参与，不断提升并保持秦巴山脉区域华夏农业生态文明水平，稳定持续地发挥农林畜药业在区域绿色循环产业发展与生态环境安全双赢中的基础支撑作用，为保障秦巴山脉国家中央主体生态功能示范区和世界名山的永续辉煌做出贡献。

四、重点任务

（一）分领域引导绿色农林产业发展

1. 种植业

1）坡耕地退耕

重点解决好坡度在25°甚至15°以上的坡耕地退耕还林问题，以保障区域生态环境的长久安全。坡耕地退耕工作不能孤立开展，要与基本农田红线管理调整、移民、就业等工作协同进行，要科学规划、多部门协同、稳步推进。

2）平原河川节水高效种植

坡耕地退耕后，区域总耕地面积会大幅度下降，必须向平原地区、河川地要补偿。其关键在于保留耕地土地生产效能提升，效能提升的关键在于发展设施农业和高效节水农业。除了平原地区的稻田外，秦巴山脉区域的种植业基本实行旱作，实际上是一种雨养农业，效益较低。应结合国家土地整理、河道整治等项目，有计划地发展高效节水农业。其前提条件有两条：一是要与河道整治规划相衔接，不能在河道及河道沿岸乱垦；二是要积极引进节水灌溉技术，尽可能不采用漫灌形式，确保灌溉后农田面源污染不再发生，确保河流水体安全。设施农业以发展蔬菜、园艺作物、食用菌等为主，在灌溉上要求采用精准灌溉方式，在保障提高效益的同时，决不能对周边水体造成影响。

3）山地生态农业

秦巴山脉区域生态资源丰富，绿色环境独特，农业生产地域性与多样性强，具有发展山地生态农业的独特优势。根据秦巴山脉区域农业发展现状，山地生态农业的发展，一方面要关注山地生态农业的模式化发展，如生态茶园模式、林下养鸡模式、猪沼果模式等；另一方面要围绕平原和城郊集约化农区，积极发展生态循环农业与农业模式，通过宣传创造条件，积极使用有机肥，发展有机种植与生态养殖，提升农产品的品质与效益。具体发展模式如图5.3所示。

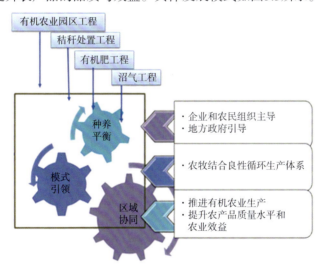

图5.3　秦巴山脉区域生态农业发展模式图

2. 林业

1）林地生态红线保护

秦巴山脉区域的森林覆盖率为43.3%，林地是区域生态环境安全的最基本保障。严守林地生态红线是构建秦巴山脉区域生态安全战略格局的基本底线，也是区域实现永续发展的基本保障线。通过划定林地生态红线，督促地方政府树立保护生态的责任意识，科学决策、依法行政，同时引导人口、经济合理布局，使区域发展与资源环境承载能力相适应。

2）特色经济林与林下养殖

依托秦巴山脉丰富的林业资源，通过科学规划，发展绞股蓝、花椒、核桃、板栗、生漆、杜仲、红豆杉、油橄榄等特色经济林，在中低山和丘陵地区重点发展林下中药材、食用菌、珍禽养殖等。合理布局林下特色中药材、食用菌、特色菜、珍禽等，选择适合区域发展和生态环境保护的林下经济模式，实现养林、用林、护林的有机结合，促进林农不断走上富裕道路，促进区域绿色循环经济的拓展和林业的可持续发展（图5.4）。

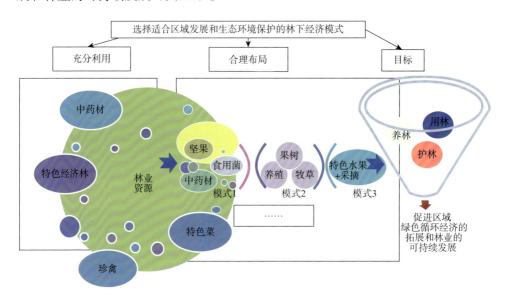

图5.4　秦巴山脉区域林下特色经济发展模式图

3. 养殖业

1）集约化养殖

选择猪、蛋鸡、奶牛为主要规模养殖种类，解决人口集中居住区的肉、蛋、奶供应需求。在具有草山、草坡地区，可规模化饲养特色山羊等；在具有水体条件地区，可适度发展水禽养殖，以丰富区域内居民的动物产品种类。不论何种养殖及何种规模，都要进行市场分析，以定位在秦巴山脉区域内需求为主的基础之上和废弃物区域内合理处置能力范围之内。

2）有机肥生产

目前，秦巴山脉区域内有机肥生产的规模与水平还较低，企业小而散，产品影响力与知名度低。每个集约化养殖县（区、市）域应整合扶持1~2家有机肥生产企业，根据当地土壤与作物进行专用有机肥的生产，并运用补偿政策与鼓励措施，结合区域农业秸秆等废弃物的处理，根据生态农业的发展需求，统筹解决好规模养殖带来的一系列环境问题。

3）林下特色动物养殖

秦巴山脉区域山地丘陵与林地资源十分丰富，为林下养殖提供了特殊的环境条件。林地养殖构建起的林牧生态系统对增加林地生物多样性、发展农村经济、促进农民增收开辟了新路径。目前，秦巴山脉区域内的重庆、四川和陕西等地，均有一定林下养殖，并且出现了很多林下养殖企业与农民大户。林下养鸡是目前林下畜禽养殖中最常见的，也是林下经济的重点，重庆城口山地鸡、巫溪大宁河鸡、四川巴山土鸡、陕西略阳乌鸡、湖北江汉鸡等林下养殖都是较为成功的林下生态健康养殖模式。

4）特色水产

秦巴山脉区域具有较好的水资源，拥有大量的特色鱼类，如秦岭细鳞鲑等土著鱼类。应综合采用自然放养、人工繁育及增殖放流、稻田养鱼等方式，积极推进特色养殖与生态养殖，除了极少数地区外，不建议开展规模化高密度集约养殖，以最大限度地减少对水体的影响。

4. 中药材

1）强化野生种质保育，实现中药材资源可持续利用

秦巴山脉区域中药材资源利用遇到的一个突出问题是野生中药材资源破坏较为严重，野生药材资源日趋减少，有的品种濒于灭绝，如熊掌、太白贝母、太白米、手掌参、参叶、铁棒锤、贯叶连翘、野黄连等。应尽快建设秦巴山脉区域主要中药材品种种质资源改良、筛选与繁育基地，对大宗和濒危紧缺的药材优良种质进行保护与再生，以确保秦巴山脉区域珍贵中药材"天然基因库"得以保存与延续。

2）打造秦巴山脉区域中药材品牌

秦巴山脉区域中药材生产及其品牌打造工作应得到进一步重视。建议重点围绕杜仲、黄连、枳壳、黄柏、金银花、山茱萸、丹参、柴胡、薯蓣、桔梗、板蓝根、黄芪、贝母、党参、当归、黄姜子、麝香、天麻、五倍子、红豆杉、金银花等特色道地药材进行品牌打造。该工作可结合中药材种质圃与繁育基地建设和种植技术规范落实等工作同时展开。

3）种植与加工药品生产质量管理规范

尽快在陕南、甘南、鄂西北、川北等优势地区建设秦巴山脉区域主要中药材品种种质资源改良、筛选与繁育基地，进行品种提纯、复壮，保持特色中药材的优良品质特性，解决道地药材过量采掘而繁育不足的问题，为今后秦巴山脉区域

中药材的标准化生产提供保障；开展项目研究，形成秦巴山脉区域分类分级的主要中药材优化布局及道地药材的优质、高效GAP（good agricultural practices，良好农业规范）标准化种植、采收与加工技术体系，建立各类生态药业基地，解决中药材种植分散和药材生产"小而全"等一系列问题。

4）精深加工

秦巴山脉区域中药材精深加工能力弱，是制约中草药产业发展的重大瓶颈。截至2015年，虽有50余家中药材加工企业，但普遍存在集中度不高、规模太小、重复建设等严重问题，这种状况与秦巴山脉区域在中医药方面的资源优势地位很不相称。因此，要进行企业大联合、项目大集中，以推进秦巴山脉区域中药产业的改造升级和高科技化发展。

（二）加强主要流域农业绿色循环发展

以汉江流域为试验示范基地，建立国家土地流转试验示范区与秦巴山脉区域绿色循环农业试验示范区，发展汉江沿岸有机粮油、优质生猪养殖、优质茶叶与功能茶叶、特色农产品、优质蔬菜、优质中药材、休闲农业与旅游农业产业基地和高产高效的林业产业体系；强化秦巴山脉地理标志商标功能，大力发展电商推动农村产业升级；建设流域农村及乡镇生活、生产垃圾与污水处理工程。

1. 汉江沿岸有机粮油产业基地

以籼稻、薯类与油菜为主，发展优质有机产品。推行稻油复种模式、地膜土豆栽培技术、配方施肥、农作物病虫害综合防控技术与高产技术等。汉江盆地突出发展优质籼稻与双低油菜，通过双低油菜带动流域旅游农业发展，地膜土豆可在全流域推广种植，可向靠近川道的低山梯田扩展。

2. 优质生猪养殖产业基地

汉江流域生猪品质优良，尤其以汉中优势最为显著。以家庭养殖为主，根据地域环境条件选择适度规模；规模化生猪养殖，首推标准化养殖，且严格推行零排放或污染养殖，养殖废弃物通过充分发酵腐熟为有机肥还田利用。构建良种繁育、良法养殖、健康养殖与规范疫病防控体系，确保猪肉质量安全及优质化水平。在沿江两岸以小型规模化养殖为主，在丘陵及高山区以家庭养殖为主；前者以优质猪肉为主，后者以有机猪肉为主。

3. 优质茶叶与功能茶叶产业基地

汉江流域是秦巴山脉区域主要的茶叶产区，其中以汉中和安康为主，十堰的茶产业近年发展也较快。茶产业以高产密植生态茶园与有机茶园为重点方向，加快改造中低产茶园，采用高标准引进良种并建立良种茶繁育基地。建设高标准清洁茶叶加工企业，发展茶食品、保健茶、药用茶、饮料茶、功能茶等系列产品，在非富硒区发展绿茶著名品牌；在安康与汉中的富硒区大力发展富硒茶系列产品，打造汉江流域的知名品牌，拉动茶叶产业快速发展。

4. 特色农产品产业基地

按照绿色、有机产品模式，发展汉江流域特色农产品产业，其中，具有较大资源优势的区域主要包括汉中优质柑橘产业基地，商洛优质核桃产业基地，十堰优质食用菌、柑橘、枇杷产业基地，安康高标准魔芋产业基地，流域优质烟叶基地，彩色米产业基地等。在发展标准化示范基地的基础上，进一步发展农产品深加工产业，提升市场竞争力，实现较高的经济收益。

5. 优质蔬菜产业基地

根据汉江流域的垂直地带性分布特征，主要发展沿江两岸蔬菜区和高山蔬菜两大生产区。汉江盆地设施蔬菜产业基地，以大棚蔬菜为主，以设施温室为辅，发展市场效益较高的蔬菜类型，尤其以早春和冬季生产季为主。高山蔬菜两大生产区主要以露地夏季蔬菜为主，主要市场档期是夏季。丘陵区应根据周边市场及地域环境，采用灵活多变的种植模式，可以向设施农业与高山农业方向进行调整，灵活应对市场需求；在市场定位上，既可选择香港、澳门和东南沿海发达地区，也可向西安、武汉、成都、重庆及郑州等周边大城市输送。

6. 优质中药材产业基地

优质中药材产业基地，包括示范及推广种植基地、野生中药材品质资源保护基地、中药材良种选育基地、中药材加工基地、中成药制造基地及中药材交易平台等六个部分。各流域段应根据各自的中药材产业特点，在发展中药材产业的同时，突出具有保健功能、特色功能的有机中药材及加工品开发等高端产品开发。另外，建立汉江流域中药材集散市场，以汉中、安康、商洛、十堰为依托点，建立面向全国的物流网络体系，通过中药材产业带动第三产业发展，进一步促进汉江流域产业结构升级换代。

7. 休闲农业与旅游农业产业基地

基于多样化的农业景观与自然风景，以汉江流域及附近大中型城市，如汉中、安康、商洛、十堰、襄阳、宝鸡、西安、武汉、郑州等为依托，在汉江流域发展休闲农业与旅游农业具有得天独厚的优势条件。汉江流域具有丰富多样的农业旅游资源，如高山林区、低山茶园果园与丘陵盆地的油菜，结合特色民居、饮食与历史文化古迹等，旅游农业与休闲农业的市场潜力很大。特色休闲农业与旅游农业内容包括水产养殖、蚕桑、特色鲜果、茶园、核桃园、食用菌园地、蔬菜园地、苗木花卉、猕猴桃、樱桃、中华朱鹮、林区野趣、凤堰古梯田等。

8.高产高效的林业产业体系

汉江流域具有完备的林业产业体系，由于长期以来对林业产业体系重视不够，秦巴山脉区域的林业产业一直处于低产低效状态，既不利于林业生态的可持续发展，也不利于水源区水质安全保障。高产高效林业产业体系包括四部分：一是优质木材基地建设，通过合理砍伐、林地有序更新及迹地恢复促进木材产量与质量进一步提升；二是重点发展核桃、板栗等优势经济林和山区特色经济林作为林业经济的重要补充；三是发展林下经济，在中低山和丘陵地区重点发展林下中药材、食用菌和珍禽养殖等；四是发展林业旅游，通过合理构建自然景区，用旅游产业带动和反哺林业产业升级转型。林业旅游应该是当下林业产业的重点内容之一，抓住旅游这一朝阳产业，带动林业产业经济进一步发展壮大。

9.流域农村及乡镇生活、生产垃圾与污水处理工程

汉江流域既是南水北调中线工程的核心水源带，对保障库区水质安全具有举足轻重的地位，又是秦巴山脉区域农业精华地带，自古就是人口密集区，沿江城市与乡镇均为区域经济政治文化生活中心，发展规模相对较大。汉江流域农村及部分乡镇的生产、生活垃圾基本上采用沟渠倾倒方式处理，水质安全的隐患始终存在。通过构建流域垃圾处理体系，确保可持续一江清水，包括农村垃圾收集系统、乡镇垃圾收集分类处理系统、农村生活废水及人畜粪便户用沼气装置与乡镇生产、生活污水处理系统。沿江或附近乡镇连接周边农村，人口流动相对频繁，对流域污染控制至关重要。先进模式示范带动作用可向汉江流域乡镇推广。

（三）启动水源区"绿色循环农业综合试验示范区"建设

建议在丹江口水库上游核心水源地的汉中、安康、商洛各选一个典型乡镇，开展绿色循环农业试验示范区建设。示范的内容包括四大类30余项示范工程，即六大生态环境提升示范工程、四大绿色循环产业基础条件培育与建设工程、15~20个绿色产业科技示范工程、三大科教引领与驱动能力提升工程。

1. 六大生态环境提升示范工程

六大生态环境提升示范工程主要包括大于25°坡耕地退耕还林、公益林生态红线管控、河道管控与整治、规模养殖废弃物肥料化、秸秆肥料化还田、生活污水与人粪尿综合处理与利用等六个方面。

2. 四大绿色循环产业基础条件培育与建设工程

四大绿色循环产业基础条件培育与建设工程主要包括特色农产品品牌打造、特色植物种质圃与良种繁育基地、特色中药材和山货集散与交易市场建设、特色农林畜药产品互联网营销条件建设等四个方面。

3. 15~20个绿色产业科技示范工程

15~20个绿色产业科技示范工程主要包括集约化农区农牧循环与有机农业发展、优势大宗粮油肉奶产品GMP（good manufacturing practice，良好生产规范）生产、特色经济林（核桃、板栗等）培育与GMP生产、特色食用菌培育与GMP生产、特色中药材培育与GMP生产、特色茶品整合与提升、特色蚕茧培育与提升、特色果品（柑橘、脆梨、猕猴桃等）GMP生产、低山丘陵区林下珍禽GMP养殖、优势农产品环境友好型集群精深加工能力培育等方面。

4. 三大科教引领与驱动能力提升工程

三大科教引领与驱动能力提升工程主要包括中小学生生态教育、农民素质教育与职业培训、急需人才与技术的引进等三个方面。

（四）实施退耕还林、河道整治、土地流转登记一体化

退耕还林严格按照大于25°坡耕地红线执行，不得以任何借口加以保留。在水土流失严重地区，可以把该红线进一步降低到15°左右。河道整治工作要把工程治水、清淤、防污与造地结合起来，并且按照规划统一进行。对新造土地要提出高效化、生态化利用规划。土地流转登记要遵照农民或企业土地自愿的原则。按照生态需要退耕后的土地应变更土地利用类型，原来是基本农田的应在耕地资源中加以削减，并上报土地部门加以审批。河道或桩基整治中新增的土地，一般应纳入基本农田作为占补平衡的一部分。

（五）打造"秦巴山脉"地理标志商标

秦巴山脉区域相对独立的地理单元，造就了秦巴山脉独一无二的生态环境

品质，打造"秦巴山脉"地理标志有利于提升秦巴山脉的整体影响力，对打造农业品牌、转变农业结构、促进农民脱贫致富与区域繁荣、青山绿水的长久永续等具有重要的现实作用与长远的战略意义。建议结合国家"农产品地理标志"等工作，围绕种植、养殖、矿产、景观、文化、饮食、人文等方面，积极注册与打造"秦巴山脉"地理标志商标，并通过专门机构强化管理，推动秦巴山脉区域绿色循环发展战略目标逐步实现。

（六）加强山地特色农产品加工与营销

特色农产品加工生产是秦巴山脉区域产业拓展和农民致富的希望与重要保障。首先，要整体提升区域农林产品的GMP认证，为稳步发展加工增值奠定基础；大宗粮油肉等产品的加工总体应基本稳定目前的加工能力，根据需要进行适度集中与调整；应特别重视特色经济林产品，如绞股蓝、生漆、杜仲、红豆杉、油橄榄等精深加工能力的培育；应特别重视中药材集群精深加工能力培育，特别关注加工过程中的废水、废渣污染问题，如黄姜皂素提取工艺的改进迫在眉睫，传统的酸水解法产生的高浓度黄姜酸性废水带来的水体酸污染，严重影响了黄姜的持续加工，应寻求新的环境友好型替代工艺，如开展生物发酵法技术的攻关具有重要意义；强化秦巴山脉区域特色中药材集散市场建设，在依托重庆、西安、成都、兰州、禹州等重要的中药材集散市场的同时，建议在安康和陇南等主产地建立秦巴腹地中药材集散市场，成为秦巴山脉腹地道地药材走向国内与国际市场的重要枢纽；在连接大城市的重要节点建设10个左右的秦巴山脉特色农产品集散与交易市场；依托互联网与电商优势，并结合产品认证与追溯等体系的建立与完善，开展特色农产品的营销，闯出一条特色产品营销的新路径（图5.5）。

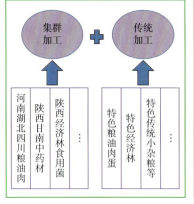
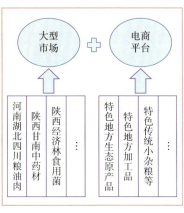

图5.5　秦巴山脉区域农产品加工与营销模式图

第四节　工业与信息化绿色发展策略

一、现状问题

工业在秦巴山脉区域经济中占有相当大的比重，且呈现不断增大的趋势。2014年，除甘肃省、重庆市、陕西省西安市和湖北神农架林区外，其他省第二产业增加值在三次产业增加值中所占比例均最高，且大多数地方第二产业增加值占地区生产总值的一半以上。

经过多年的积淀和发展，秦巴山脉区域已基本形成了包括装备制造、原材料制造、消费品制造、电子产品制造、能源生产制造和新兴产业培育等6大门类30多个细分行业的工业体系。其中有不少行业在全国具有竞争优势，如十堰东风汽车、汉中运输机、汉中机床、天水星火机床制造基地，覆盖河南洛阳、三门峡和陕西渭南小秦岭地区的金、钼与陕西汉中、安康和四川达州的铅锌冶炼与深加工基地，陕西安康的富硒食品饮料生产基地，河南南阳、四川广元、陕西安康为主的生物医药基地，以甘肃陇南为典型的油橄榄产业开发基地，四川达州的天然气生产基地和以天水华天电子集团股份有限公司为代表的集成电路生产、半导体器件封闭测试产业基地等。

截至2015年，工业园区建设初具规模。16个国家级工业园区和22个省级工业园区在区域内形成"外围四区中央一带"的分布格局。工业园区作为"要素集中、产业集聚、企业集群、创新示范、政策引导"的特殊区域，在秦巴山脉区域经济发展中发挥重要的作用。国家级高新区、经济开发区，省级开发区和县级工业集中区的工业产值占秦巴山脉区域工业产值的60%以上，是秦巴山脉区域工业发展的重要基地。

工业企业发展较快。秦巴山脉区域内部和外围形成了一批在全国或国际上具有重大影响的知名企业，成为秦巴山脉区域经济发展的引领者。例如，湖北十堰的东风汽车集团股份有限公司、河南洛阳的中信重工机械股份有限公司、中国一拖集团有限公司、河南西峡的仲景宛西制药股份有限公司、四川长虹电子控股集团有限公司、四川九洲电器集团有限责任公司、四川阆中的保宁制药有限公司等。该区域建成了全国面积最大、销售额最高的汽车配件交易市场——"中国（十堰）汽配城"，年交易额达200亿元。

二、战略思路

依据秦巴山脉区域资源禀赋和产业基础，以落实党和国家确定的"两个一百年"奋斗目标为统领，以加快经济发展、创新驱动和生态文明建设为指针，以"四个全面"战略布局为引领，坚持创新、协调、绿色、开放、共享的发展理念，围绕企业为主体、市场为导向、创新为动力、提质增效为中心，着力构造因地制宜，突出优势、发展特色、高效、清洁、低碳循环的绿色产业体系，全力推进工业园区转型升级，深入推进"两化"深度融合，切实把工业与信息化发展建立在结构优化、创新驱动、集约高效、环境友好、绿色低碳、循环利用、惠及民生、内生增长基础上，不断增强核心竞争力和持续发展能力，实现秦巴山脉区域工业和信息化持续、稳定、健康发展，开创"绿色美丽富裕秦巴"科学发展新局面。

三、战略目标

力争到2030年，秦巴山脉区域绿色循环工业形成健康发展、协调推进的良好格局，产业布局更加合理，产业规模化、集群化、集聚化和国际化进入较高层次，产业体系高端化水平明显；绿色、低碳、循环发展力争走在中西部地区前列，工业经济发展水平显著提升；战略性新兴产业取得长足发展，部分行业领域进入全国领先或先进行列，少数达到国际先进水平，成为秦巴山脉区域经济社会发展的主要推动力量。

（一）工业经济总量显著增长

到2030年，全部工业总产值年均增长12%左右，工业固定资产投资年均增长20%以上。实现工业实力、产业集中度、技术创新三大提升，达到区域协调、产业体系、融合发展、质量品牌、资源环境五大突破性进步，工业经济运行质量和效益显著提升，综合竞争力进一步增强，建成中西部较强工业区域。

（二）产业转型升级更为优化

高端低碳绿色的现代产业体系基本建立，先进装备制造业得到迅速发展，特色优势产业带动作用显著增强，战略性新兴产业比重快速提高，现代农林特产加工业大幅提升，生产性服务业比重较快增长，产业转型升级成效明显。

（三）企业创新能力大幅增强

以企业为主体、市场为导向、产学研相结合的技术创新体系进一步完善，企业创新能力显著提升。大中型企业普遍建立以技术中心为核心的研发平台，大中型企业研发费用占主营业务收入比重达到3%以上，重点骨干企业达到5%以上；企业发明专利拥有量增加一倍以上，攻克和掌握一批达到世界领先水平的产业核心技术；大中型企业新产品产值率达到20%以上。

（四）融合发展水平明显提高

"两化"深度融合，重点骨干企业信息技术集成应用达到国际先进水平，大中型企业信息技术综合应用水平达到国内领先水平，主要行业关键工艺流程数控化率达到75%以上；装备制造产业与信息科技、物联网等融合发展水平显著提升，装备制造产业规模显著扩大；产业融合发展进一步拓展，第一、第二、第三产业深化融合，不断创造新的业态，生产型制造向服务型制造转变取得新突破。

（五）质量品牌建设迈上新台阶

新产品设计、开发能力和品牌创建能力明显增强，形成一批在国内外具有较强竞争力和较大影响力的知名品牌。

（六）资源环境承载力显著提升

万元工业增加值能耗累计下降50%，万元工业增加值用水量累计降低50%，工业二氧化碳排放累计降低55%，工业固体废弃物综合利用率大于80%，重点行业清洁生产水平明显提升，安全生产保障能力显著提高，资源节约型、环境友好型"两型"工业水平突破性提升。

四、重点任务

（一）调整优化区域工业格局

秦巴山脉区域东部以十堰、洛阳、南阳、襄阳等为重点，充分依靠重点城市和重要产业园区，重点发展汽车及零部件、输配电设备、新能源装备制造、信息产业等特色优势产业，努力构建高端产业聚集、创新能力突出、生态环境优良的先进制造业基地、战略性新兴产业基地。秦巴山脉区域南部，以达州市、巴中市、广元市、万州区等为重点，充分利用现有工业基础，重点发展航空航天、数控机床、汽车制造、能源产业、新型制药等优势特色产业。秦巴山脉区域北部，以陕西陕南为重点，突出坚持绿色循环发展，重点推动太阳能光伏、航空航天制造、数控机床、新材料、食品医药等优势产业发展。秦巴山脉区域西部，以甘肃陇南为重点，主要着力培育新型工业发展，打好工业发展基础，扭转区域工业西弱状态，坚持走出一条绿色循环低碳工业发展之路。

（二）着力打造梯次产业发展高地

努力构建以十堰、安康、汉中、巴中、达州、商洛和广元等秦巴山脉区域内中等城市为支撑的核心产业集聚区，以西安、宝鸡、洛阳、南阳、襄阳、绵阳和天水等周边大中城市为支撑的多元产业辐射区，以区域内工业强县为支撑的中小产业承载区，逐步形成核心产业集聚区、多元产业辐射区和中小产业承载区互为支撑、相互融合的产业梯度发展格局。

（三）推进绿色循环工业示范基地建设

推进工业园区发展模式由投资驱动向创新驱动转变，由制造园区向创新园区转型，由形态开发向功能开发转换，创建形成一批具有较高水平、较大影响力的省级或国家级新型工业化示范基地。秦巴山脉区域应集中力量，着重打造以下产业基地：具有国际先进水平的航空产业基地、数控机床产业基地、清洁能源产业基地；具有国内领先地位的汽车及零部件产业基地、新材料产业基地、高技术电子产业基地；优势突出的有色金属产业、黄金产业等绿色矿产加工基地；特色鲜明的富硒食品饮料、绿色有机食品、现代中药等消费品产业基地。

（四）发展完善绿色低碳现代产业体系

依托秦巴山脉区域资源优势和产业基础，大力引进先进适用技术，推动传统产业转型升级，全力推动创新驱动，积极实施改造提升工程，推动企业整合重组，形成一批富有区域特色、具有比较优势、市场占有率大的龙头骨干企业，成为推动区域经济发展的主体。着力实施产业结构调整优化工程、科技创新驱动推进工程、工业企业准入工程、品牌质量创建工程、关键技术打造工程、"两化"融合深化工程、扶贫脱困推进工程、华夏"绿肺"保护工程、"双创"发展促进工程等九大工程。

（五）积极打造优势产业集群

重点发展汽车制造、航空航天、有色金属、能源电力、机床工具、工程机械、电子信息、食品饮料、生物医药等优势产业集群。

（六）大力提升创新驱动能力

以科技创新为核心推进秦巴山脉区域协同创新，促进分工协作、优势互补，减少技术研究中的"点状化"低水平重复，实现科技资源市场化流动，放大创新的乘数效应，将科技资源聚焦到重点战略上；消除行政壁垒，将原来分割的隶属不同省市的科技创新资源无缝对接，减少很多重复性建设的公共性、基础性技术创新设施，产生明显的优化效应；形成带动效应，带动推进区域新型工业化进程。

（七）加快信息化发展进程

加快新一代信息基础设施建设。2020年城镇地区实现光网全覆盖，大中城市家庭用户带宽实现100兆比特以上；98%的行政村实现光网通达，半数以上农村家庭用户带宽实现50兆比特以上。全面实施"互联网+"行动计划。深化大数据在各行业的创新应用。全面实施促进大数据发展行动，依托秦巴山脉区域五省一市政府公共云服务平台和电子政务网络，推进跨省（市）、跨部门、跨领域数据资源共享共用。筹备建立"秦巴山脉区域大数据中心"，汇集秦巴山脉区域政府部门和相关单位公共数据资源共享开放，鼓励企业和社会公众发掘利用公共数据资源，推动信息化与工业化深度融合，助力工业转型升级和社会治理创新。

（八）推进工业绿色循环升级

一方面，通过优化工业园区布局和基础设施建设、着力提升工业园区发展能力、强化工业园区协同发展等措施推进工业园区转型升级。另一方面，加大重点行业节能减排工作，大力推进工业节能降耗，加快建设节能降耗型产业体系，积极推进"两型"企业创建，强化环境保护规划监测体系。

第五节　文化旅游绿色发展策略

一、现状问题

秦巴山脉区域生态资源总量大、品位高、类型齐全、组合良好，总体上具有奇特性、多样性、国际性特征。秦巴山脉区域内包括2处世界地质公园、5个世界生物圈保护区、38个国家自然保护区、60个国家森林公园、15个国家地质公园、12个国家级风景名胜区等，生态自然环境优越。秦巴山脉区域人文旅游资源丰富多彩、种类齐全，包含少数民族文化及各地地域特色文化，充分展示了秦巴文化底蕴的深邃，其中包括1个世界自然遗产（神农架）、2个世界文化遗产（张骞墓、武当山）、4个国家历史文化名城、11个国家历史文化名镇、92个中国传统村落、65个国家级非物质文化遗产、84处全国重点文物保护单位。从秦巴文化旅游资源空间分布来看，资源空间分布具有一定集聚性。旅游资源呈现资源总量大、品位整体高、优良资源多、类型丰富、组合性好、分布不均等特征。

无论从资源总量、品位层次、结构类型、开发价值方面，还是从资源的区域竞争力、资源产品化条件等方面，以及资源的观赏游憩价值、历史文化科学艺术价值、资源珍稀奇特程度、规模、完整性、知名度、适游期等综合评价体系比较方面，秦巴山脉区域具备成为旅游产业大区、强区的资源基础，秦巴山脉区域旅游资源能够支撑秦巴山脉区域各片区下一阶段旅游业实现跨越式提升，成为国际性旅游目的地。

由于行政管理体制分割，秦巴山脉区域内各省市旅游发展处于各自为政的状态，但区域内也有旅游合作的尝试，如2015年7月发布的《广元剑门关宣言》、2009年编制的《陕西省大秦岭旅游发展规划（2009—2025年）》等。但总体来说，覆盖秦巴山脉区域及周边地区的环秦巴大区域旅游网络尚未形成。

秦巴山脉区域内虽有武当山、华山、长江三峡等国际级旅游资源，但由于旅游品牌营销、交通等问题，旅游知名度较低，入境游客主要来自中国香港、澳门、台湾及日韩等地；境内旅游客源也主要来自西安、郑州、成都等周边城市，对东南沿海地区旅游吸引力不足。秦巴山脉的旅游发展已对核心资源进行开发并形成相应旅游产品。例如，生态旅游产品开发以山岳观光、森林度假、漂流探险、乡村度假为主；文化旅游产品开发以华夏始祖文化旅游、道教佛教宗教旅游、三国文化旅游等旅游产品为主。但秦巴山脉区域目前形成的旅游产品，多数属于粗放式开发，旅游产业同质现象严重，多数旅游产品并不能与周边旅游圈旅游产品吸引力相抗衡。秦巴山脉区域已形成一定的"旅游区""旅游带"，但内部与周边旅游空间缺乏连接，使得秦巴山脉区域内部旅游空间"孤岛化""破碎化"。

二、战略思路

按照"一个核心理念，六大发展支撑"的发展思路，指导秦巴文化旅游产业发展。"一个核心理念"，即围绕"国家中央公园群"，将秦巴山脉区域作为整体发展为中国生态之源与居民游憩目的地；"六大发展支撑"，即通过文化产业发展、生态环境保护、旅游空间发展、品牌与产品、区域旅游合作、绿色循环体系支撑等六大体系支撑秦巴文化旅游的可持续发展。

三、战略目标

（一）总体发展目标

基于文化旅游发展的条件与诉求，以"秦巴"为品牌，以自然生态观光和人文览胜为基础，以休闲度假和民俗体验为主体，以科考探险和体育竞技为补充，融生态化、个性化和专题化为一体，将秦巴山脉区域打造为"国际性生态旅游度假目的地""国际性中国多元文化旅游目的地""国内自驾探险旅游乐土"的集旅游、度假、观光、探险、休闲为一体的多元化旅游目的地体系；依托秦巴山脉区域独有的自然及文化资源，将其构建为中国国家中央公园群。

（二）生态发展目标

通过绿色旅游开发，实现人与自然的和谐，实现旅游开发与生态环境的修复与培育及历史文化的生态保护，各项环境指标居全国领先水平。

（三）文化发展目标

依托秦巴山脉区域丰富的文化优势资源背景，大力发展融合传媒影视、文化艺术、设计服务、文化展览等为一体的文化产业，发挥文化产业的引领带头作用，打造世界知名的秦巴文化品牌。

（四）产业发展目标

通过打造秦巴山脉区域特色旅游产品、旅游品牌，提升旅游服务质量、开发多种旅游项目，将旅游服务产业打造为秦巴山脉区域的经济支柱与核心产业。

四、重点任务

（一）国家公园体系建设

1.秦巴山脉国家公园标准体系

根据国内外国家公园设立标准，从资源条件、生态保育、开发条件及管理条件四方面确定秦巴山脉国家公园设立标准（表5.2和图5.6）。建议在秦巴山脉区域现有自然保护体系的基础上，单独建立国家公园制度，制定秦巴山脉国家公园法规条例，明确标准和管理体制。先行对原有（即归属于现有自然保护地体系下的保护地）和新申请建立的国家公园进行规范管理，逐步将符合标准的已建立的其他保护区域和类型选择性纳入。

表5.2　秦巴山脉国家公园设立标准

综合评价	项目评价	评价因子	评价释义
资源条件	资源代表性	重要性	环境与资源对全国、世界的意义
		典型性	环境与资源的代表性或唯一性
		完整性	环境与资源的原真性、完好性及生态多样性

续表

综合评价	项目评价	评价因子	评价释义
资源条件	资源价值	生态价值	自身生态品质、对所处区域的生态意义
		科学价值	开展科研、修学、教育、知识普及的价值
		文化价值	区域生态文化的品位及其传承价值
		游憩价值	审美价值，休闲、游乐、运动等活动条件，旅游开发的经济社会价值
生态保育	生态基底	面积适宜性	国家公园总面积原则上不小于1 000公顷，其中具有核心资源应予严格保护的区域面积不小于总面积的25%
		原始状态	环境自净能力、自然荒野状态、外来物种入侵状况、自然修复能力
	保育措施	保育规划	保育管理目标、空间区划、保育项目
开发条件	开发适宜性	知名度	在国外、国内具有一定资源知名度与旅游基础
		游憩适宜性	在保护的前提下，国家公园内能划出具有独特的观赏和体验价值的区域，用于开展科普、游憩、公众教育等活动
	区位条件	市场区位	客源地时空距离、客源市场的区位
		通达性	交通可进入性、旅途的安全性和舒适性
	环境条件	气候条件	气候舒适度、适游期
		工程施工条件	地质地貌、水文、生物施工条件，就地取材条件
	基础设施	交通通信设施	公园游路、步行道、交通工具、通信设施的开发条件合理性、有效性
		供排设施	供水、供电、排水、排污设施的合理性
		服务与营运	咨询、出版物、解说系统、游客中心、设施的合理性和有效性；行政办公室、职工住房及开展安全管理、环境观测、火警瞭望设施的合理性和有效性
管理条件	资源管理	资源权属	资源权属清楚，不存在权属纠纷，资源权属结构合理，国有土地、林地面积占国家公园总面积的60%以上
	体制制度	协调	当地政府对建立国家公园的支持力度大，对设立专门管理机构、配备人员及配套设施等做出书面承诺
	管理机制	管理层级	完善的公园管理人员制度，确保公园管理有效性及长期发展

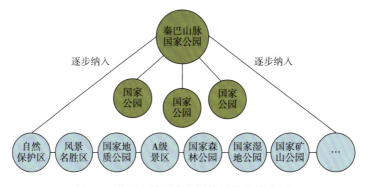

图5.6   秦巴山脉国家公园体系设立模式图

2. 秦巴山脉国家公园体系搭建

秦巴山脉区域具有生态与文化双重价值，在建立国家公园体系时，需将文化资源也纳入国家公园体系中，同时参鉴国内学者对中国建立国家公园归类规范的建议：为便于中国的国家公园与世界国家公园管理接轨，中国的国家公园可按联合国教育、科学及文化组织世界遗产类型归类，形成自然型国家公园、文化型国家公园和文化景观型国家公园三种类型，这三种类型相对于已颁布的各专类公园容易对接。提出秦巴山脉国家公园体系构成建议，即在中国原有自然保护地的基础上，设立由自然型国家公园、文化型国家公园和文化景观型国家公园等三种国家公园构成的国家公园体系，其中国家级自然保护区、国家森林公园、国家地质公园、国家湿地公园和世界自然遗产可归并为自然型国家公园；将各类遗址地、纪念园、文物保护单位和世界文化遗产归并为文化型国家公园；将人与自然共同创作的国家级风景名胜区、水利风景名胜区、旅游景区、世界文化与自然双重遗产、文化景观世界遗产归并为文化景观型国家公园（图5.7）。

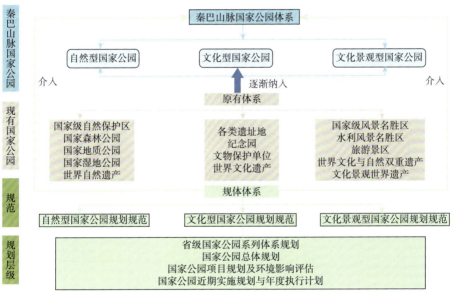

图5.7　秦巴山脉国家公园体系构成模式图

（二）秦巴文化旅游产业发展对策

1. 秦巴山脉旅游空间战略布局

秦巴文化旅游产业空间布局构成点、轴、面结合的旅游空间结构，即构建"1个核心、3个中心、4大板块、5条区域旅游发展轴、4条秦巴旅游精品带、多个支撑城市"的板块旅游空间结构（表5.3、表5.4）。

表5.3   秦巴山脉区域旅游功能板块划分

旅游板块	陕甘川旅游板块	秦巴生态旅游板块	成渝旅游板块	豫鄂旅游板块
一级中心	汉中	西安	达州	十堰
二级中心	天水、陇南、广元	安康、商洛	巴中、万州区	南阳、襄阳、神农架
资源依托	麦积山石窟、剑门蜀道、官鹅沟、王朗自然保护区、大峪沟等旅游资源	秦岭山水	巫山小三峡、天坑地缝、光雾山-诺水河等旅游资源	武当山、古隆中、神农架等国内外知名旅游品牌
发展目标	打造集生态、文化及西部民族特色风情为一体的综合旅游板块	打造以秦岭生态探索为核心品牌的旅游板块	打造以生态自然山水为主要特征的旅游板块	打造可拓展国际旅游市场的集生态与文化于一体的综合旅游板块

表5.4   秦巴山脉区域内部旅游联动带划分

区域旅游联动带名称	联动景点	联动带特征
鄂豫宗教与生态文化旅游带	神农架—十堰武当山—栾川老君山—嵩县白云山—洛阳龙门石窟	以道教、佛教文化，神农原始文明及伏牛世界地质公园为核心的生态人文旅游带
陕川三国蜀汉文化旅游带	江油李白故里—广元剑门蜀道—汉中武侯祠—佛坪—户县[1]—西安	以三国历史文化与生态为旅游特色的旅游带
甘川历史文化生态旅游带	天水麦积—成县—陇南官鹅沟—文县白水江—平武王朗	以西部历史文化和生态景观为特色的山水民俗旅游带
豫陕甘汉江流域生态旅游带	陇南官鹅沟—汉中青木川—安康南宫山、瀛湖—十堰武当山—南阳宝天曼	以道教文化与自然山水为特色的旅游带
陕鄂历史生态文化旅游带	襄阳古隆中—十堰武当山—商洛金丝峡—西安	以三国文化、汉唐文化为特色的历史文化与生态旅游带

1）现为鄠邑区

2. 秦巴文化产业布局

首先是环秦巴山脉区域范围内的西安、洛阳、成都、天水、十堰等七大城市及其周边区域的核心层。该类区域集中了相对较多数量和种类的文化资源，且具有较高文化消费需求度，可视为区域核心城市，定位为"点"的层级，在未来文化产业发展中将是地区级文化产业重点发展的核心，可以带动周边区域，形成区域联动发展的格局（表5.5）。

表5.5　秦巴山脉核心文化产业汇集区发展思路

核心文化产业汇集区	代表文化	产业园建设建议
西安市	秦汉唐文化、丝绸之路文化、关中特色文化、宗教文化、隐逸文化	曲江秦汉唐文化产业园、丝绸文化创意产业园、关中地域文化体验产业园、道教隐逸养生文化产业园
洛阳市	秦汉唐文化、中原文化、两汉三国、宗教文化	中原地域文化产业园、黄河创意文化产业园
成都市	两汉三国、巴蜀文化、宗教文化	巴蜀三国历史文化产业园
天水市	两汉三国、丝绸之路、陇南文化、宗教文化	麦积山石窟艺术研究文化产业园
宝鸡市	秦汉唐文化、丝绸之路、关中特色文化	法门寺佛教和唐文化产业园
十堰市	宗教文化、荆楚文化、原始人类远古文明	武当国际文化产业园、十堰影视基地
襄阳市	秦汉唐文化、两汉三国文化、荆楚文化	隆中三国文化历史产业园、三国影视基地

其次是以汉中、广元、南阳、奉节、巫山等中小城镇及其周边区域为代表的第二层级。该类区域拥有中等数量和种类的文化资源，是重点文化产业汇集区，未来发展中应定位为"线"的层级，以点带线，以线带面，是受核心区域影响，带动一般区域发展的重点区域（表5.6）。

表5.6　秦巴山脉重点文化产业汇集区发展思路

重点文化产业汇集区	代表文化	产业园建设建议
汉中市	三国历史文化、宋元文化、陕南文化、隐逸文化	张骞丝绸文化产业园
广元市	两汉三国、巴蜀文化、红色文化	剑门蜀道文化产业园、旺苍红色影视基地
南阳市	秦汉唐文化、两汉三国文化	南阳汉文化产业园
奉节县	两汉三国、巴蜀文化	三峡文化创意产业园
巫山县	巴蜀文化、原始人类远古文明	巫山猿人远古文明产业园

最后是以陇南、北川、巴中等城市及周边区域为代表的一般文化产业汇集区。该类区域的文化资源数量少、种类单一，未来发展中应定位为"面"的层级，是被核心区域和重点区域带动发展的区域。

另外，秦巴山脉区域文化产业的发展不能单纯依托丰富的历史文化和民俗文化资源，更重要的是需要依托收入水平较高、文化消费需求旺盛的中心城市，以此为节点建构跨区域相互联动的文化产业网络；地方政府也更应重视引入高新技术，完善包括新闻出版、创意设计和动漫游戏等在内的现代化文化产业链；还需要通过相关政策引导强化相关法律法规，以此作为文化产业长远发展的保障。

3.秦巴山脉旅游空间布局

1）乡村旅游

从全国乡村旅游建设格局来说，秦巴山脉区域乡村旅游建设势头较好。其中，四川、河南、湖北等地农家乐建设，乡村旅游模范村、户建设，休闲农业示范建设都处于全国水平的前端，相比之下，甘肃省、陕西省相关建设较为缓慢（表5.7）。

表5.7　秦巴山脉区域主要乡村旅游示范点

资源类型	数量/个		资源名称
中国传统村落	50		十堰市竹溪县中峰镇甘家岭村、汝阳县蔡店乡杜康村等
国家级农业旅游示范点	2	湖北（1）	襄阳市锦绣园
		四川（1）	华蓥山黄花梨有限公司
2010~2014年全国休闲农业与乡村旅游示范点	16	河南（1）	嵩县车村镇天桥沟村
		湖北（5）	襄阳市襄城区中华紫薇园、竹溪县龙王垭生态文化观光园、保康县马桥镇尧治河村、神农架木鱼镇青天袍民俗山庄、武当道茶文化旅游山庄
		重庆（1）	开州区奇圣现代观光农业生态产业园
		陕西（4）	汉中市西乡县钧鑫农场、华阴市农垦英考现代农业观光园、眉县西部兰花生态园、汉中市城固县桔园镇刘家营村
		四川（4）	广元市利州区曙光休闲观光农业园、达州市开江县眷虹居农业开发有限公司观光园、绵阳市北川县维斯特农业科技集团有限公司、华蓥山黄花梨度假村
		甘肃（1）	秦安县南苑高新农业科技示范区
中国历史文化名镇	12	河南（1）	河南省淅川县荆紫关镇
		重庆（2）	重庆市巫溪县宁厂镇、重庆市开州区温泉镇
		陕西（4）	陕西省宁强县青木川镇、陕西省柞水县凤凰镇、陕西省旬阳县蜀河镇、陕西省石泉县熨斗镇
		四川（4）	四川省阆中市老观镇、四川省巴中市巴州区恩阳镇、四川省广元市昭化区昭化镇、四川省平昌县白衣镇
		甘肃（1）	甘肃省宕昌县哈达铺镇

续表

资源类型	数量/个		资源名称
中国少数民族特色村寨	10	河南（2）	洛阳市栾川县城关镇大南沟村、南阳市方城县袁店回族乡汉山村
		湖北（2）	神农架林区下谷坪土家族乡金甲坪村、神农架林区下谷坪土家族乡兴隆寺村
		陕西（4）	汉中市镇巴县青水镇朱家岭村、安康市宁陕县江口回族镇高桥村、商洛市镇安县茅坪回族镇茅坪村、商洛市镇安县西口回族镇聂家沟村
		甘肃（2）	陇南市文县铁楼藏族乡麦贡山村、甘南藏族自治州迭部县旺藏乡茨日那村
2010~2014年全国休闲农业与乡村旅游示范县	10	河南（2）	栾川县、嵩县
		湖北（1）	谷城县
		陕西（4）	凤县、平利县、柞水县、宝鸡市休闲农业示范区
		四川（2）	苍溪县、平昌县
		甘肃（1）	两当县

注：括号内数字为示范点数量

　　秦巴山脉区域内乡村民俗旅游资源丰富，种类繁多。传统村落、民族村寨、休闲农业、特色民俗产品等乡村旅游资源是秦巴山脉区域旅游发展良好的先天优势。秦巴山脉区域虽然已经成为中部乡村旅游发展较快的区域，但仍然存在分布散、组织难、与传统旅游景点之间交通连接差等问题。秦巴山脉区域乡村旅游发展目前存在以下问题：秦巴山脉区域地域广阔，民俗多样，但在设计规划过程中，众多乡村旅游点主题设计雷同，创新程度不足；同一地域内同一类型旅游产品扎堆而上，产品同质化严重，导致竞争加剧；形象仅定义为低消费、低层次的旅游产品，缺乏精品项目和拳头产品。

　　对于不同类型的乡村，制定与其资源特征相适应的乡村旅游发展模式，根据乡村旅游资源的梳理，在秦巴山脉区域内提出以下六大乡村旅游发展模式。

　　城市依托型：环城市乡村旅游发展模式。据"环城游憩带"理论，秦巴山脉区域西安、成都等城市周边将形成3个圈层的环城游憩带：离城市中心100千米以内，车程在1小时左右，以一日游为主；100~300千米，车程在2~3小时，以2~3天度假游为主；300~500千米，半日车程，以3~5天度假游为主。

　　景区依托型：景区周边乡村旅游发展模式。依托秦巴山脉区域内A级景区与国家森林公园等景点，吸引周边乡村优先发展旅游，采取"景区+风情小镇+特色农庄"旅游捆绑打包的建设与营销形式，推动景区带动秦巴山脉区域乡村旅游发展。

历史文化依托型：古村古镇乡村旅游发展模式。古村古镇乡村旅游以其深厚的文化底蕴、淳朴的民风和古香古色的建筑遗迹等特点受到游客的喜爱。依托秦巴山脉区域内传统村落、历史文化名镇，发展古村古镇乡村旅游模式。

产业依托型：特色庄园、农业园旅游发展模式。开发"农业+旅游"产品组合，带动农副产品种植加工、餐饮服务等相关产业发展，促使农业向第二、第三产业延伸，形成第一、第二、第三产业融合发展格局。

红色旅游依托型。依托秦巴山脉区域11处全国红色旅游经典景区及其他红色旅游资源发展红色旅游，在红色旅游资源聚集区巴中、达州、广元等四川东北地区及甘肃宕昌，推出红色乡村旅游品牌，强化秦巴山脉区域乡村旅游形象。

乡村文化依托型。特色民俗乡村旅游是目前乡村旅游发展趋势之一，依托秦巴山脉区域内特色民族村寨（截至2015年有10处）与陕南民俗文化、巴蜀文化、藏羌彝文化等民俗文化，发展乡村民俗旅游，拓展乡村振兴发展路径。

在空间上，重点形成环西安、环郑州、环成都-重庆三大环城市-乡村旅游带，以西安市长安区、柞水县、栾川县、嵩县、平武县、苍溪县、平昌县、平利县、巫山县、谷城县、凤县、两当县、卓尼县、宕昌县14个乡村旅游示范县区作为旅游发展增长极，发展9个乡村旅游组团（表5.8）。

表5.8 秦巴山脉乡村旅游增长极及乡村旅游组团规划

乡村旅游增长级	乡村旅游组团
西安市长安区、柞水县	秦岭城郊乡村旅游组团
栾川县、嵩县	伏牛山乡村旅游组团
卓尼县、宕昌县	藏族民俗乡村旅游组团
苍溪县、平昌县	川东北红色生态乡村旅游组团
巫山县	长江三峡乡村旅游组团
谷城县	襄阳乡村旅游组团
平利县	陕南乡村旅游组团
凤县、两当县	陕甘乡村旅游组团
平武县	川东藏羌民俗乡村旅游组团

2）自驾游

目前秦巴山脉区域自驾游客源主要来自西安、洛阳、成都、兰州等地。自驾游已形成与外部线路连接的路线，如九寨游线、长江三峡游线；部分省也已形成自驾环线，如陕南旅游环线、甘南旅游环线等。在自驾营地建设上，四川、甘肃、陕西、重庆等省市相继发布自驾营地建设相关文件。随着全国各地自驾营地建设的兴起，秦巴山脉区域将会迎来自驾营地建设热潮。

秦巴山脉区域丰富的地形条件与优越的生态环境使其具备成为国内自驾探险乐土的条件，但目前秦巴山脉区域自驾配套服务、高速公路网络建设尚不健全，自驾游基地建设的速度和水平滞后于自驾游市场的巨大需求。在国家与秦巴山脉区域自驾旅游现状格局基础上，宏观层面上，需通过大旅游通道的强化拓展远程自驾市场；中观层面上，需通过旅游环线的打造巩固来自秦巴山脉区域周边的主要客源；微观层面上，即秦巴山脉区域内部，需通过公路网的细化与服务设施自驾网络体系的搭建提升各地自驾旅游服务能力。

（1）拓展远程自驾市场。自驾旅游通道、区域自驾服务中心的构建，可以拓展以京津冀、珠三角地区、长三角地区等为客源市场的远程自驾市场。同时，以兰州、成都、洛阳、成都、重庆、武汉、郑州为全国自驾目的地，建立五条远程自驾旅游通道（表5.9）。建立南阳、十堰、汉中、广元、重庆万州等五个区域自驾旅游服务中心。可在交通要道附近建设类似连锁式经营的汽车旅馆。按各线路不同需求配备不同等级的相关配套设施，推进旅游保险制度机构等服务业发展。

表5.9　秦巴山脉区域远程自驾旅游通道规划

通道名称	节点
西成通道	北京、太原、西安、汉中、广元、成都、云南
西汉通道	西安、十堰、武汉
西沪通道	西安、南阳、合肥、南京、上海
兰渝通道	兰州、广元、重庆、贵阳、广州
丝路通道	新疆、兰州、西安、洛阳、郑州

（2）巩固中近程自驾市场。秦巴山脉区域自驾游主要以中近程为主，需通过秦巴山脉区域与周边旅游节点的串联带活秦巴山脉区域旅游市场，其中，重点打造九个跨省域旅游小环线，进一步拉动周边客源，巩固中近程旅游市场。

（3）夯实内部自驾网络体系。秦巴山脉区域自驾游发展需依托内部完善的自驾服务体系，通过景区、乡村自驾旅游示范点的培育，以及千米网络的不断完善，从而夯实内部自驾网络体系。参考四川、云南等地自驾营地建设经验，建设不同等级的自驾营地、汽车租赁服务网点、自驾接待体系等完善的自驾服务体系，结合线上自驾网络服务平台，建立"线上+线下"完善的旅游服务体系，推动秦巴山脉区域自驾旅游服务体系建设，创建全国自驾旅游示范区。

（三）搭建旅游产品谱系

1.三大传统旅游产品

1）休闲度假产品

加快休闲度假产品体系建设。秦巴山脉度假旅游产品开发和管理服务还未能适应市场需求：产品类型单一、数量少、档次低、布局不均衡。必须充分利用湖泊、温泉、森林、高山和草原等生态度假资源和独特的文化底蕴，打造以名山旅游、水域养生、乡村风情、绿色度假四大主题为核心的各种旅游产品（图5.8）。逐步将秦巴山脉生态文化旅游圈塑造成世界知名的休闲度假旅游目的地，使秦巴山脉旅游产品等级向更高层次迈进。

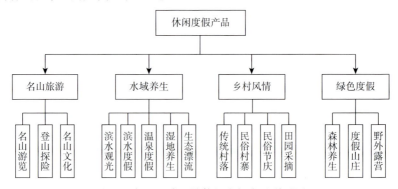

图5.8　秦巴山脉区域休闲度假产品谱系图

2）历史遗迹旅游产品

从遗产资源分布的角度看，秦巴山脉区域虽然已在国内取得了广泛的影响力，但国际影响力还很有限，景区产品功能仍较单一、资源潜力尚未得到充分发挥，景区规划和基础设施条件也待开发。当前可以革命遗迹、史前遗迹、华夏探险、古代历史文化、世界遗产五大主题发展历史遗迹旅游产品体系，同时大力实施遗产转型工程、遗产申报工程、非遗产景区工程，构建结构合理、类型多样、业态新颖的历史遗迹旅游产品谱系（图5.9）。

3）现代产业旅游产品

现代产业旅游产品谱系开发以工业旅游、农业旅游、文化产业旅游三大核心为主。工业旅游可通过参观工业企业的方式，使消费者增长见识，体验生产制造过程中的乐趣；对企业而言，敞开大门让消费者了解自己，对产品产生信赖感，其效果是产品广告无法比拟的。工业旅游可以提升企业形象，推广企业文化，使企业得到广泛认可。

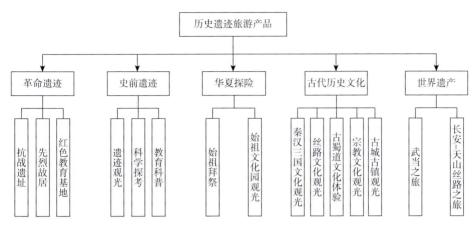

图5.9　秦巴山脉区域历史遗迹旅游产品谱系图

　　农业旅游是农事活动与旅游相结合的农业发展形式。其主要是为不了解农业、不熟悉农村，或者回农村寻根、渴望在节假日到郊外观光、旅游、度假的城市居民服务的，其目标市场主要为城市居民。农村旅游以农村的自然风光作为旅游资源，提供必要的生活设施，让游客从事农耕、采摘、垂钓、饲养等活动，享受回归自然的乐趣，也可称为观光旅游。农业旅游的发展，不仅可以丰富城乡人民的精神生活、优化投资环境等，而且能达到农业生态、经济和社会效益的有机统一。

　　文化产业旅游重点推进文化产业与旅游的融合发展，建设多元化的文化产业园区，拓展实景演出、会展旅游、赛事旅游、影视城旅游、美食旅游等多种文化旅游产品，通过创意文化园区、艺术园区、景区文化演艺等项目建设推动文化艺术品产业与旅游产业融合、文化演艺产业与旅游产业融合、动漫游戏产业与旅游产业的融合，实现文化产业空间与旅游空间统一（图5.10）。

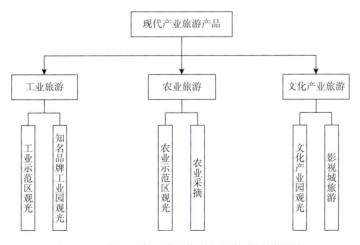

图5.10　秦巴山脉区域现代产业旅游产品谱系图

2.四大新业态旅游产品

1）国家公园旅游产品

国家公园的建立对秦巴山脉国家公园品牌的建立与旅游产品体系的丰富起到了至关重要的作用，可根据国家公园的资源与类型开展野外夏令营探险旅游、生态商务会议旅游、森林野外体验旅游及自然与人文科普旅游等旅游产品，满足居民亲子化、深度化旅游需求（图5.11）。

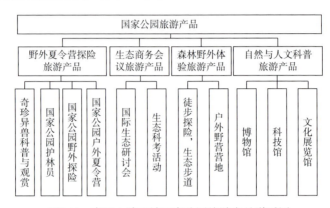

图5.11　秦巴山脉区域国家公园旅游产品谱系图

2）自驾旅游产品

秦巴山脉区域具有独一无二的生态和民俗景观，是理想的自驾车旅游目的地。因此，秦巴山脉区域完全有着大力发展自驾营地的优势。根据自驾车旅游的需求，结合风景道建设，沿主要道路和景点建设相匹配的接待体系，使秦巴山脉区域成为国内一流的自驾车旅游目的地。自驾营地的种类可涉及露营营地和休闲度假营地。露营营地包括帐篷露营地、房车露营地、汽车露营地等；休闲度假营地包括徒步登山、垂钓、高尔夫、山地木屋等。秦巴山脉区域因丰富的资源也适合开展主题自驾旅游产品，如温泉自驾、冰雪自驾、野外探险自驾等（图5.12）。

3）体育旅游产品

秦巴山脉区域拥有独特的自然条件，是我国最为优越和适合开展户外体育旅游和体育活动的地区之一，有望形成一批具有国内、国际影响力的体育运动和体育产业品牌，如成为马拉松、滑雪、垂钓、自行车、越野、登山等运动的国际、国内竞技场与爱好者基地等（图5.13）。

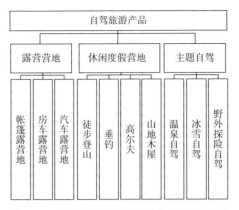

图5.12　秦巴山脉区域自驾旅游产品谱系图

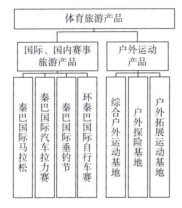

图5.13　秦巴山脉区域体育旅游产品谱系图

4）"互联网+"高端定制旅游产品

"互联网+"高端定制旅游产品具体包括私人定制主题旅游及私人定制豪华交通体验旅游等旅游产品。其中，私人定制主题旅游可包括：观鸟、兽旅游，禅修养生，遗址会议，山谷蜜月等，私人定制豪华交通体验旅游包括：摄影旅游、直升机旅游、豪华游艇旅游、豪华越野旅游等。结合"互联网+"平台发展囊括水陆空三维一体化的专业私人定制旅行，满足各种不同的旅游者的需求（图5.14）。

3.核心旅游产品策划

观光体验产品是基础，休闲度假产品是重点，新业态产品是方向。以资源特色为基础，综合考虑旅游市场的消费变动趋势，在"观光体验""休闲度假""新业态"三大战略体系统领下，遴选出对秦巴山脉区域旅游业发展具有支撑作用的十大核心旅游产品，构建三级客源市场核心旅游产品，策划四类重点旅游项目。

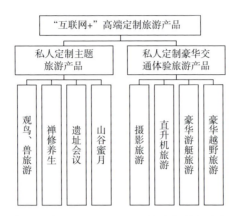

图5.14　秦巴山脉区域"互联网+"高端定制旅游产品谱系图

1）十大核心旅游产品策划

打造秦巴山脉区域核心旅游产品，即秦巴山脉国家公园旅游、丝路风情体验游、藏羌彝文化游、史前文明始祖游、先秦两汉三国历史游、川陕红色文化游、秦巴山脉山水养心游、户外自驾探险游、户外运动休闲游、乡村休闲农业体验游等十大旅游产品（表4.2）。这十大品牌旅游产品是发展秦巴山脉区域旅游市场的重要吸引源，是秦巴山脉区域旅游资源优势向市场优势转化的发展重点和秦巴山脉区域旅游形象的重要支撑。

在产品对应项目建设上，以发展相对成熟的资源为龙头产品，以有发展基础的资源为培育产品，以具有特色、有条件开发的资源为潜力产品，进行生态保护、扩建、改建。对于自驾旅游、户外运动等新业态旅游产品体系，需结合已发展资源与景区，新建自驾营地、自驾者服务中心等项目。

2）三级客源市场核心旅游产品策划

明确秦巴山脉区域旅游产品开发层次，对入境、全国、区域三级客源市场进行专项策划，推出秦巴山脉区域中重点的相关旅游产品（表5.10~表5.12）。

表5.10　秦巴山脉区域入境客源市场核心旅游产品

旅游产品	主要景点
国家公园	太白山、终南山、神农架林区、佛坪自然保护区等国家公园
丝路风情	汉长安、麦积山石窟、张骞墓等
剑门千年蜀道	昭化古城、七曲山大庙、皇泽寺、千佛崖、剑门关等
道教名山	武当山、老君山、终南山、天竺山等
长江三峡	白帝城、瞿塘峡、巫山小三峡、大昌古镇等

表5.11　秦巴山脉区域全国客源市场核心旅游产品

旅游产品	主要景点
伏牛山世界地质公园	鸡冠洞、老君山、恐龙遗迹园、老界岭、龙潭沟、五朵山等
秦巴山脉古蜀道探险	傥骆道、米仓道、子午道、荔枝道、陈仓道
王朗-藏羌生态民俗旅游产品	王朗自然保护区、白马民俗村、北川羌寨、报恩寺等
襄阳-三国古城旅游产品	古隆中、襄阳古城、春秋寨等
巴山蜀水生态旅游产品	米仓山、光雾山、诺水河、万源八台山风景名胜区等
川陕红色文化旅游产品	邓小平故居、通江红四方面军总指挥部旧址纪念馆、通江川陕苏区红军烈士陵园等
华夏始祖探源	陇南西和伏羲崖、天水伏羲庙、卦台山、宝鸡炎帝陵等

表5.12　秦巴山脉区域区域客源市场核心旅游产品

旅游产品	主要景点
南水北调度假旅游产品	丹江口水库、渠首等
陕南山水度假旅游产品	金丝峡大峡谷、青木川古镇、南宫山、燕翔洞、瀛湖等
扎尕那藏族风情旅游产品	扎尕那山、大峪沟自然保护区、腊子口等
陇南小江南度假旅游产品	官鹅沟、万象洞、文县天池、白水江等

第一个层次，以具有国际影响力的旅游产品为核心，构建入境客源市场旅游产品，包括国家公园、丝路风情、剑门千年蜀道、道教名山、长江三峡等旅游产品。

第二个层次，以具有国内知名度、发展较为成熟的旅游产品为核心，完善全国客源市场旅游产品，包括伏牛山世界地质公园、秦巴山脉古蜀道探险、王朗-藏羌生态民俗旅游产品、襄阳-三国古城旅游产品、巴山蜀水生态旅游产品、川陕红色文化旅游产品、华夏始祖探源等旅游产品。

第三个层次，以在秦巴山脉区域内具有一定知名度，资源发展有基础的资源为核心，整合区域客源市场旅游产品，形成若干大的休闲、旅游集聚区，包括南水北调度假旅游产品、陕南山水度假旅游产品、扎尕那藏族风情旅游产品、陇南小江南度假旅游产品等，作为重要的环城旅游带旅游产品，服务周边大城市人群2~3天周边游。

3）四类重点旅游项目策划

策划国际、国内大型旅游项目，作为秦巴山脉区域旅游主要营销手段之一，为秦巴山脉区域旅游打响品牌，增强旅游国际知名度。

（1）依托西安国际性旅游大城市，在五台镇规划秦岭博物馆。

依托秦岭的山水景观资源，将整个秦岭打造成为自然文化博物馆。

开发特色：以秦岭自然的气候条件，打造不同的自然生态区，营造具有地域特色的农业生态村落。

开发建议：主打自然山水环境，营造四季多样的地景艺术；打造特色村落，以生态文明休闲产业推动整体产业升级；打造集观赏性、休闲性、艺术性、玩乐性、教育性于一体的综合生态博物馆。

项目构成：自然生态博物馆、生态农家乐、地景艺术展示区、儿童创意种植区、创意生态园及家庭果蔬景观区等。

（2）依托终南山和西安区位临近与生态文化基底，策划终南山文化论坛（"文化达沃斯"）。

打造秦巴文化国际论坛，构建"文化达沃斯"高端会议。

开发特色：以高端会议为主，打造集金融、商业、酒店、旅游配套、高端住宅于一体的综合旅游城市。

开发建议：以秦巴山脉区域丰富的文化资源为依托，打造"文化达沃斯"高端论坛，配套相应的特色酒店，创造文化旅游活动特色商业街。

项目构成："文化达沃斯"论坛、秦巴山脉养疗酒店、文化特色商业街、秦巴山脉奥特莱斯及秦巴山脉康疗中心等。

（3）依托秦巴山脉三大旅游中心，策划国际性旅游节项目。

打造生态文化旅游节，树立国际一流的康体养生目的地。

开发特色：以达州的佛教文化、自然风光和红色文化，开展生态文化旅游节。依托达州良好的气候和生态环境，结合国际顶尖医养资源，树立国际一流的康体养生目的地。

开发建议：联合周边城市，联合打造生态文化旅游节。引进国际知名的养疗机构，提升养疗品质。建立秦巴山脉首个国际养老服务管理系统，实现个人养老定制服务。

项目构成：旅游洽谈交易会、民俗文化演出、旅游商品展、休闲养生区及国医产业区等。

（4）依托秦巴山脉自身的自然优势，举办国际体育竞赛。

功能定位：打造国际一流的滑雪竞技赛、环秦巴自行车拉力赛、越野拉力赛，共赏秦巴美景，挑战人类极限。

开发特色：以伏牛山为依托，打造国际一流的滑雪竞技赛，以秦巴山脉自然的地形地貌为依托，打造秦巴山脉自行车及越野拉力赛，并积极开发周边产品、活动、交流等环节产品。针对不同人群提供品种齐全的娱乐项目，满足不同人群的不同需求。

开发建议：针对不同人群提供山地、公路、林地、水路等多样的路线，开发多样极限挑战运动，使秦巴山脉区域成为融休闲度假为一体的四季旅游胜地。

项目构成：滑雪竞技赛、冰雪文化生态园、高山观光、雪场食宿、环秦巴自行车拉力赛、环秦巴越野拉力赛、攀岩挑战赛、激流速滑赛及速降等。

4）旅游产品空间规划

秦巴山脉区域四大旅游板块，即陕甘川旅游板块、秦巴山脉生态旅游板块、成渝旅游板块、豫鄂旅游板块，涵盖秦巴山脉区域十大核心旅游产品及入境、全国、区域三级客源市场核心旅游产品。其中，国家公园、自驾、体育及乡村旅游产品是四大板块共同强调推进培育与建设的旅游产品（表5.13）。

表5.13　秦巴山脉区域旅游产品空间分布

旅游板块	产品类型	项目
陕甘川旅游板块	国家公园	白马-王朗国家公园、剑门蜀道国家公园、麦积山国家公园、白水江国家公园
	丝路-古道探险	子午道、傥骆道、褒斜道、陈仓道等古蜀道
	藏羌民族风情	扎尕那山、大峪沟、北川羌城旅游区、铁楼千年白马藏族传统村落等
	三国历史文化	李白故里、昭化古城、千佛崖、汉中武侯祠等
	陇南小江南度假	官鹅沟、万象洞、文县天池等
	自驾与户外探险	迭部自驾爱好者基地、陇南自驾爱好者基地
	乡村民俗旅游	白衣镇白衣庵、文县铁楼乡草河坝村、汉中市宁强县青木川镇青木川村等
秦巴山脉生态旅游板块	国家公园	华山国家公园、终南山国家公园、太白山国家公园、佛坪国家公园
	秦巴山脉道教名山旅游	武当山、老君山、终南山、天竺山等
	秦巴山水风情	柞水溶洞、安康瀛湖风景区、南宫山、燕翔洞、金丝峡、黎坪等
	史前文明与始祖文化	蓝田猿人遗址博物馆、蓝田华胥镇
	自驾与户外探险	秦巴自驾越野拉力赛、秦岭自驾爱好者营地、秦岭国家山地户外运动训练中心、柞水漂流运动基地
	乡村民族民俗旅游	汉中市宁强县青木川镇青木川村、安康市石泉县后柳镇长兴村、安康市旬阳县赤岩镇万福村等
成渝旅游板块	国家公园	巫山小三峡国家公园、光雾山-诺水河国家公园
	巴山红色文化	邓小平故居、通江红四方面军总指挥部旧址纪念馆、通江川陕苏区红军烈士陵园、苍溪红军渡纪念地等
	长江三峡	白帝城、瞿塘峡、巫山小三峡、大昌古镇等
	巴山蜀水生态旅游	米仓山、九重山、青龙峡峡谷、唐家河、诺水河等
	自驾与户外探险	巴山自驾爱好者营地、诺水河漂流基地
	史前文明	巫山龙骨坡遗址
	乡村民族民俗旅游	巫山县龙溪镇龙溪村、巴中市巴州区青木镇黄桷树村等
豫鄂旅游板块	国家公园	武当山国家公园、神农架国家公园、伏牛山国家公园、宝天曼国家公园、古隆中国家公园
	襄阳-三国古城	古隆中、襄阳古城、春秋寨等
	南水北调	丹江湿地、丹江口水库、渠首等
	自驾与户外探险	伏牛山自驾基地、伏牛山世界滑雪乐园、武当山自驾营地、丹江漂流基地
	乡村民俗旅游	十堰市竹溪县中峰镇甘家岭村、洛宁县底张乡草庙岭村等

5）区域旅游线路

（1）策划四条秦巴山脉精品旅游线路。

甘川古文化与山水生态游：天水—陇南—王朗—九寨，串联天水麦积山、礼县大堡子山、西垂陵园、陇南万象洞、文县白水江、平武王朗、九寨沟等景点。

川陕巴蜀三国古道历史文化游：成都—绵阳—广元—汉中—西安，串联李白故里、剑门蜀道、青川木、武侯祠、张骞墓、蔡伦墓、佛坪森林公园、户县（现为鄠邑区）朱雀森林公园等景点。

陕鄂道家名山与历史文化生态游：西安—蓝田—商洛—十堰—襄樊—随州—武汉，串联蓝田汤峪、猿人遗址、山阳天竺山、郧西五龙河、武当山、谷城薤山、襄阳古隆中、鱼梁洲、襄樊古城、武汉赤壁等景点。

豫鄂少林武当生态文化游：洛阳—栾川—十堰—神农—巫山—恩施，串联洛阳嵩山少林寺、龙门石窟、嵩县木札岭、栾川老君山、西峡老界岭、十堰武当山、神农架、神农溪、巫山小三峡-恩施土司城、恩施大峡谷等景点。

（2）策划五条秦巴山脉主题旅游线路。

陇南川东小江南自然生态游：兰州—漳县—岷县—陇南—广元—巴中—达州—万州，串联贵清山、遮阳山、宕昌官鹅沟、陇南万象洞、青川唐家河、广元剑门关、光雾山-诺水河、真佛山、潭獐峡等景点。

汉江秦巴山水风情游：十堰—安康—汉中—陇南—九寨，串联武当山、郧西龙潭河、南宫山、瀛湖、石泉汉江燕翔洞、拜将坛、勉县武侯墓、康县阳坝、陇南万象洞、文县天池、九寨沟等景点。

陕渝秦巴山水生态游：西安—安康—达州—重庆，串联柞水溶洞、木王国家森林公园、南宫山、瀛湖、陕南小武当、万源龙潭河、真佛山、重庆等景点。

南水北调科普游：十堰—丹江口—南阳—平顶山，串联丹江口水库、淅川丹江大观苑、邓州陶岔渠首、南阳、平顶山等景点。

历史文化名城体验游：洛阳—南阳—襄阳—荆门—荆州，串联洛阳古城、少林寺、龙门石窟、南阳古城、襄阳古城、荆州古城等景点。

（三）建立区域旅游发展协调合作机制

秦巴山脉区域旅游发展需协调各个利益主体，需搭建区域旅游一体化机制（图5.15），建立区域协调合作机制，主要体现在以下几个方面。

1. 架构多元主体

建立"政府主导、企业参与、行业推动、民众参与"的旅游协作机制，充分发挥各类主体在旅游业发展中的作用，做到既有分工又相互协调。

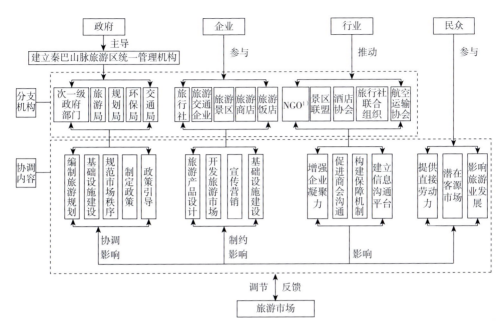

图5.15　秦巴山脉区域旅游发展协调合作机制模式图

1）NGO：non-governmental organizations，非政府组织

2. 架构组织机构

在秦巴山脉区域组建"秦巴办"，促进秦巴山脉区域环境、经济、文化与社会的可持续、协调、快速发展，目的是解决资金短缺和交通障碍两大问题，核心职能如下：制定秦巴山脉区域旅游业发展战略规划、旅游业发展相关法律和政策规定，规范指导区域内各级行政组织、旅游企业和其他民间组织的旅游相关行为，负责牵头组织、协调、指导、规范秦巴山脉区域一体化合作事宜。此外，组织融资网络，通过财政扶持、资金整合、社会投入等方式形成秦巴山脉区域旅游发展融资网络，主要构建五大旅游投融资平台，即秦巴山脉区域旅游开发基金、秦巴山脉区域旅游发展专项资金、秦巴山脉区域文化产业发展专项资金、秦巴山脉区域生态旅游建设专项资金和秦巴山脉区域旅游产业投资基金，用于秦巴山脉区域旅游经营性项目开发。

3. 设立"秦巴旅游合作发展基金会"

采取基金会的模式，将"秦巴办"成员的相关权益转化为基金会的份额，秦巴山脉区域五省一市按照份额分摊年度基金认缴额度，将相关权益集聚在基金会，构筑"秦巴旅游合作发展基金"以资助秦巴山脉区域认知共同体的发展事务，维系合作发展的可持续性。

4. 成立秦巴旅游行业协会

行业协会，由秦巴山脉区域内旅游开发机构、旅游景点、旅行社、饭店、旅游教育、旅游团队接待单位和旅游信息等企事业及相关经济组织自愿参加组成，实行兴业服务和行业自律，是跨部门、跨所有制的非营利性、行业性社会团体法人。

5. 举办"秦巴旅游论坛"

举办"秦巴旅游论坛"，就秦巴山脉区域在资源利用和保护、城市经济社会发展、重大基础设施建设、产业结构调整、企业发展、发展环境建设、区域一体化制度建设等热点和难点问题进行研讨，发布政府导向性政策和意见。

第六节　绿色城乡空间建设策略

一、现状问题

1. 区域地形以山地为主，生态本底敏感性突出

秦巴山脉区域包括秦岭和巴山两大山脉，地形地貌以山地为主，研究范围内坡度大于25°的区域面积达到84 497平方千米，占研究范围总面积的27.38%。特殊的山地地貌，导致区域城乡建设用地较少、城乡建设用地存量空间有限、建设条件相对较差等。同时，特殊的山区地貌也对秦巴山脉区域的城乡建设形态、空间布局形式等提出了特殊要求。

秦巴山脉生态本底的敏感性相对突出，区域内分布多个水源保护地、国家森林公园、生物多样性保护区等生态功能区。同时，区域内存在滑坡、断裂带、水土保持、土壤侵蚀等多个生态敏感性区域。

2. 人口密度整体较高，城镇化水平空间分布差异较大

秦巴山脉区域平均人口密度为200人/千米²，人口密度相较于自身山区地貌特性整体偏高。相对于秦巴山脉地区特殊的山区地貌特性，其平均人口密度相对较高，人口密度高于100人/千米²的区县（包括县级市）数量为91个，占区县总量的76%；人口密度高于300人/千米²的区县（包括县级市）数量为33个，占区县总量

的28%。人口密度最高的樊城区达到1 254人/千米²。人口密度较高的区域基本分布在秦巴山脉外围地区，基本符合秦巴山脉山区土地的空间承载分布。秦巴山脉腹地人口密度大部分在100人/千米²以上，仍有待进一步优化疏解。

秦巴山脉区域城镇人口共计1 584万人，常住人口城镇化水平为39.39%，城镇化水平空间分布差异显著。受自身资源要素、交通条件、经济发展等多方面因素影响，秦巴山脉区域城镇化水平地区差异较大。甘肃片区整体城镇化水平较低，基本在30%以下，局部区县城镇化水平不足10%；陕西片区、四川片区、重庆片区整体城镇化水平分布在30%~50%；湖北片区城镇化水平整体较高，以十堰市为典型，城镇化水平在50%以上；河南片区城镇化水平基本分布在10%~30%。

3. 贫困问题相对突出，产业结构以传统产业为主

秦巴山脉区域贫困面广，贫困程度深，是我国集中连片的贫困地区。2015年末，秦巴山脉区域共有贫困人口712万人，占全国贫困人口的12.8%；贫困发生率11.6%，为全国平均水平的2.04倍；国家级贫困县67个，占全国贫困县总数的11.3%。

整体经济水平相对落后，产业结构以传统产业为主。2015年秦巴山脉区域地区生产总值约为6 200亿元，仅为全国总量的1%；人均地区生产总值约2 807美元，仅为全国平均水平的37.46%，社会经济发展整体水平较低。总体上看，秦巴山脉区域现状产业以四大传统型产业为主，即农林畜牧产业、食品加工产业、工矿开采及加工业、商贸流通业，同时兼有部分能源化工产业、机械加工产业、国防科技工业等。

4. 城镇规模整体较小，空间分布呈现带状、分散化特征

秦巴山脉区域的城镇人口规模和用地规模与平原地区相比整体偏小。秦巴山脉区域内119个区县（包括县级市）中，小城市（城镇人口规模小于50万人）数量占98.32%；城镇人口在20万人以下的城市有99个，占区县（包括县级市）总量的83.19%；城镇人口在5万人以下的城市数量达28个，占区县（包括县级市）总量的23.53%。

秦巴山脉区域城镇空间分布多沿河流、川道呈带状分布。典型城市有巴中、南充、十堰、定西、陇南、天水等。其中，汉江沿线、嘉陵江沿线和丹江沿线是秦巴山脉腹地内部主要的三个城镇集聚带。此外，秦巴山脉区域分布有两千多个乡镇、三万多个村落，村庄多沿流域分布，呈现树枝状、串珠状、带状等空间形式。村庄居民点空间分布整体相对分散，且在流域末端村庄通常存在村庄规模过小、交通联系闭塞、存在潜在自然灾害等问题。

5.城乡风貌地域特色不足，交通联系有待进一步加强

秦巴山脉区域文化积淀深厚，在实际调研中，区域内城乡建设在建筑风貌、山水格局形态等方面尚存在文化缺失、特色不明显等问题。受现代城市建设发展思潮的冲击和影响，加之经济发展水平的制约，城乡建设普遍存在山水人城交融格局阻滞、历史空间文化延续断裂、地域建筑风貌基因缺失等现实问题，土坯房等地方特色民居正在逐渐被现代钢筋混凝土建筑替代，和谐、原生的自然景观和环境正在遭到大量破坏。

秦巴山脉区域综合交通体系基本呈现以中心城市为中心向外点状放射的体系特征。区域内基本实现了70%以上的县通高速公路，97%以上的乡镇通沥青（水泥）路，建制村中通公路的比重达97%以上，通沥青（水泥）路的比重不足50%。在行政交界地区存在县际断头路情况。整体交通网络尤其是末端路网有待进一步完善。

二、战略思路

围绕党的十九大精神，以美丽中国和生态文明建设为根本，以"绿水青山就是金山银山"为指导，协调秦巴山脉区域关系，构建秦巴山脉区域空间协同发展机制；协调生态保护保育与城乡居民点空间分布，引导建设秦巴山脉绿色人居体系；以挖掘绿色生产力为目标，优化梳理秦巴山脉城乡产业空间布局；结合秦巴山脉自身特色，构建秦巴山脉适宜的城乡绿色基础设施体系；彰显秦巴山脉山、水、林、田、城的自然人文底蕴，体现山地特色的城乡风貌特征。将秦巴山脉区域打造为山地特色突出、生态高效保护、人地和谐共处的绿色城乡发展示范高地。从城乡建设层面，构筑"大美秦巴、和谐秦巴、共荣秦巴"，支持美丽中国建设和乡村振兴建设。

三、战略目标

（一）阶段目标

近期（2020年）：秦巴山脉区域实现全面小康，建立区域生态补偿机制，文化旅游业和绿色农林畜药业逐步成长为地区支撑产业。建成西武高铁、渝西高铁、西成高铁，打通兰州—成都高速公路，形成环秦巴山脉周边城市地区间完善的骨干路网体系。促进秦巴山脉区域城乡协调发展的"共识"平台基本建成，并推动秦巴山脉绿色发展政府联席会议的召开。

中期（2030年）：秦巴山脉区域生态经济效应显现，生态红线内居民点全部

迁出，人口城镇化水平维持在55%左右。区域突出的生态问题得到改良修复，建立秦巴山脉国家公园体系，生态空间格局基本形成。秦巴山脉腹地内部国省道一级断头路全部打通，环秦巴山脉地区形成通用航空网络。区域信息互联网络体系基本建成。

远期（2050年）：国家生态文明示范区示范效应得到全面体现，秦巴山脉区域内生态、产业、人居协调发展格局全面形成，绿色城乡空间全面建成。

（二）分项目标

生态保护目标：生态红线内居民点全部迁出，解决城乡建设与生态敏感区的建设冲突问题；工业布局逐步迁至秦巴山脉外围地区，解决城乡产业发展与生态资源的开发冲突；"三区—两级—多类"的生态管控体系和基于自然地保护体系的生态保护修复体系基本形成。

区域协调目标：基本形成环秦巴山脉的绿心空间组织模式，秦巴山脉周边城市地区形成良好的区域协同机制；秦巴山脉腹地与生态不相符的生产活动实现全部迁出，秦巴山脉内核的生态职能得到强化，内外明确的职能结构基本形成；外部城市对秦巴山脉腹地区域的补给、带动机制基本形成。

城乡整理目标：人地矛盾问题得到疏解，秦巴山脉山区腹地人口密度控制在90人/千米^{2}以内；形成"一链三极多点"的城乡一体空间结构；结合小流域实现乡村聚落的有序迁并整理。

风貌优化目标：形成交融风貌区、秦陇风貌区、川蜀风貌区、巴渝风貌区、荆楚风貌区、中原风貌区六大地域特色突出的风貌表征区，形成山地特色的城乡建设风貌。

四、重点任务

（一）疏解山区人口密度，引导人口合理分布

秦巴山脉区域是国家主体功能区划定的生态多样性功能区中涉及人口最多的区域，较高的人口密度导致人地矛盾更为突出。疏解人口密度，实施人口迁出战略，保障合理的生态承载力，是化解人地矛盾、规避生态保护与建设开发之间矛盾的根本路径。应结合秦巴山脉区域内汉江河谷、丹江河谷、徽成盆地、巴山南麓、秦岭北麓和小秦岭区域等城镇承载力相对较高的区域，积极实施人口疏解策略，开展城乡居民点体系的重构整理。运用土地资源承载力、生态足迹法及适宜发展区域合理人口密度等方法综合估算，建议用5~10年时间，通过户籍制度改革引导2 143万名非常住人口在外围周边大中城市落户，通过生态移民和异地城镇化等策略引导300万~500万名常住人口外迁至秦巴山脉腹地以外。力争秦巴山脉山

区腹地人口密度控制在90人/千米^{2}左右的合理生态承载范围之内。

保持人口与资源环境平衡地区的人口稳定，是秦巴山脉区域人口空间分布的基本原则。通过加快城市化、工业化进程，全面促进人口向人居环境适宜、资源环境承载力有余的地区集聚。按照资源环境状况，将秦巴山脉区域人口空间引导分为三大区域：人口疏解区域、人口限制区域和人口集聚区域。采取生态补偿、移民搬迁、异地城镇化等方式调控人口，开展合理的空间转移和区外迁出（图5.16）。

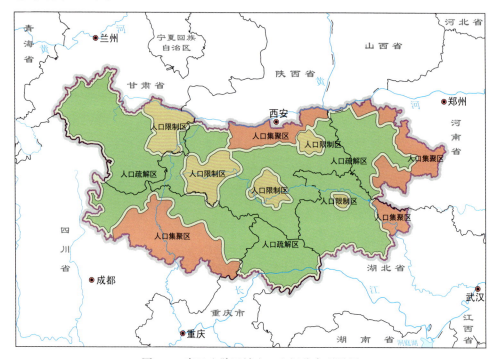

图5.16　秦巴山脉区域人口空间分布引导图

1. 人口疏解区

人口疏解区为秦巴山脉区域内资源环境承载力超载、生态脆弱、城市化水平不高且人口密度相对较大、人口与资源环境相对失衡的地区；包括自然环境不适宜人类常年生活和居住的生态敏感区（自然保护区、国家森林公园、国家地质公园、风景名胜区及海拔1 000米以上的高海拔区域）。主要包括秦岭南麓、陇南山区、巴山北麓及丹江口水库和神农架林区周边县市。

该区域应降低人口密度，引导秦巴山脉山区腹地人口逐渐迁出，鼓励人口在区外或发展条件较好的平原区域集聚。最终保证生态敏感区内人口总量大幅度降低，秦巴山脉山区腹地部分人口密度降至90人/千米^2。

2.人口限制区

人口限制区为秦巴山脉腹地内资源环境承载力临界超载，特别是土地资源和水资源临界超载，且继续增加人口将对生态环境造成持续影响的地区。主要包括秦岭西部的徽成盆地、汉江河谷的汉中盆地、安康月河盆地及丹江河谷地区的县市。

该区域以保持人口基本稳定、限制人口规模增加为发展导向，通过强化生态保护、限制区域产业用地的扩张、优化产业结构、完善公共服务设施等措施，保持该区域持续发展。

3.人口集聚区

人口集聚区为秦巴山脉区域内人居环境相对较为适宜、资源环境承载力平衡有余的地区，主要为秦巴山脉区域内平原区、缓坡丘陵地区或建设用地条件较好的大中城市周边。主要包括巴山南麓的广元、达州、巴中及秦岭北麓、小秦岭区域的县市。

该区域应该积极推进产业集聚，增强人口承载能力，积极吸纳秦巴山脉生态敏感区域内人口集聚。该区域也是秦巴山脉区域内人口城镇化的主要承载区，应通过政策、制度改革加快非本地居民的市民化进程。

（二）划定生态空间红线，构筑生态安全格局

通过对重点生态功能区、生态环境敏感与脆弱区、禁止开发区（具体包括国家级自然保护区、森林公园、风景名胜区、世界自然文化遗产、地质公园、具有水源涵养功能的林地等）及其他不适合开发的区域（如地质断裂带两侧、坡度大于25°的区域）等对于秦巴山脉区域生态保护具有重要意义的要素进行分析判定，可划定秦巴山脉区域的生态功能极重要区、生态功能重要区和生态功能协调区（表5.14）。其中，生态功能极重要区是区域生态核心，应实行最严格的管控措施，严禁一切形式的开发建设活动；生态功能重要区以生态保护为重点，实行差别化的管控措施；生态功能协调区可容纳一定人口规模和开发活动，但应重点维护其生态服务功能。

表5.14 综合生态安全格局中极重要区、重要区和协调区占全区域的面积比例

分类	面积/千米²	比例
极重要区	124 110	44%
重要区	101 081	36%
协调区	54 987	20%
总计	280 178	100%

根据秦巴山脉核心区综合生态安全格局可以看出，秦巴山脉核心区重要生态

空间分布较广，目前形成"中央绿心"的绿色基底，生态极重要空间主要呈绿斑状分散分布，整体形成"三核—多点—双廊"的空间结构。为了进一步优化区域生态服务功能，可以通过生态战略点与生态廊道的构建，进一步完善区域生态网络，未来通过优化形成"三核—多点—两横—两纵—多廊"的生态空间结构，作为引导城乡布局与绿色发展的战略型空间格局。

（三）梳理城乡空间结构，分类引导城乡建设

1.梳理城乡空间结构

以生态安全格局保护为基础，合理引导人口流动和产业集聚，积极促进环秦巴山脉区域协同发展，构建"一链三极多点"的城乡一体空间结构（图5.17）。

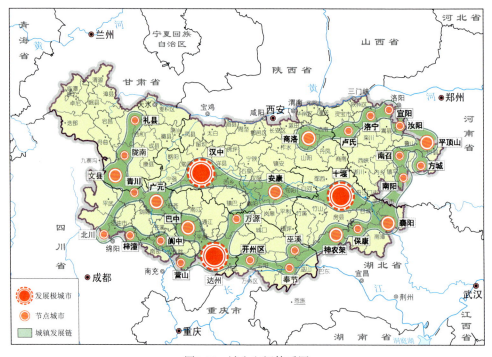

图5.17 城乡空间体系图

"一链"：是指以生态保护为前提，引导城乡人口和绿色循环产业向巴山南麓、秦岭东部区域聚集。依托军工科技、矿产资源、土地资源优势，重点发展新能源、矿产品精深加工、新材料、电子信息、轻纺、食品加工，建成巴山南麓与小秦岭区域的城镇重点发展区。

"三极"：是指以汉中、十堰、达州为重点的区域发展增长极。重点拓展城市空间，优化城市形态，完善提升城市功能，促进人口与产业集聚，壮大特色优

势产业，发挥辐射带动作用。

"多点"：是指陇南、商洛、安康、巴中、广元、襄阳等节点城市。按照集约开发、集中建设的原则，重点依托现有资源完善城市功能，引导周边生态脆弱、生产和生活条件较差地区的人口向其集中。

2.分类引导城乡建设

结合空间绿色人居引导模式，依据生态安全格局，对秦巴山脉区域内的县级以上城乡居民点进行分类引导，明确人口密度控制、绿色人居环境模式及其产业方向等方面的相关要求，用以指导未来该区域的城乡绿色发展（表5.15）。

表5.15 城乡居民点产业分类引导表

省/直辖市	设区市（自治州、林区）	区（县）	绿色循环模式	特色产业
陕西省	西安市	长安区	中绿居民点	种植业、旅游业、制造业、物流业、科教业、服务业
		蓝田县	中绿居民点	制造业、食品加工业、材料业、化工业、服务业
		周至县	中绿居民点	种植业、农产品加工业、旅游业
		户县1)	中绿居民点	种植业、制造业、服务业、科教业、化工业、旅游业
	宝鸡市	太白县	中绿居民点	种植业、畜牧业、旅游业、林业、材料业
		眉县	中绿居民点	种植业、旅游业、纺织业
		凤县	中绿居民点	能源业、旅游业、种植业、材料业
	渭南市	华阴市	中绿居民点	旅游业、能源业、服务业
		潼关县	中绿居民点	材料业、旅游业、农产品加工业
		华县	中绿居民点	材料业、农产品加工业、旅游业
	商洛市	商州区	浅绿居民点	农产品加工业、旅游业、服务业、制造业、种植业
		洛南县	中绿居民点	旅游业、种植业、畜牧业、农产品加工业
		丹凤县	中绿居民点	农产品加工业、服务业、旅游业
		柞水县	深绿居民点	农产品加工业、花卉业、旅游业
		镇安县	深绿居民点	种植业、畜牧业
		山阳县	深绿居民点	种植业、材料业、制造业、化工业、旅游业
		商南县	深绿居民点	种植业、农产品加工业、畜牧业
	汉中市	汉台区	浅绿居民点	种植业、畜牧业、制造业、农产品加工业、服务业、旅游业
		镇巴县	深绿居民点	种植业、畜牧业、服务业、旅游业
		留坝县	全绿居民点	农产品加工业、畜牧业、旅游业
		勉县	中绿居民点	种植业、材料业、化工业、食品加工业、旅游业
		西乡县	中绿居民点	农产品加工业、畜牧业、食品加工业、材料业、旅游业
		南郑县	中绿居民点	制造业、化工业、材料业、农产品加工业、旅游业
		城固县	中绿居民点	制造业、化工业、材料业、种植业、旅游业、物流业
		宁强县	深绿居民点	畜牧业、种植业、制造业、农产品加工、旅游业

续表

省/直辖市	设区市（自治州、林区）	区（县）	绿色循环模式	特色产业
陕西省	汉中市	洋县	中绿居民点	种植业、食品加工业、材料业、旅游业、服务业
		佛坪县	全绿居民点	旅游业、畜牧业、林业、农产品加工业
		略阳县	深绿居民点	畜牧业、农产品加工业、材料业、化工业、旅游业
	安康市	汉滨区	浅绿居民点	能源业、化工业、材料业、食品加工业、制造业、物流业、服务业、旅游业
		旬阳县	深绿居民点	种植业、畜牧业、食品加工业、能源业、材料业、化工业
		石泉县	中绿居民点	能源业、旅游业、食品加工业、制造业
		汉阴县	深绿居民点	食品加工业、种植业、材料业、物流业、餐饮业、旅游业
		平利县	深绿居民点	食品加工业、畜牧业、加工业、服务业
		白河县	深绿居民点	汽车制造业、农产品加工业、化工业、材料业、种植业
		紫阳县	深绿居民点	畜牧业、食品加工业、材料业、能源业
		岚皋县	深绿居民点	材料业、食品加工业、林业、手工业、能源业、旅游业
		宁陕县	深绿居民点	种植业、农产品加工业、餐饮业、服务业、旅游业、物流业
		镇坪县	中绿居民点	畜牧业、种植业、林业、食品加工业、化工业、材料业、能源业
河南省	洛阳市	洛宁县	深绿居民点	种植业、材料业、农产品加工业、化工业、旅游业
		宜阳县	中绿居民点	种植业、畜牧业、材料业、化工业、旅游业
		嵩县	中绿居民点	种植业、旅游业、生物化工业、制造业、化工业
		汝阳县	中绿居民点	制造业、材料业、种植业
		栾川县	中绿居民点	种植业、制造业、化工业、食品加工业、旅游业
	平顶山市	鲁山县	中绿居民点	种植业、制造业、服务业、材料业、旅游业
		叶县	中绿居民点	种植业、化工业、制造业、旅游业
	南阳市	卧龙区	中绿居民点	种植业、服务业、旅游业、制造业、材料业
		南召县	中绿居民点	种植业、花卉业、畜牧业、材料业、能源业、农产品加工业、旅游业
		镇平县	深绿居民点	农产品加工业、食品加工业、材料业、化工业、制造业
		方城县	中绿居民点	种植业、制造业、材料业、农产品加工业、能源业、旅游业
		内乡县	中绿居民点	种植业、农产品加工业、食品加工业、材料业、化工业、制造业
		淅川县	深绿居民点	种植业、材料业、制造业
		西峡县	深绿居民点	种植业、化工业
	三门峡市	灵宝市	中绿居民点	种植业、食品加工业、旅游业、材料业、农产品加工业
		陕州区	中绿居民点	种植业、畜牧业、物流业、化工业
		卢氏县	深绿居民点	种植业、畜牧业、农产品加工业、旅游业

续表

省/直辖市	设区市（自治州、林区）	区（县）	绿色循环模式	特色产业
湖北省	十堰市	丹江口市	中绿居民点	种植业、畜牧业、花卉业、制造业、化工业、农产品加工业、旅游业
		茅箭区	浅绿居民点	制造业、种植业、食品加工业、旅游业、服务业
		张湾区	浅绿居民点	制造业、材料业、化工业、现代服务业、旅游业
		郧阳区	中绿居民点	农产品加工业、制造业、材料业、化工业、物流业、旅游业
		郧西县	深绿居民点	畜牧业、种植业、制造业
		竹山县	深绿居民点	种植业、能源业、化工业、材料业、旅游业
		竹溪县	深绿居民点	种植业、物流业、农产品加工业、能源业、化工业、材料业、旅游业
		房县	深绿居民点	食品加工业、化工业、制造业、物流业、服务业
	襄阳市	老河口市	中绿居民点	制造业、农产品加工业、材料业
		襄州区	浅绿居民点	制造业、农产品加工业、物流业、服务业、旅游业
		襄城区	浅绿居民点	旅游业、服务业、能源业、化工业、制造业、农产品加工业、材料业
		樊城区	浅绿居民点	服务业、物流业、旅游业、科教业、制造业
		保康县	深绿居民点	种植业、农产品加工业、旅游业、服务业、制造业、能源业、材料业、化工业
		南漳县	中绿居民点	种植业、农产品加工业、化工业、材料业、制造业、旅游业
		谷城县	中绿居民点	种植业、畜牧业、材料业、制造业、旅游业
	神农架林区		全绿居民点	农产品加工业、种植业、化工业、能源业、旅游业
甘肃省	陇南市	武都区	中绿居民点	种植业、农产品加工业、林业
		成县	中绿居民点	种植业、服务业、旅游业
		徽县	中绿居民点	林业、畜牧业、材料业、制造业、化工业、农产品加工业、旅游业
		两当县	全绿居民点	种植业、林业、旅游业
		宕昌县	深绿居民点	种植业、旅游业
		文县	深绿居民点	种植业、畜牧业、农产品加工业、制造业
		西和县	深绿居民点	种植业、林业、材料业、食品加工业
		礼县	深绿居民点	种植业、制造业、材料业、旅游业
		康县	深绿居民点	种植业、畜牧业、食品加工业、旅游业
	天水市	秦州区	浅绿居民点	种植业、林业、服务业、畜牧业、食品加工业、物流业
		麦积区	浅绿居民点	种植业、制造业、服务业、化工业、食品加工业、材料业
	定西市	岷县	深绿居民点	林业、畜牧业、食品加工业、化工业
		漳县	深绿居民点	种植业、林业、农产品加工业、建材工业、盐业、石材加工业
		渭源县	深绿居民点	种植业、畜牧业、旅游业
	甘南藏族自治州	迭部县	全绿居民点	旅游业、畜牧业、种植业、林业、中药材业
		卓尼县	全绿居民点	旅游业、畜牧业、农产品加工业、种植业、手工业
		临潭县	中绿居民点	种植业、食品加工业、畜牧业
		舟曲县	深绿居民点	种植业、林业、畜牧业、农产品加工业、旅游业

续表

省/直辖市	设区市（自治州、林区）	区（县）	绿色循环模式	特色产业
四川省	达州市	万源市	中绿居民点	畜牧业、种植业、农产品加工业、服务业、旅游业
		通川区	浅绿居民点	种植业、食品加工业、服务业、物流业、制造业
		达川区	浅绿居民点	食品加工业、材料业、物流业、旅游业、服务业
		宣汉县	中绿居民点	种植业、林业、畜牧业、材料业、旅游业
		开江县	中绿居民点	种植业、畜牧业、食品加工业、旅游业
	巴中市	巴州区	中绿居民点	种植业、食品加工业、制造业、服务业、旅游业
		恩阳区	中绿居民点	农产品加工业、种植业、畜牧业、食品加工业、制造业、林业、物流业、旅游业
		平昌县	深绿居民点	种植业、畜牧业、农产品加工业
		南江县	深绿居民点	种植业、林业、畜牧业、旅游业
		通江县	深绿居民点	种植业、食品加工业、旅游业
	广元市	利州区	浅绿居民点	食品加工业、物流业、服务业、农产品加工业、能源业、制造业、旅游业
		昭化区	浅绿居民点	食品加工业、制造业、种植业、畜牧业、旅游业、服务业
		朝天区	浅绿居民点	种植业、农产品加工业、畜牧业、能源业、材料业、服务业、旅游业
		旺苍县	深绿居民点	种植业、化工业、材料业、服务业、旅游业
		青川县	深绿居民点	种植业、农产品加工业、畜牧业、林业、食品加工业、材料业
		剑阁县	中绿居民点	种植业、畜牧业、材料业、制造业、化工业
		苍溪县	中绿居民点	种植业、农产品加工业、制造业、林业、旅游业
	绵阳市	江油市	中绿居民点	食品生产加工业、制造业、材料业、服务业、能源业、化工业、旅游业
		平武县	深绿居民点	种植业、农产品加工业、能源业、旅游业
		北川羌族自治县	深绿居民点	种植业、食品加工业、能源业、制造业、化工业、材料业、旅游业
		梓潼县	中绿居民点	农产品加工业、食品加工业、化工业、材料业、制造业、旅游业
	南充市	阆中市	中绿居民点	种植业、畜牧业、农产品加工业、食品加工业、化工业、手工业
		仪陇县	中绿居民点	畜牧业、种植业、食品加工业、制造业、旅游业
		南部县	中绿居民点	种植业、化工业、旅游业
		营山县	中绿居民点	制造业、能源业、农产品加工业
重庆市		云阳县	中绿居民点	种植业、材料业、轻化工业、食品加工业、制造业、旅游业
		开州区	中绿居民点	种植业、畜牧业、食品加工业、手工业、服装工业、材料业
		奉节县	中绿居民点	种植业、工矿业、制造业、服务业、物流业、旅游业
		巫山县	中绿居民点	畜牧业、农产品加工业、食品加工业、物流业、材料业
		巫溪县	深绿居民点	农产品加工业、种植业、材料业、水泥产业、旅游业
		城口县	深绿居民点	种植业、畜牧业、材料业、服务业、旅游业

1）现为鄠邑区

（四）推进城乡空间整理，完善城乡设施建设

1. 开展城乡空间整理

引导人口合理迁移，实现灾害频发区、交通经济极度落后地区的人口向秦巴山脉区域外和区域内重点城镇转移。产业向重点城镇循环经济园区集聚，关停废弃落后产能。矿产资源在秦巴山脉边缘区集中进行绿色加工，秦巴山脉腹地生态敏感区禁止矿产资源开采与加工。整理土地，生态脆弱区实施退耕护林，恢复生态，建设连片生态屏障。推进产业发展空间整理，在结合地形地貌和产业发展现状基础上，总体采用圈层式布局，分绿心区和外围环两部分。绿心区以农林类、服务类产业发展为主，外围环以生产类、流通类产业发展为主。

2. 开展乡村流域化整治

乡村聚落作为城乡空间体系的基本存在形式，既是最稳固的，也是最脆弱的，故在满足现代营建需求的同时，更需注意不同层级区域层面协调与统筹谋划，而流域正好提供了这一具有可持续观念的嵌套空间发展条件。为此，秦巴山脉区域各聚落应充分考虑这一特征，以多元、多维、多系统分析为基础，进行有效的组织与设计，从而建构起生产、生活、生态"三位一体"的合理发展路径与模式。

1）以现代山地农业发展模式建构小流域基本单元

围绕现代山地农业发展的特性，结合适宜的人居环境尺度，在充分考虑流域线性特征的基础上，在适度社区规模、适度生产半径及与生态单元吻合的要求下，确定中心社区并划分社区服务范围。

2）以流域统筹为导向设计小流域调节单元与发展单元

以小流域基本单元为基础，加强各基本单元的居住、生产、景观的联动引导，借助不同的公共交通工具、不同的生产工具，调整耕作、服务半径，对基本单元进行调整，设计出合理的调节单元与发展单元，共同构建能够良好互动的小流域区划单元。

3）以区域协同为原则进行小流域作业单元梳理

每一个小流域以优化、互联后的聚落为基础，通过游憩、生产、居住等主导因子的耦合，形成一个联动紧密的统一体，并依托聚落间的绿廊、绿道，借助狭窄的线性地形，形成具有不同特色、不同诉求的小流域区划单元，以该区划单元为整体，建构起有机的交通、有序的空间、有品质的生活。

3. 推进城乡绿色设施建设

灵活开展区域供水。秦巴山脉区域地形高差较大，区域范围城区内各部分之间、城区与农村、城区与水源地之间地形高差明显，县域内城乡供水系统建设不均衡。应积极推广分区供水的方式，城区、集镇主要以城市水厂集中供水，保证水质与水量，满足供水范围需求；山区的集镇与农村或因地势较高，或因距离平原城镇较远，可设置一体化制水设备。

推进雨水资源化策略。平原城镇因地制宜，建立城市降水"弃、渗、蓄、用、排"动态协调体系，采用就地利用和调蓄利用相结合的方式，减少城市径流污染、削减径流峰值流量、保障水环境的安全，实现雨水无害化和资源化。山地区域主要通过局部改造地形，使雨水径流就地拦蓄入渗，增加蓄水能力。

加强农村能源建设。大力实施农村电网改造升级，实现"户户通电"。积极开展水电新农村电气化建设，大力实施农村小水电代燃料工程，切实抓好农村水电增效扩容改造及配套电网改造。推进绿色能源示范县项目建设，进一步有序开展农村沼气建设，积极推广太阳能，开展省煤、节煤炉灶升级换代。

优化公共服务资源配置。整合现有医疗、教育资源，调整结构布局，在汉中、十堰、达州等新城区增设医院、教育设施布点，在安康、商洛、广元、巴中、陇南等地按较高标准大力建设医院及教育设施。鼓励和引导秦巴山脉区域外围城市医疗与技术人员到秦巴山脉区域基层服务。

（五）推进特色风貌战略，传承历史人文内涵

1. 特色风貌打造思路

一方面，融汇我国法天象地、天人合一的传统整体思想，将城乡风貌置于宏观自然环境框架中进行整体思考；另一方面，借鉴西方现代城市设计先驱凯文·林奇城市意象理论，以及知名学者培根关于将城市设计扩展到国土区域的思想方法，最终提出统筹宏观—中观—微观三层次的区域设计方法体系。

1）宏观表意：营造宏观意象

以山水地貌等宏观自然格局为图底，按照生态和文化特征进行分区控制，综合分析风貌资源特征，通过将交通线路、河流廊道等线性要素抽象为轴线，将城、镇、乡抽象为节点等城市设计手法，把区域内最具标志意义的景观资源要素进行整合提炼，使得自然环境、人工环境、文化环境浑然一体，构建充分表达外在景观与内在精神品质特征的宏观尺度风貌框架，定位和营造秦巴山脉总体景观意象和六大区域风貌特色。

2）中观塑景：塑造中观景象

以城市、小城镇、乡村体系为研究对象，分析城乡风貌特色资源，提炼城乡风貌特色元素，并进行重点城乡风貌特色定位，确定城乡风貌特色重点控制要素，构建城乡风貌特色总体结构，研究城乡风貌特色的表征方式和体现途径，从而在中观层面指引城乡景观风貌建设，形成鲜明的中观风貌景象。

3）微观造型：打造微观形象

根据城乡风貌特色定位，指引建筑风貌特色构建，从传统建筑风貌、现代建筑风貌、地域气质建筑风貌三个类型入手，从空间、形态、肌理、色彩、材质、装饰、意韵、理念等方面加以引导，以满足现代建筑功能需要为前提，将具有代表性的物质空间"视觉符号"和文化品质"感知意韵"运用到建筑设计之中，构建具有中国文化意蕴和地域特色的建筑风貌体系，从而引导城乡风貌微观形象打造。

2. 风貌构建框架

1）风貌分区

根据秦巴山脉区域的自然风貌、人文风貌特色，对秦巴山脉区域进行分区划分。

自然风貌格局：两山五水五盆地。两山指秦岭和巴山；五水指长江、汉江、嘉陵江、渭河和丹江；五盆地指四川盆地、汉中盆地、安康盆地、商丹盆地和洛南盆地。

人文风貌格局：秦巴山脉区域人文风貌分区可分为中原文化区、三秦文化区、荆楚文化区、巴蜀文化区、陇南文化区和羌藏彝文化区。

综合分析，将秦巴山脉区域分为六大风貌分区：交融风貌区、秦陇风貌区、川蜀风貌区、巴渝风貌区、荆楚风貌区和中原风貌区（图5.18）。

2）风貌节点

各风貌分区以一级城市风貌节点作为引领核心，以二级区县风貌节点作为支撑核心，以三级镇村风貌节点作为特色节点，分等级、分层次，构建六大分区风貌。

3）风貌轴线

秦巴山脉区域内风貌轴线主要分为山体景观廊道、水系景观廊道及交通景观廊道。

山体景观廊道：在秦岭山脉、大巴山脉的庇护下，建设山脉景观廊道，重点突出两大山脉生态安全格局。

水系景观廊道：在长江、汉江、嘉陵江、渭河、丹江五大水系的滋养下，建设景色宜人、生态优美的滨水景观廊道，孕育出六个各具特色的风貌片区，各风貌片区应重点突出水系生态保护及滨水地段的环境塑造。

交通景观廊道：是指通过秦巴山脉区域的高铁线路、铁路、高速公路及国道等重要的交通线路。

图5.18　秦巴山脉区域风貌分区

（六）推进体制机制创新，强化城乡政策保障

搭建秦巴山脉区域城乡协调发展"共识"平台，构建区域合作利益分配机制，出台区域保护与协调发展法规体系；编制区域"多规合一"规划，建立区域健康城镇化考核体系，制定区域产业园区管理办法；通过制定技能扶贫、教育扶贫、产业扶贫、移民扶贫等多项政策引导秦巴山脉区域脱贫致富；保护城乡文化景观遗产资源，编制城乡特色风貌建设规划，建设区域绿色建设技术网络推广平台；加强区域绿色生态城区示范，加强区域绿色建筑建设监管。

第七节　矿产资源绿色开发利用策略

一、现状问题

秦岭-巴山山脉是我国内陆腹地一个主要的复合造山带，也是我国重要的有色金属和贵金属成矿带。区域内矿产资源丰富，矿产分布较广泛，主要矿产资源集中度较高，具有地域矿产资源组合分布优势，有利于建立较完备的、规模化的矿业及矿产加工体系。

秦巴山脉区域已发现矿产105种，区域内钼、铅锌、金、汞锑、钡、锰、天然气、页岩气、石墨等矿产资源在全国占有非常重要的地位。其中，陕西金堆城钼矿、河南栾川钼矿、汝阳县东沟钼矿属世界级钼矿；厂坝-李家沟铅锌矿达到超大型规模，西成铅锌矿带属全国第二大铅锌矿带；小秦岭金矿是我国七大岩金基地之一，位于全国第二位；三门峡市黄金储量、产量居全国第二位；甘肃文县阳山金矿储量位居亚洲第一，世界第六；陕西旬阳汞锑矿是我国乃至亚洲最大的汞矿生产基地，其汞产量占全国总产量的70%；重庆市城口县是亚洲最大钡矿区和全国第五大锰矿区，被誉为"中国西部矿都"，拥有全国第五大锰矿床和亚洲第一大碳酸钡矿床，是目前世界上最大的锰矿石和电解锰生产基地；四川达州天然气是全国继新疆塔里木盆地、内蒙古鄂尔多斯气田之后最具开发潜力的大气田；重庆涪陵页岩气成为除北美之外的全球第二大页岩气田；四川南江县尖山石墨矿是目前全国最大的石墨单体矿；湖北荆襄磷矿可采储量居全国首位，襄樊的金红石储量为亚洲第一位；河南南阳天然碱、红柱石储量为亚洲第一位，蓝晶石、金红石储量为全国第一位；四川霞石储量居全国前五位。秦巴山脉区域主要矿产资源储量统计见表5.16。

表5.16　秦巴山脉区域主要矿产资源储量统计

矿种	矿区/个		储量单位	资源量	潜在价值/亿元
黑色金属	铁矿	158	万吨	92 834.36	3 156.37
	锰矿	50	万吨	2 523.82	6.56
	铬矿	32	万吨	146 312.00	190.21
	钛矿　钛铁矿	2	万吨	39 737.20	1 788.17
	钛矿　金红石	26	万吨	6 858.52	4 458.04
	菱铁矿	2	万吨	37 250.89	745.02
	钒矿	82	万吨	303.00	2 424.00
有色金属	铜矿	141	万吨	961.21	182.63
	铅矿	165	万吨	2 671.76	1.07
	锌矿		万吨		
	铝土矿	6	万吨	76 562.80	918.75
	镍矿	3	万吨	27.29	1.09
	钴矿	7	万吨	42.00	499.80
	钼矿	19	万吨	610.12	20.74
	汞矿	9	万吨	513.18	37 718.73
	锑矿	23	万吨	25.27	55.09
贵金属	金矿　岩金	210	吨	2 484.65	1 739.26
	金矿　砂金	26	吨		
	金矿　伴生金	0	吨		
	银矿	4	吨	4 493.29	0.03

续表

矿种	矿区/个		储量单位	资源量	潜在价值/亿元
稀有稀土分散矿	铌矿	5	吨	26 375.00	34.29
	铍矿（绿柱石）	2	吨	42.00	0.01
	锶（天青石）	2	吨	7 312 742.00	36.49
	稀土矿	2	吨	364 154.00	54.62
	铼	4	吨	125.00	125.00
	镉	3	吨	4 908.00	2.10
	硒	4	吨	586.30	0.85
	碲	2	吨	281.00	0.69
非金属	煤	32	万吨	218 888.32	10 944.42
	萤石	28	万吨	256.80	38.52
	石墨矿	52	万吨	10 946.04	5 035.18
	重晶石	60	万吨	53 650.05	2 414.25
	毒重石矿	6	万吨	5 108.28	306.50
	磷矿	34	万吨	74 855.63	3 593.07
	石棉矿	4	万吨	23 348.68	2 241.47
	蓝石棉矿	38	吨	194.80	15.58
	云母矿	14	吨	178.10	0.01
	滑石	10	万吨	135.32	0.95
	石膏	10	万吨	6 126.46	214.43
	石灰岩	16	万吨	66 695.35	533.56
	大理石	8	亿万平方米	1.56	622 560.00
	白云石	18	万吨	1 312.00	26.24
	高岭土	4	万吨	268.00	2.95
	天然气	11	亿立方米	2 243.79	4 487.00
合计					706 573.74

　　秦巴山脉区域内矿产资源开发类型多样，但差异明显，主要以有色金属和贵金属为主，部分战略性非金属矿产资源占有相当重要的位置。区域内矿产资源开发以中小型矿山企业为主，矿产资源利用水平参差不齐，地区差异明显。开发利用程度整体中等偏低，后期仍有巨大的资源开发利用潜力。其中，秦巴山脉区域陕西片区境内矿产资源开发程度相对较高，对陕西经济发展起着重要作用。秦巴山脉区域河南片区境内受开发利用规模的影响，总体勘查程度较低，但小秦岭地区是全国第二大黄金生产基地，依托黄金资源优势，培育形成了黄金、铅、铜、钼等特色冶炼与加工体系。秦巴山脉区域甘肃片区境内矿产资源开发程度较低，资源优势没有得到很好发挥，后期开发利用潜力巨大。秦巴山脉区域湖北片区境内矿产资源开发利用程度较高，黑色金属矿山企业主要以小型矿山企业为主，随着国家环境保护政策的出台，大部分矿山逐渐转型退出。秦巴山脉区域四川片区境内勘查程度总体偏低，能源、黑色金属、有色金属、稀有金属、贵金属、化工和建材等矿产均有分布，能源矿产、非金属矿产多，金属矿产少；开发方面，部

分矿产已成为四川片区经济发展的支柱产业，逐步形成了具有一定规模的矿产资源特色产业集群或产业链。秦巴山脉区域重庆片区境内铁、煤勘查程度相对较高，天然气、锰、岩盐、硫铁矿、水泥等有色金属、贵金属及非金属勘查工作程度较低；煤和锰矿业产值突破亿元大关，逐步形成了城口锰工业、云阳-开州硅业等具有一定规模的矿产资源特色产业集群或产业链。

秦巴山脉区域从事矿业的人口比例较高，比全国平均水平高2~3个百分点。各地矿业经济比重差异较大，一般占县域经济的10%~17%，部分区县占60%~80%。河南洛阳，陕西凤县、洛南、略阳，甘肃西和、成县、文县，重庆城口、开州等比例较高（表5.17）。

表5.17　秦巴山脉区域矿山企业统计

省市	矿山企业/个	从业人数/万人
河南	867	23.0
陕西	522	17.0
甘肃	185	6.0
湖北	23	1.0
重庆	440	1.5
四川	479	5.5
合计	2 516	54.0

秦巴山脉区域生态建设任务重，区域承担着南水北调中线工程水源保护、生物多样性保护、水源涵养、水土保持和三峡库区生态建设等重大任务。生态建设地域广、要求高、难度大，资源开发与环境保护矛盾突出。秦巴山脉区域主要矿山地质环境问题包括矿山地质灾害、矿区土地资源的占用与破坏、矿区地下水系统的破坏与矿区环境污染等四大类，环境危害较为严重。

二、战略思路

以生态建设为核心，创新驱动、发展秦巴山脉区域矿业经济。以秦巴山脉矿产集中区为纽带，通过矿业绿色循环发展扶持区域民生建设，破除行政壁垒，构建区域矿业发展新模式，构建生态矿业发展路径。针对秦巴山脉生态功能区的地位，践行"五大"发展要求，将"广勘查、强保护、多储备、慎开发"作为秦巴山脉矿产资源开发的行动方针；以"面保护、点开发、控扰动"为核心思路，通过技术创新形成低影响开发路线。重点进行区域环境制约与矿业发展速度控制，区域矿山与矿业园区结合的生态矿业发展，多元性开发与减量化（含矿区生态重建），矿（物）产出（品）与环境影响度、排放比例控制。

三、战略目标

（一）总体目标

以科学发展为指导，以绿色循环开发为理念，以工程科技为支撑，选择性开展矿产资源开发，构建低影响开发模式，全面提高矿产资源的综合利用水平，实现无废弃物或少废弃物排放的生态矿业开发。建设生态矿产资源开发利用的示范基地。探索"蓝色规划—绿色开采—节约与循环利用—集约开发（园区）"的秦巴山脉矿业经济发展模式。

（二）分阶段目标

近期（2020年）：全面禁止对生态核心区矿产的开发，只做国家战略储备。

中期（2030年）：对过渡区矿山通过技术创新进行升级改造，实现集群化和园区化生态开发。

远期（2050年）：实现研究区域集群化开采、园区化加工的全面绿色循环生态开发。

（三）具体目标

建设国家生态矿业示范区：矿业开发在长度（产业链）、宽度（综合利用）、高度（高级材料）、经济性（产排比）等方面，形成人、矿、要素（交通、旅游）与自然和谐共处模式。

实现国家矿产战略安全基础：平衡东西部发展、连接"一带一路"、示范山区矿产开发与脱贫发展、中央战略矿产储备的核心。

构建国家山区矿业技术创新研发基地：具有核心技术的开发矿业支撑体系。

探索山区矿山空间利用开发（军事、灾害控制、地下交通等）、热交换开发，建立废弃物建材化应用示范基地。

建设矿业高新材料产业设计制造基地（3D打印材料等）。

四、重点任务

（一）严格生态红线制度，加强矿山环境保护

通过对矿床（矿体）规模、资源集中度、环境容许承载力和环境影响度进行评价，分级管理确定开发程度。通过严格矿产资源开发利用的环境保护准入管

理、加快矿山地质环境恢复治理、实行矿山地质环境治理恢复分类管理、积极推进矿区土地复垦等工作加强矿山地质环境保护，逐步减小秦巴山脉矿业开发对环境的有害影响。实施有序退出、资源储备、矿产资源绿色开发并举。开发环境敏感区资源开发的工程技术措施。

（二）加强地质勘查工作，提高资源控制水平

对生态功能过渡区和开发区开展资源勘查，掌握资源规模，提高资源的保证程度。加强秦巴山脉区域主要成矿带和潜力成矿区域综合地质勘查，逐步查清潜在资源总量和开发地质环境控制条件，为战略储备和应急开发提供条件。对现有退出开发的小矿区和小规模矿床，开展深部和跨区域综合矿产资源勘查，了解或扩大资源集中度水平，为资源储备与规模化开发提供基地。

根据秦巴山脉区域矿产资源分布及其对我国矿产资源保障的重要程度，结合秦巴山脉区域绿色循环发展战略研究思路，拟设立四大重要矿产勘查开发基地，即陕豫小秦岭钼钨金矿产勘查开发基地、陕陇铅锌金汞锑矿产勘查开发基地、川渝天然气-石油-页岩气矿产勘查开发基地和陕渝钡锰矿产勘查开发基地。

（三）推进矿产开发退出与限制机制，建立矿产资源战略储备基地

以矿体储量规模、矿种需求度、国内外的获得性、单位面积环境承载力或扰动破坏容许度、开发环境度为依据开展综合分析，评价矿产开发与环境可行性。对于规模小、优势不强、环境敏感及国内外其他区域替代性较强的矿床采取限制和退出开发，开展国家战略储备，还人民群众青山绿水。占比达80%的中小矿山，长期停留在20世纪六七十年代的水平，技术装备、管理与产能水平较低。学习国外经验，开展深部找矿与国家战略储备，实现"藏矿于（基）地"。

（四）践行蓝色规划与绿色开发理念，实现国土空间综合开发与储备

对于国家战略性需求不可替代的矿山和规模以上大型矿区，要求全面实现转型升级，采取集中化开采、循环化利用、集约化管理、园区或集团化发展的路线，开展绿色循环开发，实现资源与生态协调发展。在实施矿产资源绿色开发的过程中，学习国外经验，积极对地热、采矿空间进行综合利用开发。

（五）打破行政区划界线，建立绿色循环矿业园区

秦巴山脉区域主要矿集区分布于省市交界区域，导致同矿种、同矿带矿产分省、分区开采，特别是陕豫的金钼、陕甘铅锌金、陕渝锰钡等主要矿集区。需要

在近5~10年内对矿集区进行开发总体布局规划和技术升级。根据资源规模和集中程度，打破区域分割，通过整理、整合，集中开采、集约经营，园区循环加工，构建高效开采、综合利用、废弃物资源化、清洁生产、生态修复、灾害防治的综合系统，减少生态环境扰动与破坏，走绿色循环发展之路。做强（小规模大效益，高产值高利润）矿产开发产业链，做好综合开发与循环利用；以产品产出与废弃物排放比例为基准，推进矿产资源的高效利用与综合回收。以矿集区"区域矿山"为核心，建立跨行政区域的大型矿业园区，开展资源集中加工，废弃物循环利用，实现产品升值、污染降低、集约发展。

本着保护环境、经济可行、优势开发、集约化生产、绿色循环发展的原则，打破行政界线，形成集中连片、整体开发、资源优势互补促进的具有产业核心竞争力的八大矿产重点产业园区：陕甘凤太-西成金-铅锌重点开发区、豫陕小秦岭钼-金重点开发区、川渝天然气-页岩气重点开发区、湖北宜昌磷矿综合利用重点开发区、河南西峡地区镁橄榄石-红柱石-石墨矿重点开发区、陕西安康汞锑矿重点开发区、陕西山阳-商南钒钛矿重点开发区、重庆城口钡-锰矿重点开发区。

（六）实施创新驱动战略，开展工程支撑技术研发

开展技术研发和技术储备，以科技为支撑走内涵式现代矿业发展道路。开展无（少）废开采技术和智能化开采与装备水平、空间利用技术，资源高效综合回收、低品位综合矿的选冶技术集成、循环体系建设等技术研发。既要满足规模矿山在生态环境脆弱地区的合理开发，又要探索储备资源的开发技术探索与积累。开展尾矿（废渣）资源化利用，包括有价元素的回收和非金属矿物的资源化开发，变废为宝，解决区域安全与环境隐患。通过科研攻关，提高在特殊时期"藏得住、快启动、尽利用"的能力，实现"藏矿于技"。

（七）环境敏感区资源开发灾害防控与治理技术攻关

针对秦巴山脉区域矿产资源开发规律，深入探索生态环境脆弱与敏感地区矿产资源开发与地质灾害防控、尾矿库安全、水体污染源的综合消除与治理等。针对生态环境与资源开发利弊，开展针对性、精细化攻关。

第六章 秦巴山脉区域各片区绿色循环发展策略

第一节 河南片区绿色循环发展策略

一、面临的突出问题

（一）区域生态环境脆弱，开发与保护矛盾突出

秦巴山脉区域河南片区分布有国家级自然保护区6处、国家级森林公园10处、国家地质公园3处。森林覆盖率为51%，森林面积为2.020×10^6公顷，约占秦巴山脉森林总面积（2.089×10^7公顷）的10%。区域内水资源丰富，是重要的水源涵养区。南水北调中线工程，自淅川县陶岔渠首引水，在方城县垭口穿长江-淮河分水岭，因此该区域承担着水源保护、生物多样性保护、水源涵养、水土保持等重大任务。区域内动植物种类、数量丰富，是重要的生物多样性功能区。区域内旱、涝、风、雹等多种自然灾害频发，泥石流、山体滑坡等地质灾害易发。发展经济与保护生态的矛盾非常尖锐，产业结构受生态环境制约大。

（二）基础设施薄弱，市场体系不完善

综合交通运输网络化程度低，秦巴山脉区域河南片区4个城市公路密度均低于河南省150千米/100千米²的平均水平。区域内仓储、包装、运输等基础条件差，产品要素交换和对外开放程度低，物流成本高，制约了区位优势和资源优势的发挥。

（三）经济发展不平衡，城乡差距较大

秦巴山脉区域河南片区是典型的国家级集中连片特困地区，2015年有贫困人口89万人、贫困村1 270个，占秦巴山脉区域贫困人口的13%，占河南省贫困人口的16%，有国家级和省级贫困县13个（其中国家级贫困县11个），占河南省省级以上贫困县的25%。人均粮食358千克，低于河南省（541千克/人）及全国（443千克/人）平均水平。人均耕地1.16亩[①]，与河南省（1.15亩/人）相当，低于全国（1.49亩/人）平均水平。区域内人均地区生产总值低于全国人均水平60%的县有9个，其中4个县不足全国人均水平的50%，最低的鲁山县仅为全国人均水平的36%、河南省人均水平的45.8%。区域内人均地区生产总值、城镇化率和农民人均纯收入均低于全国和河南省平均水平，且差距呈进一步拉大趋势。区域内政府财政能力普遍较弱，配套资金筹措困难，县与县之间、县内乡镇之间存在不同程度的发展差距。[1]

（四）社会事业发展滞后，基本公共服务不足

教育、文化、卫生、体育等方面公共设施的软件和硬件建设严重滞后，城乡居民就业很不充分。人均教育、卫生、社保和就业支出比例低，医疗卫生条件差，妇幼保健力量弱，基层卫生服务能力不足。中高级专业技术人员严重缺乏，科技对经济增长的贡献率较低。

（五）产业拉动经济社会发展表现乏力

2015年，秦巴山脉区域河南片区生产总值仅占河南省的8.6%，三次产业增加值分别仅占河南省生产总值的1.2%、4.1%、3.2%。三次产业结构不尽合理，区域内部分县（如平顶山市鲁山县）第一产业占据主要地位。工业经济在地区经济中的比重较低，工业经济实力呈递减趋势，北坡的洛阳市、三门峡市大中型企业占主导地位。相当一部分县（区、县级市）为高投入、高能耗、高污染、低效益"三高一低"的传统产业，转型升级缓慢，工业技术相对落后，以资源粗加工为主，经济增长方式仍比较粗放，工业产品大多数处于竞争链中低端，企业数量少、规模小、效益差，缺少品牌。市场竞争力弱，产能过剩，技术研发投入及创新薄弱。

（六）新兴产业和高成长性产业发展滞后

高新技术产业集聚效果不明显，装备制造、新能源汽车、新材料、生物医药

---

① 1亩≈666.67平方米。

等"智能制造"领域还处于规划、起步阶段。

（七）省际、地区间综合协作配套不畅

秦巴山脉区域河南片区内没有形成中心城市辐射、带动的格局，在工业、农业和矿产资源开发加工、产品国内外市场定价销售和资源综合利用，上下游产业链协作、环境生态保护及治理、文化旅游资源整合，美丽乡镇建设、交通互联互通共享、协作配套等多个方面仍存在信息不畅、协作鲜有的问题。

二、绿色循环发展战略

（一）以绿色产业发展为支撑，实现经济社会可持续发展

基于秦巴山脉区域河南片区的"强生态环境"和"弱经济基础"特点，只有实现跨越式发展才能摆脱以往的路径依赖，实现结构优化和动力转换。要充分利用现代产业技术与现代网络技术融合发展模式，以生态文明建设为根本，以绿色产业发展为支撑，构建秦巴山脉区域河南片区绿色循环发展体系，强力助推该区域步入发展快车道，使秦巴山脉区域河南片区经济社会快速发展，到2020年与河南省基本同步实现全面建成小康社会的目标，到2030年综合指标达到河南省的平均水平，到2050年综合指标达到全国平均水平。

（二）全面保护和局部开发相结合，规划"一圈一带二区"空间布局

依据国家主体功能区规划、秦巴山脉区域河南片区主体功能区规划，遵循整体保护（"面"保护）、集中发展产业园区（"点"开发）的原则，强化4个省辖市与17个县（区、县级市）的联系，将产业开发与生态保护两者有机结合，提出具有区域特色的绿色产业空间战略规划布局，明确秦巴山脉区域河南片区重点产业发展区域。建设由环伏牛山中心城市圈（4个省辖市组成的围合外缘）、生态城镇发展带（17个县区市组成的散点分布城镇）、生态农业区（过渡区）、生态保护区（核心区）组成的"一圈一带二区"。

（三）创新"伏牛山生态–产业协同双向梯度发展"模式

"一圈一带二区"特色绿色产业战略发展区，从外缘到内核生态保护强度逐步增大，从内核到外缘产业发展强度逐步增大，形成创新的"伏牛山生态–产业协同双向梯度发展"模式。其建设内涵为：在重点发展区（生态城镇发展带），积极推进工业化、城镇化，适度集中人口、集聚产业，着力提高综合承载能力。通过优化资源配置，实现资源高效利用，促进绿色、循环、低碳发展。在生态农

业区（过渡区），积极发展特色高效设施农业和现代农业，培育优势特色农产品品牌，推进设施农业发展。建设相对集中连片种植的规模化、标准化、专业化、特色化的良种繁育和生产基地。在生态保护区（核心区），基于优越的生态条件及特色地域文化，以生态建设与环境保护为主，适度发展文化旅游及水经济产业，限制其他生产建设活动，构建国家中央公园有机组成部分。

（四）构建"伏牛山南北坡绿色循环经济产业发展示范区"

伏牛山北坡和南坡产业发展差异显著。北坡的洛阳市、平顶山市和三门峡市的传统支柱产业和高载能产业居于重要地位。洛阳市产业结构比较合理，三门峡市第二产业过高、第三产业亟待加强，平顶山市产业结构相对合理，但鲁山县经济发展严重滞后。南坡的南阳市部分高成长产业发展较为迅速。第一产业过高，第二产业和第三产业急需发展，受制约因素较多。以"生态保护"与"产业发展"为两个基本点，按照"一圈一带二区"为特征的"伏牛山生态-产业协同双向梯度发展"模式，根据伏牛山北坡和南坡经济、社会、资源禀赋与产业结构的不同特点，构建"伏牛山南北坡绿色循环经济产业发展示范区"。

三、重点推进措施建议

（一）加快重要基础设施建设，大力改善生产和生活条件

在国家和地方各级政府的大力支持与帮助下，加强秦巴山脉区域各省（直辖市）合作，通过加大统筹力度，集中实施一批教育、卫生、文化、就业、住房、社会保障等民生工程，吸引国内外投资，持续推进高速公路、高速铁路、民用机场等交通基础设施建设，实施农村公路改造，构建综合交通运输体系，促进互联互通与开放共享。加快重要基础设施建设，大力改善生产和生活条件，强化生态建设与环境保护，消除制约发展的瓶颈。

以秦巴山脉区域河南片区为中心，形成"井"形空间发展格局。着力构建"两横两纵"运输发展通道，强化纵向主通道联系，提升横向主通道交通运输能力，在区域内形成纵贯关中平原城市群与成渝城市群，横接中原城市群和武汉城市群，通江达海交通运输主通道。以秦巴山脉为生态保护区，构建南北坡产业格局，构建"以南阳、洛阳中心城市为主体的产业走廊"经济发展格局，形成发展要素集聚、产业特色突出、区域联系紧密、城镇体系完善的主体空间结构。

（二）培育壮大特色优势产业，加快新兴产业发展

立足强生态条件，加快新兴产业发展，使秦巴山脉区域河南片区产业发展与

生态保护相互反哺和相互支撑。充分分析伏牛山南北坡不同区情特点，推动南北坡不同示范区绿色循环发展稳步开展。

重点支持并加快发展河南片区外围"伏牛山循环发展城镇带"产业集聚区，大力发展新型节能环保产业、新能源产业、装备制造、食品、汽车零部件等技术含量高、市场潜力大的高成长性制造业，培育生物医药、新能源、新材料等战略性新兴产业，构建现代工业与现代产业发展体系；实施传统产业升级改造战略，积极推进南北坡产业转型升级为高成长性制造业、战略性新兴产业，北坡要加快传统机械制造业、采矿业等产业升级，南坡要加强生物医药、食品等产业的精深加工；将"伏牛山生态保护区"核心区现有污染负荷大的工业企业搬迁改造到外围"伏牛山循环发展城镇带"产业聚集区，整合产业集聚区各类企业上下游产业链，延伸产品精深加工产业链，提高资源附加值，确保实现产业链循环运行。

按照"一圈一带二区"功能分区加快工业布局、结构调整转换。秦巴山脉区域河南片区内的大部分工业企业，应调整建设在广域环秦巴山脉中心城市圈（一圈）和外缘的绿色循环发展城镇带（一带）产业聚集区内。调整优化产业布局，重点推进措施及建议如下。

1. 按照空间功能规划，优化调整工业布局，加快产业集聚

政府提供条件，引导和鼓励"伏牛山生态保护区"内基础条件差、不适宜居住且环境脆弱的贫困村村民，移民搬迁到"伏牛山循环发展城镇带"产业聚集区。对生态农业区和生态保护区，应严格限制建设活动，原则上禁止新引入工业加工企业。在生态农业区和生态保护区内，将现有影响生态环境，但有一定优势的工业企业，异地搬迁至外围或外缘的"一圈一带"产业聚集区内。搬迁过程中，要通过技术改造和创新，有效开展上下游产业链组合，延伸产品精深加工产业链，提高资源附加值，确保实现产业链循环运行，企业提质增效，促进技术水平进步；对其他一些企业规模小、污染负荷大、产能过剩、高能耗、工艺落后和附加值低的工业企业，要下决心实行关停。

2. 加快传统产业转型升级、提质增效，发挥工业实体经济的基础作用

推进绿色低碳发展，落实节能减排计划，实施节能减排科技示范工程，强化资源综合利用，推进资源再生利用产业化。积极推广低碳技术，严格控制高能耗、高排放行业低水平重复建设，坚决淘汰落后产能，促进产业结构优化升级。对生态农业区和生态保护区内一些重要的矿产资源型企业，要提高技术和资金实力，强化矿产资源综合利用，实现矿山开采与生态保护治理和谐统一，建立矿山地质环境治理长效机制，构建生态安全屏障。实施"1+2+3"产业融合发展，以区域内产业发展带动就业。

3. 加快引进培育发展壮大战略性新兴产业，推动产业结构改变

发展战略性新兴产业对经济社会发展全局和长远发展具有重大引领带动作用。节能环保、信息技术、生物制药、高端装备制造、新能源、新材料、新能源汽车等产业代表技术突破和市场需求的重点发展方向，要在"环伏牛山中心城市圈"空间区域内，统筹科技研发、产业化、标准制定和应用示范，加快引进培育，促进这些产业或若干领军企业发展壮大，构建现代工业与现代产业体系。适应制造业和生产性服务业融合发展的趋势，引导制造企业延伸服务链条、增加服务环节，推动制造业由生产型向生产服务型转变。

发展智能装备和智能产品，推动生产方式向柔性、智能、精细转变；加强节能环保技术、工艺、装备推广应用，全面推行清洁生产，发展循环经济，提高资源利用效率，强化产品全生命周期绿色管理，构建绿色制造体系；推广应用新技术、新工艺、新装备、新材料，从而更好地满足消费者的高品质需求，强化供给侧改革，提高企业生产技术水平和效益。

依托秦巴山脉区域河南片区风能、沼气、用材林等资源能源优势，大力发展风电、沼气等环保产业，规划建设风力发电工程项目，建成后可提供清洁电力。建设大型沼气集中供气工程，增加绿色可再生能源利用量，建设速生丰产用材林基地，大力发展生物质能源林。

4. 建立产业协作机制，强化企业之间战略合作重组

积极探索，打破省、省辖市和县级行政区划限制，建立健全产业协作发展利益共享机制，推进秦巴山脉区域河南片区内外企业战略合作和跨行业、跨区域兼并重组，提高规模化、集约化经营水平，培育一批核心竞争力强的企业集团。避免省与省之间、省内不同行政区域之间产业集聚区主导产业雷同的恶性竞争，促进产业调整优化布局。

建设一批各具特色的不同产业主导型产业集聚区，引导相关企业集聚和组团发展，提高产业集中度，形成优势资源共同开发、产业集聚区共同建设、发展利益共享的产业协作发展格局。支持跨省（市、县）异地兴办产业集聚区，实现基础共建、产业共育、利益共享、环保共担的运行机制。例如，河南钨钼资源与陕西省钨钼资源、丹江口水资源与湖北省水资源等开展资源战略重组。

积极承接转移和配套产业，利用当地的产业基础和资源优势，以市场为导向，积极而又审慎地遴选和承接国内外产业转移和配套协作项目，严格执行国家产业政策，杜绝高耗能、高污染、资源性的"两高一资"项目异地转移，把承接产业转移与调整自身产业结构、推进产业集聚区发展、确定产业集聚区主导产业和重点发展方向及提高产业集聚效益结合起来，促进传统产业转型升级，全面提

升市场竞争能力。

5.深化融合发展，以信息化带动工业化、城市化和农业产业化，用信息化推动产业转型升级

推进融合发展，重点实施制造业与互联网融合创新工程、新型制造模式推进工程、现代物流体系建设工程、电子商务推广普及工程、智慧旅游工程、现代农业推进工程、智能终端发展工程、国家大数据综合试验区建设工程、物联网产业培育工程等九大工程。

充分利用信息技术改造提升传统产业，促进信息技术在工业领域的普及应用，实现企业间业务流程的电子化。建设制造业与互联网融合"双创"基地，建成智能工厂，培育物联网高端装备制造商。

建设电子政务云服务平台，推进政务系统迁移上"云"，建成一体化的网上政务服务平台，省、市、县、乡四级具备网上行政审批能力，向公众提供医疗、社保、旅游、交通、城管、社区等公共信息服务。实施智慧物流应用示范项目，推动电子商务发展，利用电子业务共享信息，加快传统服务业向现代服务业转变，建成智慧旅游景区。

（三）将"伏牛山生态保护区"打造成为文化旅游、休闲养生之地

借鉴北美落基山脉加拿大班夫公园和欧洲阿尔卑斯山脉国家公园旅游资源保护和特色城镇建设的成功经验，大力推进特色集镇、旅游集镇，完善相应的设施和功能，增强承载能力，将"伏牛山生态保护区"建设为秦巴山脉国家中央公园的重要组成部分，全力打造具有国际影响力的文化旅游、休闲养生之地。

1.推进文化旅游项目创新

开发生态观光、休闲度假、文化体验、养生康体等旅游项目，并开发重点旅游产品，如低空飞行、山地休闲游等，同时针对秦巴山脉区域河南片区的文化资源，设计出宗教文化、民俗文化、三国文化等文化型体验产品。借助各地市地理空间布局，设计东西向（平顶山—南阳—三门峡—洛阳—平顶山）自然山水与人文景观交错游览的闭环游线。依据伏牛山区各景点的地理分布，结合旅游线路设计，打造网状生态步游廊道，廊道景观应突出接近自然的森林景色、田园水系的自然风光、生态野趣的原始风景及城市的人文景观，并将森林景观、人与自然、历史文化、餐饮美食、休息住宿等融为一体，发挥生态步游廊道多重功能。

2.构建秦巴山脉区域河南片区旅游网络体系

秦巴山脉区域河南片区旅游总体空间架构为四大板块，即宛西三国休闲度假

区、老君道教生态旅游区、尧山佛教温泉疗养区、豫西民俗乡村风情区，最终形成覆盖全片区、辐射周边、延伸线路的旅游网络体系结构。

（四）促进设施农业、特色林果业和畜牧业快速发展

加快推进特色农业发展和精准扶贫，借助"互联网+山区特色农（林、牧、渔、药）业"，在秦巴山脉区域河南片区4个中心城市建设特色农副产品大数据网络服务平台，在17个县（区、市）域建立网络骨干节点平台，在特色乡镇建立网络终端平台，三级平台加强网络服务、实现资源共享。政府制定政策措施，鼓励引导农业技术部门提供科技服务，不断改良农产品品种，提高产品品质，增加产品竞争力，培育山区绿色、特色农副产品品牌。强化快速物流通道，扩大冷链物流，缩短"消费者—生产者"的时空差，提高产品绿色、保鲜、成熟度。通过政策鼓励、财政投入、强化基础、技术服务、品牌建设等各项惠农措施，推进农业现代化建设，推进智慧和美丽乡村建设。

（五）打造"中国职业教育基地"，提高人力资源素质

秦巴山脉区域河南片区是"一带"和"一路"的交汇之地，处于秦巴山脉东部最前沿，距离我国东南沿海经济发达地区最近，四个省辖市有高铁（南阳市、平顶山市的郑万高铁正在建设中）和高速公路相连，同时，该区域处于我国中原文化、荆楚文化、巴蜀文化和少数民族文化的一体多元中华文化交融之地，人文、历史资源丰富，崇文重教民风基础扎实，具有得天独厚的地缘、交通、人力资源和环境生态优势。应大力发展不同层次、不同类型的教育（普通教育和职业教育），尤其应打造"中国职业教育基地"，培养各类紧缺的实用技术（工匠）人才，提高劳动力素质，使他们拥有一定技能后，可以在更广阔的范围内（居家就近或去沿海地区）创业和就业。同时，以教育作为杠杆，撬动相关配套的电子信息等高新技术产业，以及食品加工、文化旅游等劳动密集型产业发展。

第二节　湖北片区绿色循环发展策略

一、面临的突出问题

南水北调中线工程是秦巴山脉区域湖北片区工作的重中之重，中线工程已正式向河南、河北、北京、天津四省市输水，但还面临以下突出问题。

（一）水量问题

1. 丹江口库区各年、各季度降水不均

以卫星遥感数据提取丹江口水库水域面积信息，结合降水数据分析可知，丹江口库区各年、各季度降水不均，丹江口水库面积各季节年际变化较大。

2. 大型水利工程对水量调度安全的影响

为了区域工农业的发展，丹江口水库及上游近年来修建了一些大型水利工程，这些大型水利工程，在促进水源区经济社会发展的同时，将有限的水量调走，对水量调度安全也将产生影响。

（二）水质保障

经过水源区及各级部门的不懈努力，水源区水质维持在一个较高的水平，但是水源区水质仍存在不足，水质保障任务艰巨。

1. 部分支流存在污染

基于水源区各部门的水质监测数据分析可知，尽管丹江口水库水体质量持续向好，水体质量保持在 Ⅱ 类水体，但在个别支流，有些月份仍存在污染。

2. 水质监测体系仍需整合

水质监测存在的问题主要有以下三个方面：一是水质监测涉及多个部门，部门之间存在职能交叉、职责不明等问题；二是同一生态系统的流域划归不同的部门管理，设置的监测断面存在重叠，监测数据缺乏共享；三是汉江二级支流地面监测站点缺乏，难以有效监测水质。

3. 消落区潜在污染风险

丹江口大坝加高后，高程由154米提高到176米，正常蓄水位将由157米提高到170米。丹江口水域面积监测结果显示，地势低洼地区受季节性水位涨落影响较大，大坝加高前消落区集中在丹江口水库北部、东部及汉江水库的西北部，大坝加高后新增消落区主要位于丹江口水库上游和东部。这些区域农业仍占较大比重，周期性的水库蓄水易使消落区土壤中的氮、磷、有机质和重金属等污染物汇入水库，影响水库的水质质量。

（三）移民问题

南水北调中线工程移民强度之大、速度之快，在世界水利史上几无前例，取得了巨大成就。搬迁安置任务的完成只是阶段性胜利，今后一段时间内，移民后续扶持和稳定发展的任务还很艰巨。

1. 移民搬迁后贫困状况依然突出

移民搬迁后存在的贫困问题，主要表现在以下方面：移民的生产资料相对较少，质量参差不齐；收入单一、缺乏生产发展资金；库区留置人口收入问题突出；基础设施亟须恢复完善；等等。

2. 注重经济补偿，而对移民过程中各种社会、文化、环境问题重视不够

在移民过程中，政府对移民的征地拆迁补偿和搬迁安置给予了足够的关注，但对移民的社会和经济系统整合，移民生产生活水平的恢复，社区组织、政治、文化系统重建与发展，以及环境保护等问题重视不够。现阶段移民既注重物质补偿，也逐步重视精神和文化等需求，安置地无法保障移民的"安居乐业"，是导致移民回流的一个重要原因。

（四）可持续发展

1. 产业发展受限

为保护生态环境，水源区的产业发展特别是工业生产受到严重限制，污染防治工程建设项目投入资金量大，经济负担加重。

2. 淹没区问题

大坝加高后淹没范围增加，会带来一系列问题，如基础设施被淹没。大坝加高后的淹没范围很大一部分为适宜居住区域，淹没范围内公路等基础设施相对较好，基础设施被淹没，对水源区居民的生活及经济社会的发展带来不利影响。另外，淹没范围内水土条件好，耕地面积分布广，淹没导致耕地面积减少。耕地面积的减少，一方面影响了农民的收入；另一方面，淹没的耕地成为新的水库底质，累积在耕地中的污染物在适宜条件下会释放到水体中，影响水质的质量。此外，淹没范围增加，使原来的陆地变为水源，打破了原有的生态系统，形成的新生态系统更具脆弱性，水土流失风险明显增加；淹没范围周边新建的基础设施也带来水土流失的风险。

3. 生态保护要求更高，农业发展受限

受保水质的要求，丹江口库区农业生产中减少化肥农药使用，控制面源污染，限制种植后续加工处理污染高的农作物；综合治理小流域，退耕还林还草，保护森林资源；禁止高污染的企业在丹江口库区乡镇落户，对生活污水限排。这些措施都使得农业发展和农村居民生活受限，投入增加，农村面貌的改善受到影响。

4. 生态补偿长效机制尚未建立

南水北调中线工程建设在使北方受水区受益的同时，也对水源区及水源区下游的发展产生制约，因此，无论是在国家政策层面，还是受水区，都对水源区进行了一系列的补偿。但是，当前的补偿还远远不够，生态保护贡献多、保护责任大与生态补偿力度小的矛盾日益突出，影响南水北调工程的顺利运转。

二、绿色循环发展战略

（一）建议建立降低南水北调水量风险的保障机制

加强南水北调中线工程调度的水利部门与气象部门的联系，构建可调水量气候变化风险评估制度，减小气候变化及无序开发调度引起的水量不确定性，以及水量调度过程中的灾害风险；建立水源区用水规划的协调机制，协调各地区用水，合理规划，保障所在区域有水可调；建立水源区水库联合调度机制，对水源区内与丹江口水库有水文关系的水库进行联合调度，使水源区的水库群水量保持在一定的安全度范围前提下，合理地分配拦蓄洪水，优化汉江流域内整体调度过程，确保区域"有水可调，安全调水"。

（二）建议构建新技术监控系统

引入无线传感器网络、遥感等新的监测技术，从丹江口水库流域生态水质监测现状出发，结合国内外生态水质监测的发展方向，成立丹江口水库流域生态水质监测综合信息管理服务中心，建立长效体制机制，形成统一、合理的环境保护整体性战略，既考虑近期，又考虑长远，既突破条块分割，又有可行性和可操作性，构建保障南水北调中线安全的生态水质监测网络体系与技术体系。

（三）建议建立移民可持续发展机制

针对移民搬迁中存在的突出问题，加强移民搬迁人群的技能培训和就业扶持，构建行之有效的移民保障制度；注重移民搬迁中地域文化、邻里文化的延续保护，注重移民搬迁中环境生态问题的修复，构建文化、生态、社会三位一体的移民保障制度。

（四）形成新的支撑南水北调运行的生态补偿长效机制

依据主体功能区划，分优化开发、重点开发、限制开发和禁止开发四类主体功能区，规范空间开发秩序，形成合理的空间开发结构。遵循"谁受益，谁补偿；谁保护，谁受益"原则，采用直接成本、机会成本等方法对"生态补偿"标准进行核算。生态补偿资金的筹集采取以公共财政转移支付为主、市场交易为辅的方式，建立"以水补水"的良性循环机制。生态补偿资金的分配：以"谁贡献大，谁多获益"原则，将技术、智力支持作为补偿项目，构建"输血"和"造血"相结合的生态补偿机制。完善形成新的生态补偿长效机制，提振核心水源区环境保护者的积极性，有效保护水源区的水环境，促进南水北调中线全流域经济、社会与生态的可持续发展。

（五）文化旅游发展

秦巴山脉区域湖北片区是湖北省生态文化旅游资源富集区。按照以湖北省发展战略定位为主，兼顾有利于与周边地区协调和整合的原则，我们将秦巴山脉区域湖北片区的生态文化旅游发展战略定位为"一江两山四文化"，并在空间上形成九大重要旅游目的地。

1. 一江：汉江生态文化旅游带

汉江流域经济发展在长江流域和全国占有重要的地位，对鄂、豫、陕三个省具有重要的影响，南水北调工程中线工程的建设和完工，以及汉江下游引江济汉工程的建设等，都为汉江的综合开发和发展文化生态旅游提供了难得的机遇。鉴于汉江流域资源赋存状况，我们认为，可以将其打造成一个多元素汇集的景观长廊。一般而言，景观长廊是集旅游交通线和旅游景观于一体的线状旅游功能轴和发展轴，立足于汉江中游的资源特色可以重点打造八大旅游景观长廊。

（1）历史文化景观长廊。汉江流域有武当山古建筑群和明显陵两处世界文化遗产，有襄阳、南阳等国家历史名城，有代表史前文明的郧阳区梅铺猿人遗址、房县七里河遗址，有先秦时期的古邓城遗址、郧西上津古城，以及以武当山金殿、襄阳古城、南漳山寨群等为代表的大量明清时期的古建筑和遗址，表现出时间跨度大、类型丰富、数量大、规格高等特征。

（2）宗教文化景观长廊。名扬海内外的武当道教文化，在汉江流域尤其是襄阳至十堰一线，自古就有襄阳真武山小武当、南漳九龙观中武当及十堰武当山大武当之说，这些地区是我国道教、宗教文化的重要发源地、表征区和展示区。同时，汉江流域的佛教主要以襄阳释道安影响最大，现有国家文物保护单位广德寺、承恩寺等名刹。

（3）三国文化景观长廊。汉江流域是三国故事异彩纷呈的地方之一，魏、蜀、吴三国在该区域"你方唱罢，我方登场"，如今在民间广为流传的故事是以诸葛亮为代表的，诸葛亮曾在汉水中游的襄阳生活十年之久，从隆中以《隆中对》出山辅佐刘备打天下到五丈原临终前遗嘱葬汉水上游沔阳定军山，可谓出也汉水，归也汉水。

（4）古建筑群落景观长廊。汉江流域具有以城市、宗教、陵墓和战争工事为代表完整类型的明清古建筑群落。武当山古建筑群是明清时期宗教建筑的杰出代表，已被列为世界文化遗产；襄阳古城池被称为华夏第一城池，并被作为府城列入中国世界遗产预备名录；襄阳南漳的古山寨群则是明清时期战争建筑的遗址，是中部地区集战争与居住于一体的堡垒式建筑，已被列入国家文物保护单位。

（5）汽车产业景观长廊。汉江中游的襄阳、随州和十堰是湖北汽车走廊中重要的节点城市，三地错位发展形成了独具特色的汽车产业集群。

（6）休闲农业景观长廊。襄阳是湖北省乃至长江流域首个百亿斤（1斤=500克）和千亿元产值的粮食大市。随州炎帝陵已被确定是神农故乡，而因神农氏在此尝植五谷而得名谷城，其位于随州和神农架之间，是随州至神农架的必经之地，因此汉江流域以神农文化为线索，可以开发出一条以文化朝圣和农业休闲观光为主题的休闲农业景观长廊。

（7）水体旅游景观长廊。汉江古称"汉水"，河道曲折，自古有"曲莫如汉"之说，是我国中部区域水质最好的大河，沿岸分布着众多生态文化旅游资源，汉江就像一条玉带串起颗颗珍珠，襄阳水上游轮的运营，为汉江水体旅游的开发提供了便利。

（8）汉江城市印象长廊。汉江沿岸城市各具特色，构成一个丰富多彩的城市印象长廊，"武当山""丹江水""汽车城"是十堰三张世界级名片。襄阳因地处襄水之阳而得名，汉水穿城而过，分出南北两岸的襄城及樊城，素有"华夏第一城池""铁打的襄阳"的美誉，今已形成"一洲四城"（鱼梁洲、襄城、樊城、襄州、东津）的城市格局。南阳有"南都""帝乡"之称，素有"南都帝乡"、"五圣故里"、"卧龙之地"、"千年玉都"和"中华药都"之称，是全国楚文化与汉文化最集中的旅游区之一。

2. 两山：武当山与神农架

1）武当山

武当山旅游发展思路：以鄂西圈文化旅游专项规划为指导，以建设鄂西生态文化旅游圈的核心板块和重要支撑为目标，以"水"（丹江口水库）、"山"（武当山）、"城"（汽车城）、"遗迹"（恐龙）等为核心元素，综合分析现有交通设施对生态经济发展的支撑程度，探寻核心水源区形象系统的塑造，以及生态旅游发展与生态保护有机结合的实现路径，构建有效的核心水源区生态旅游发展模式，实现生态旅游发展与生态环境保护行动的互动，促进核心水源区经济与生态环境协调发展。

2）神农架

神农架旅游发展思路：充分利用人和生物圈保护区、世界地质公园、世界遗产三大世界级桂冠，深入实施世界著名生态旅游目的地建设行动计划和旅游产业倍增计划，创新发展机制，壮大市场主体，优化旅游结构，完善基础设施，彰显生态文化，拓展旅游市场，提升核心品牌，推进生态旅游由休闲观光向体验养生转型升级。

一是壮大市场主体。以湖北神旅集团为战略引擎和合作平台，引进整合市场主体，发展旅游产业集群，形成规模效应。加大区域合作力度，构建"一江两山"区域旅游联盟和长江旅游联盟，共同打造精品旅游线路。

二是丰富旅游产品。树立"大健康"旅游理念，依托森林、湿地和滑雪等特色旅游资源，打造神农健康文化品牌，突出健康养生主题，实施"神农论健"工程，挖掘神农文化、中药养生、野人传说、民间歌舞等特色地域文化，丰富旅游内容和文化内涵，重点开发度假休闲、科考科研、运动健体及康体、亲子、孕婴、农趣、养老等"三养"（养生养心养能）旅游产品。

三是完善服务功能。加快星级宾馆建设，提高游客接待能力和服务水平。建设宜居宜游环境，完善旅游标识系统、自驾游和旅游换乘等体系，完善配套服务设施，提高旅游服务质量和水平。强化行业管理，营造规范有序、服务优良的旅游环境。

3. 四文化

四文化即武当文化、三国文化、荆楚文化、神农文化。

4. 重要旅游目的地

依托秦巴山脉区域湖北片区"一江两山四文化"的旅游格局，结合区域内旅游发展的现状，可以将该区域打造成九大重要旅游目的地（表6.1）。

表6.1　秦巴山脉区域湖北片区重要旅游目的地

旅游目的地	重要旅游景点（项目）
宗教文化旅游目的地	襄阳真武山，襄阳广德寺、谷隐寺，谷城承恩寺，十堰武当山

续表

旅游目的地	重要旅游景点（项目）
神农文化旅游目的地	神农架风景区，谷城汉江国家湿地公园
特色乡镇旅游目的地	保康尧治河，南漳漫云，麻城河，樱桃谷，十堰樱桃沟，谷城堰河
水文化旅游目的地	丹江口水库，神农架大九湖，汉江生态文化观光带
先楚文化旅游目的地	南漳玉印岩、白起渠，保康五道峡景区
三国文化旅游目的地	襄阳古隆中、襄阳古城、习家池，南漳春秋寨、水镜庄、徐庶庙
温泉度假旅游目的地	保康汤池峡温泉，房县温泉，襄阳凤凰温泉
古城文化旅游目的地	襄阳古城墙、护城河，邓城遗址，樊城城墙遗址
生态度假旅游目的地	襄阳岘山森林公园，谷城薤山，保康九路寨，神农架国家森林公园

（五）农林畜药发展

1. 加快建设现代农业示范区

围绕建设现代农业强区的目标定位，以深化农业农村改革为动力，重点发展汉江生态农业经济带和城郊都市农业示范区，大力实施粮食增产工程、农产品加工倍增工程、新型农业经营主体培育工程、农业社会化服务体系建设工程和农村体制机制改革示范工程，加快建设现代化加工业的复合型示范区和全国粮食主产区农业现代化发展样板，为走生产技术先进、经营规模适度、市场竞争力强、生态环境可持续的中国特色新型农业现代化道路提供示范。

加快建设汉江生态农业经济带。汉江沿江地区和秦巴山脉农区重点推广农业生态种养、立体种养和养殖业污染治理等模式，大力发展循环农业。围绕粮食、蔬菜、林特、肉类、水产等主导产业和优势产业，大力发展"三品一标"农业，建设一批优质、生态、安全的绿色农产品生产基地，形成富有地域特色，经济、社会与生态综合效益明显的现代农业产业体系。

加快建设都市农业发展区。在紧邻中心城区的城郊，合理确定"菜篮子"产品生产用地保有量，统筹新一轮"菜篮子"工程建设，大力发展设施蔬菜、水果、花卉和休闲农业等高效产业，适度发展畜禽水产业，提高"菜篮子"产品的自给率。在稳定增强城市副食品供应保障能力的基础上，依托城市、服务城市、融入城市，进一步挖掘农业的科普教育、田园情趣、休闲体验、餐饮娱乐等功能，建成三产融合发展的新示范、城郊"四化同步"发展的新亮点。

2. 提升农业产业化经营水平

扶持壮大农产品加工龙头企业，以龙头企业带动生态农业发展，加速推进农业产业化、规模化、集约化经营。大力发展粮油、畜禽产品、水产品、果蔬及特色农产品深加工，完善农产品加工的产业链条，提高农产品附加值，打响湖北生态农产品品牌。

引导龙头企业与农户建立利益联结机制，大力推广"公司+基地+农户"等经营模式，提高农业经营的组织化程度，加快培育一批专业大户、家庭农场、农民合作社等新型农业经营主体。

健全农产品物流配送体系，以襄阳竹叶山农产品交易中心等为依托，建设区域性农产品物流配送中心。以神农架、房县食用菌等交易市场为重点，加快农副产品专业配送中心和交易市场建设，拓展特色农副产品的市场范围。

3. 创新农业生产方式

推行种养结合、立体养殖、种养加一体化的生态农业模式，实施农业清洁生产，推广节地、节水、节肥、节能等农业清洁生产技术，推广使用有机肥、可降解农膜、生物农药、低毒低残留农药等清洁生产资料，加大对保护性耕作、节水灌溉、深松整地、秸秆还田、高效植保等生产方式的扶持力度。

大力发展农业科技服务实体，启动一批农业科技项目，支持发展智能农业，鼓励创建各类生态农业技术模式示范园，推进农业科技进村入户，提高主导品种和主推技术到位率，扩大主导品种、主推技术的应用范围。

支持"两谷"试点示范建设。发挥襄阳"中国有机谷"和十堰"中国养生谷"的示范作用，创新生态农业生产和发展新模式，为湖北生态经济带转变农业发展方式探索新路径。襄阳"中国有机谷"：建设以南漳为核心的"南（漳）保（康）谷（城）老（河口）"绿色无公害安全食品示范区，推进高端粮油产业、有机蔬菜、精品果业、有机茶园、有机特色养殖、有机农产品加工园区工程建设，加快鄂北岗地国家现代农业、樊城都市农业示范区建设。十堰"中国养生谷"：加快建设郧阳古镇、樱桃沟绿色幸福村、柳陂创意农业（花卉）博览园、茶溪谷、生态茶果园、养老养生基地、月亮湖生态园、安阳绿谷等重点项目，大力发展以生态养生为核心的生态文化旅游产业。

4. 加快推进农业综合服务体系建设

创新农业社会化服务机构建设。建立"综合性、跨区域、信息化、大统筹"的农业综合服务机构，构建"管理在县、服务在乡"农村公益性社会化服务新机制，实行农技推广、防疫治病、质量监管职能"三合一"。切实发挥基层公益性农技推广机构的主渠道作用。以实施全国农技推广示范县为抓手，创新农技推广方式方法，理顺优化体制机制，积极整合科研、栽培、植保、土肥、农机等部门的技术力量，加快构建功能完善、运转高效、服务有力的市县乡三级农技推广体系和网络。鼓励社会力量兴办各类经营性服务组织,逐步扩大政府购买社会化服务的范围,促进社会化服务组织的发展。

加快农产品标准化和质监体系建设。加快推进全市农业标准体系建设。健全完善农产品质量标准体系和农业技术标准体系,建立完善农业生产示范管理体系,构建覆盖产地环境、生产过程、加工包装等各环节的标准体系。加强农产品质量安全全程监管。加强产地环境监控和重点农业投入品的源头监管,逐步完善市级农产品质量安全检验检测站,进一步完善农产品质量安全检测体系,健全农产品质量安全配合机制、检测联动机制、风险预警机制和应急处置机制。

健全农业科技创新体系。深入实施农业创新型企业成长工程、现代农业产业技术创新工程、农业科技创新平台建设工程,促进农科教、产学研紧密结合。以农产品科技创新平台建设为重点,着力打造区域性育种中心、农产品技术研发中心、检验检测中心,创建一批省级农产品加工工程技术研发中心和校企共建研发中心,提高农产品加工创新平台服务能力和水平。

推进农业信息化服务体系建设。以争创全国农业农村信息化示范基地为契机,促进互联网与农业融合发展,加快传统农业生产、经营、管理、服务等方式及方法的转变,实现智慧兴农。综合利用大数据、云计算等技术,提升农业信息监测体系服务能力;鼓励互联网企业建立农业服务平台,支撑新型农业生产经营主体发展电子商务,加强产销对接;利用互联网对传统农业生产方式进行改造升级,发展网络化、智能化、精细化的现代"种养加"生态农业。

健全农产品市场体系。加大农产品批发市场升级改造力度,积极推进水产品交易大市场建设,鼓励引入网络交易、仓单经营等营销方式,吸引周边区域农产品进场交易。支持大型涉农企业投资建设农产品物流设施,发展农产品冷链物流,推进区域性农产品交易中心、物流中心建设。深入推进农超对接、农批对接、场厂挂钩等新型流通模式加快发展。大力发展农业节会经济,办好汉江流域农博会、年货节。

三、重点推进措施建议

(一)建设环丹江口国家级生态经济综合改革试验区

实践生态与经济相互适应、相互促进和相互协调的发展模式,实现经济与生态环境的协调发展。有效提高核心水源区整体可持续发展指数,将核心水源区建成社会和谐、环境友好、生态平衡的可持续发展生态经济特区;对内持续提高发展水平,对外产生良好的生态和环境效应或输出;对产业结构进行调整与升级;高效稳妥地推进城镇化,将新型工业化、城镇化与移民安置、基础设施建设、环境污染治理、生态建设及提高医疗保障和教育水平有机结合。对生态经济建设,打"调水牌"，夯实跨越式发展基础；走"特色路"，推进经济结构战略性调整；举"创新旗"，建立招商引资暨对口支援新体制；安"推进器"，妥善安置库区移民；铸"闪光点"，扩大环丹江口地区对外影响力。

1. 打"调水牌"，夯实跨越式发展基础

完善各种基础设施是优化调整产业结构的必要条件，放大区域中心城市的功能是实现规模经济的有效途径。环丹江口地区要以南水北调为契机，巧打"南水北调牌"，以建设成南水北调核心水源经济区为中心，制定并实施"追赶型、跨越式"发展战略，加强基础设施建设，增强基础设施对经济增长的支撑能力，增强区域内经济实力，带动区域发展，提高秦巴山脉区域湖北片区的战略地位。

放大区域中心城市的功能，突破行政区域的束缚进行超前城市规划。借淹没区城镇迁建机遇，优先考虑建立以十堰城区周边中心建制镇和库区周围乡镇为结点的区域网络，逐步增强十堰作为区域性中心城市的辐射功能。

2. 走"特色路"，推进经济结构战略性调整

在湖北推进武汉城市群建设和其他发达地区保持较快发展的背景下，环丹江口地区在肩负水源保护重任的同时在经济发展上也要有所作为，必须走特色路，着力推进经济结构调整，以更快的增长速度提高收入。以体制创新、环境创新为前提，以挖掘内部潜力为基础，以激发各方积极性、创造性为着力点，以建立内在、自主、良性循环的增长要素为目标，建立起具有持续营利能力的产业结构。一是面向城市，借南水北调品牌优势，重点瞄准关联产业中带动作用大、有良好发展前景和巨大发展潜力的山水旅游等朝阳产业。二是面向农村，从水源保护出发，结合绿色食品和生物医药资源优势，发展高附加值的现代农业、有机农业及标准化的安全农副产品加工业，重点扶持生物医药、有机茶叶等优势企业、优势产品，综合提高秦巴山脉山区资源的生产力和经济效益。三是发挥比较优势，大力推进现有产业结构升级和产品结构优化，加强对企业研究开发活动的政策引导、鼓励和支持，创造有利于高科技创业的政策环境和社会环境，促进高新技术转移，提升经济运行质量、效益和水平，提高产业综合竞争实力，产业结构优化升级，提高抵御市场经济周期风险的能力。努力形成高新技术产业为先导、汽车水电产业为支撑、旅游及生态农业全面发展的产业格局。

3. 举"创新旗"，建立招商引资暨对口支援新体制

水源保护将密切中央国家机关及京津等受水区与环丹江口地区的鱼水关系，"调水源头"是环丹江口地区进行招商引资和争取对口支援的"金"字招

牌，为环丹江口地区引进资本提供了千载难逢的机遇。在南水北调中线工程建设中，环丹江口地区应积极争取受水地区的对口支援，加强招商引资工作。要借鉴三峡对口支援库区的成功做法，发挥市场经济的活力，以水为"媒"，改革体制、创新发展。认真分析水源区优势资源现状，研究受水区市场优势产业和高新企业，找准双方优势互补、互惠互利、共同发展的结合点，建立"一对一、点对点"的服务体系，建立与受水区的经济文化等方面相匹配的招商引资暨对口支援管理体制及工作机制，既可以吸引京津企业来环丹江口地区投资兴业，环丹江口地区企业也可以积极参与到发达地区的市场分工中去，分享南水北调中线工程给受水区带来的经济繁荣成果。

4. 安"推进器"，妥善安置库区移民

移民工作涉及面广，政策性、社会性强，是南水北调中线工程成功的关键。丹江口库区移民具有二次淹没二次搬迁的特殊性。移民安置要符合水源区实情，符合时代发展要求，本着对工程负责、对移民负责、对历史负责的精神，做好丹江口水库大坝加高工程征地补偿和移民安置工作。一要落实责任，规范征地移民工作的管理。要研究相关政策和规划，采取相应措施保障移民权益，把确保移民搬迁后收入高于现状、生活水平好于现状、生存环境优于现状作为移民安置工作的底线。二要实事求是、科学严谨地制定实施规划，提高征地移民工作的质量。农村移民安置要防止出现失地移民。城镇、工业企业、专项设施的迁建，要考虑长远问题，促进区域发展。三要精心组织征地补偿和移民安置工作，严格依法监督和检查。注意尊重移民意愿，公正、公开按章办事。四要加强移民技能培训，提高劳动就业率。要用培训手段促使移民学习技能，掌握谋生和创收本领，早日实现安稳和致富目标，维护库区社会稳定。

5. 铸"闪光点"，扩大环丹江口地区对外影响力

对外影响力是区域综合竞争实力的具体体现，南水北调中线工程建设为环丹江口地区提供了难得的宣传机遇。中线工程建设中，环丹江口地区贡献最大，损失最大，水源保护最敏感。要充分挖掘、利用南水北调的品牌优势，宣传优势资源，抢占宣传战略高地，先声夺人造势，形成聚集效应展示形象。以"服务南水北调，促进环丹江口地区发展"为宣传主题，把环丹江口地区在南水北调中线工程中的地位、南水北调中线工程对环丹江口地区的影响、环丹江口地区人民的牺牲与奉献、环丹江口地区未来与工程效益的关系等闪光点作为宣传的重要内容，精心策划选题，利用强势媒体宣传造势，扩大环丹江口地区的对外影响力。

（二）汉江生态经济带上升到国家战略

汉江作为长江第一大支流，是长江与欧亚大陆桥相距近千千米的南北区间内重要的经济走廊，其应被培育成"新的区域经济带"。汉江生态经济带是长江经济带的重要组成部分，也是南水北调中线工程的核心水源区和重要影响区，其利用汉江水道、汉十城际铁路和福银高速公路等通道，对接长江经济带和21世纪海上丝绸之路，发挥着承东启西、连南接北的纽带作用。汉江生态经济带定位为：长江经济带绿色增长极、全国生态文明先行示范带、全国流域水利现代化示范带、全国生态农业示范带、世界知名生态文化旅游带。

1. 长江经济带绿色增长极

抓住长江经济带建设的重大机遇，探索流域综合开发新模式，推进汉江流域绿色发展、节约集约发展，高起点构建现代产业体系和生态城市群，实现经济发展、生态环保、民生改善的有机统一，将汉江生态经济带打造成为长江经济带重要的绿色增长极。

2. 全国生态文明先行示范带

加快实施主体功能区制度，优化国土空间开发格局。全面推进"两型"社会建设，大力发展循环经济。加大自然生态系统和环境保护力度。实施最严格的水生态保护和水污染防治制度，确保"一库清水北送""一江清水东流"。加强生态文明制度体系建设，健全生态文明建设目标体系、考核办法、奖惩机制，努力将汉江生态经济带建成全国生态文明先行示范带。

3. 全国流域水利现代化示范带

坚持科学治水、人水和谐，建立适应经济社会发展的水利运行机制。实施最严格的水资源综合管理，增强旱涝灾害综合防御能力、水资源合理配置与高效利用能力、水生态环境保护与修复能力、科学治水与依法管水能力，将汉江生态经济带建成全国流域水利现代化示范带。

4. 全国生态农业示范带

转变传统农业生产方式，推行"两型"生态种养模式，走产业化之路，为推进农业现代化提供示范。开展生态农业示范基地、示范村、示范县创建工作，将汉江生态经济带建设成为全国生态农业示范带。

5.世界知名生态文化旅游带

充分发挥生态资源、历史文化资源聚集优势，建设全国一流生态文化旅游综合区，打造世界知名旅游目的地，将汉江生态经济带建设成为世界知名生态文化旅游带。

第三节　重庆片区绿色循环发展策略

一、面临的突出问题

秦巴山脉区域重庆片区具有突出的生态价值和战略地位，但区域内经济社会发展依然相对滞后，"生态高地"与"扶贫重地"的双重角色给区域发展战略带来了严峻挑战，主要表现在以下方面。

（一）作为全国典型的山区集中连片特困区，脱贫任务十分艰巨

秦巴山脉区域重庆片区所属6个区县皆为国家级贫困县，2015年共有贫困村600余个，贫困人口100余万，贫困发生率达22.88%，是重庆两大连片贫困、特困地区之一，贫困面广量大，贫困程度深，扶贫开发难度大。区域内现代农林畜药业发展滞后，文化旅游业开发不足，农林资源、山水资源等未得到有效挖掘，加之生态资源有偿使用与补偿机制缺乏，基础设施薄弱，生态生产力难以有效释放，产业绿色发展的内生动力严重不足。自然灾害、交通闭塞等仍是山区致贫的主要因素，移民搬迁存在就业安置路径尚不明确、单一政府财政补贴无法保障移民长期安居乐业等问题。因此，到2020年贫困地区人口脱贫致富、如期实现全面建成小康社会的任务十分艰巨。

（二）作为生态敏感片区，环境风险十分严峻，生态保护任务繁重

秦巴山脉区域重庆片区分布有多个水源保护区、水源涵养区、生物多样性保护区、自然保护区、原始林区、水土保持区等生态敏感区，是长江上游极其重要的生态屏障。但该区域内地质地貌复杂，山高坡陡，河谷纵横，土壤贫瘠，泥石流、滑坡等地质灾害频繁，水土流失严重。在全面建成小康社会的过程中，由于生产方式和产业技术相对落后，环境监管体系仍不健全，生态安全设施建设及由此衍生的基础设施高标准、广地域投放的高成本问题，以及生态受破坏、环境受污染的风险非常高，保护绿水青山的任务十分艰巨，特别是一些自发性无序资源

掠夺式开发行为，可能对生态环境造成巨大的威胁。

（三）管理碎片化格局依然存在，协调协同发展机制亟待建立

首先，秦巴山脉区域重庆片区内的协调协同发展有待加强。目前，原来的"库三角"万州区、开州区和云阳县已逐渐向"万开云"板块一体化发展，这是该区域内优化资源要素配置，提高区域开发效率，尽快培育形成新的区域增长极的重要战略。但是，该区域内的奉节、巫溪、城口还没有进入重庆市政府的"万开云"板块一体化协同发展规划，在未来的发展过程中，如不加强内部资源的整合与协调发展，这几个县的发展滞后就可能导致区域发展失衡。其次，区域外经济合作有待开拓。秦巴山脉虽为完整的地理单元统一体，但因地处五省一市行政区划的交汇处，长期以来缺乏统筹协调的行政管理机制，重庆片区与其他相邻片区的交通阻塞问题依然突出，协调联动相对缺乏。

（四）自然文化资源丰富、价值高，但开发利用、市场影响力不够

秦巴山脉区域重庆片区自然资源丰富，生态环境良好，文化底蕴深厚，同时拥有小三峡、白帝城、龙缸国家森林公园等众多旅游资源，具有开发成为国内和国际著名生态、人文旅游目的地及高品质生态农产品基地的潜质。但目前该区域知名度与其价值内涵仍未充分彰显，尚未形成强烈的品牌影响力。

二、绿色循环发展战略

（一）发展目标

通过打造秦巴山脉区域重庆片区生态、文化、资源和安全的战略高地，尽快培育形成新的区域增长极，如期完成秦巴山脉区域重庆片区集中连片特困区的脱贫，示范带动渝东北生态涵养发展区"面上保护、点上开发"策略，保障长江上游的生态安全。力争到2020年，实现秦巴山脉区域重庆片区生态服务功能强化、产业发展绿色循环化、贫困人口全面实现小康的初步目标；到2030年，将重庆片区建设成为重庆秦巴生态文明示范区。

（二）战略思路

深入贯彻十八届五中全会提出的"创新、协调、绿色、开放、共享"五大发展理念，积极探索"绿水青山就是金山银山"的山区绿色发展之路；充分发挥秦巴山脉区域重庆片区地理资源、生态资源和文化资源优势，充分利用现代网络信息技术与现代产业技术融合发展模式，以生态文明建设为根本，以绿色产业发展

为支撑，协同推进秦巴山脉区域重庆片区生态涵养功能区建设和扶贫工作。

（三）主要任务

一是加强统筹协调和基础设施建设，破除行政区划壁垒，促进互联互通与开放共享，拓展发展空间；二是以生态涵养功能区建设为目标，对区域规划、交通、工业信息、矿产业、农林牧业、城乡建设、文化旅游等进行系统梳理，精准定位和专项整理，形成目标明确的发展思路，落实和体现到各级政府的各项发展规划中；三是立足生态高地，发展绿色产业园区，以产业带就业，以就业促脱贫；四是加强义务教育和职业教育体系建设，培养区域发展所需的专业人才，以人才支撑发展，引领脱贫致富；五是统筹规划新农村建设，强化村镇建设管理，提高规划与建设质量、建设的安全性和耐久性标准，形成有利于防灾减灾、绿色循环发展和社会财富积累的可持续发展环境。

三、重点推进措施建议

（一）加强基础设施建设

构建互联互通的现代交通、通信和旅游服务基础设施体系，加大农村环境及衍生设施建设。在交通建设方面，优化交通布局，重点解决内部交通网络不完善和一体化衔接滞后的问题，消灭断头路，解决巴道难，建设一批连接重要旅游景区的文化公路；着力打造"公铁水"联运的优势，为秦巴山脉区域重庆片区内物流便捷化、高效化创造条件。

1. 战略要点

秦巴山脉区域重庆片区的交通发展战略要点可归纳为"对外畅通、区域一体、城乡差异、模式创新"。

对外畅通：进一步优化对外通道布局，以国家高速公路、国家区域规划确定的重点项目和普通国道建设为重点，全面提高重庆片区对外通道的运输能力。同时在加大对长江、小江等重要天然航道利用的基础上，以构建铁路、高速公路等封闭性快速通道为主，降低对交通走廊带的生态影响。

区域一体：针对城际交通，利用政策机会弥补城际交通不畅的劣势，畅通开州区至城口、巫溪至城口、巫溪至巫山等县际通道，完善重庆片区内路网；在城口、巫溪等网络机动性较差的区域规划建设通用机场，提升区域内的交通系统应急水平和可达性。

城乡差异：资源环境约束劣势要求体现不同区域间的功能差异，针对城乡交通，利用政策机会加强农村公路建设，以县城为中心节点，构建"县城—乡镇—建制村"的三级农村公路网络，作为城际交通的有效集散网络。

模式创新：因地制宜，合理选择恰当的交通发展模式，地形条件恶劣地区可以充分利用水路和航空解决当地的交通发展问题；生态敏感区域充分利用小断面交通方式，采取桥梁和隧道的建设方式降低土石方开挖对生态系统的破坏。由于秦巴山脉区域重庆片区是我国天然气资源最丰富的地区之一，应更加注重对该区域内公共出行和运输工具的能源选择引导，充分推动以天然气为动力的客运、货运车辆及船舶等运输工具的发展。

2. 规划方案

基于上述战略思路和战略要点，提出基于秦巴山脉区域重庆片区协调发展的区域重要通道规划方案。

在正北方向通道上，建议规划增加渝西高铁，线路走向为重庆—万州—开州区—城口—安康—镇安—柞水—西安。该线路建成后，将与重庆—成都铁路、成都—西安铁路共同组成"铁路西三角"，助推川渝陕三地经济发展。

在东北方向通道上，该区域与中原城市群的直接交通运输方式只有郑渝高铁，高速、国道非直线系数较高，极大地增加了出行成本及货物运输成本。建议修建巫溪县到湖北十堰市的旅游高速联络线，简称十巫高速。走向大致为巫溪—竹山（在竹山县溢水接G4213）—鲍峡镇（接G7011）—郧西县（接G70）。在十堰市衔接秦巴山脉区域重庆片区循环旅游大环线、三门峡—十堰—恩施通道、襄阳—十堰—汉中—九寨沟通道。这条高速公路的修建，可开辟该区域与中原城市群的新通道，减少道路绕行，促进交通便捷。

为推进西部大开发地区与中部地区、东南沿海地区区域间的优势互补，建议在东西走廊上修建铁路和高速公路。高速公路方面，建议增加广元—万源市—城口县—巫溪县高速联络线（简称广巫高速），衔接G75兰海高速、G5京昆高速（广元市）；在南江县连接G85银昆高速，开通秦巴山脉区域重庆片区腹地与西安—汉中—成渝交通运输通道的新道路；在广元市连接绵万高速；在万源市连接G65包茂高速；在城口县连接G69银百高速；在巫溪县连接G6911安来高速公路、巫溪—巫山县支线高速。铁路方面，建议修建奉节—巫山—宜昌—武汉市铁路（简称奉武铁路），降低西部地区及该区域资源流向武汉城市群及华东地区的时间成本，缓解沿江资源运输方式的单一性，提高沿江资源的运输量。建议修建广元—万源—城口—巫溪—巫山—孝感铁路（简称广孝铁路，基本平行国道347线），在广元市衔接兰渝铁路直通甘肃兰州，不仅能丰富兰州—广元—成渝通道，而且能开辟甘肃、青海等大西北地区与上海等华东地区的东西走廊新的交通运输通道。由于平行沿线具有客运专线，极大地分担了客流量，故建议该线路以货运为主，旨在加快西北综合经济区与中部、东部沿海综合经济区的资源运输。

秦巴山脉区域重庆片区新的交通通道具体规划方案如表6.2所示。

表6.2　秦巴山脉区域重庆片区新的交通通道具体规划方案

序号	交通通道	通道组成				辐射方向
		高速	国道	铁路	水运	
1	正北方向	G69	211、541、242	渝西高铁、安张衡铁路、安张常铁路	—	陕西、宁夏、内蒙古
2	东北方向	十巫高速	—	郑万渝高铁	—	郑州、北京、东北地区
3	正东方向	G42	347、348	奉节—巫山—宜昌、城口—巫溪—孝感	长江	武汉、合肥、南京、上海
4	东南方向	G6911	—	安张衡铁路、安张常铁路	—	湖南、江西、广东
5	正南方向	G69	243、211、242	—	—	贵州、广西
6	西南方向	G42	348	—	—	四川、云南
7	西北方向	G5012、广巫高速	347	广元—万源—城口	—	四川、青海、甘肃

（二）构建现代旅游服务业体系

以旅游服务业发展为重点，抓住秦巴山脉国家中央公园建设的契机，将推进秦巴山脉区域重庆片区生态主体功能区建设和扶贫开发工作，协同推进国家中央公园建设作为重庆市"十三五"期间的重大项目，结合区域发展实际，整合小三峡、龙缸、白帝城等重要旅游资源及各类自然保护区，构建秦巴山脉区域重庆片区现代旅游服务业体系（包括观光旅游、文化旅游、健康旅游、养老旅居等），以满足国内外，特别是我国全面建成小康社会后多层次、各类型的旅游需求，发挥旅游扶贫的有效作用。

1.目标定位

依托长江三峡黄金旅游带和大巴山良好的自然生态环境，以三峡文化、三国文化、巴文化等地域文化为根基，大力发展邮轮观光、山地度假、滨湖旅游、文化体验、乡村休闲等，着力实施旅游精准扶贫，把秦巴山脉区域重庆片区建设成为"国际生态旅游与休闲度假旅游目的地"和"国家级旅游扶贫示范区"。

2.形象定位

秦巴山脉区域重庆片区旅游形象定位需要凸显长江三峡和大巴山两个核心要素。奉节、巫山、巫溪形成的"夔巫角"是长江三峡游的核心，其北部位于大巴山区。结合长江三峡和大巴山地脉的文脉特质，将秦巴山脉区域重庆片区旅游总体形象定位为"壮美高峡平湖，神秘生态秦巴"。

3. 产品定位

结合旅游资源现状和旅游产业发展基础，秦巴山脉区域重庆片区的产品定位应为以观光游览、山地避暑度假产品为核心，以生态旅游、秘境探险、文化体验旅游产品为支撑，以养生养老、运动康体、乡村休闲旅游产品为补充的综合产品体系。重庆片区的支撑产品包括：张飞庙—三峡梯城，白帝城—瞿塘峡，小三峡与小小三峡等高峡平湖游轮游船观光游览旅游产品；巫溪红池坝、奉节天坑地缝、城口亢谷、云阳龙缸等山地避暑度假旅游产品；天坑地缝，九重山、巫溪红池坝、开州区雪宝山国家森林公园、大巴山、阴条岭、五里坡国家级自然保护区等山地生态秘境探险旅游产品；巫山猿人遗址、奉节白帝城、云阳张飞庙、巫山大昌古镇、巫溪宁厂古镇等文化体验旅游产品。

（三）积极推进区域协同发展

积极推进秦巴山脉区域重庆片区内产业升级、交通互联等方面的协同发展，促进"万开云"经济板块一体化的深化和扩展，构筑秦巴山脉区域重庆片区生态保护、扶贫攻坚、人口搬迁等工作的强大外部支撑动力平台；同时推进秦巴山脉区域重庆片区城镇群与"一带一路"倡议的衔接，使其成为带动渝东北崛起的核心动力区域。

根据秦巴山脉区域重庆片区自然区位条件、产业基础和经济发展现状，综合考虑不同地区土地利用现状、资源利用潜力和环境承载能力，结合土地利用战略定位，将该区域划分为四个土地利用综合区域，即重点发展区、农业生产区、生态保护区和自然保护区。

1. 重点发展区

巫溪县重点发展区是县城和重点镇集中分布的地区，其分别把上磺到古路、文峰到塘坊、尖山到百步、宁厂到大河、徐家到白鹿的小集镇连接规划，发展成区域中心小城镇，容纳10万居住人口，成为巫溪县第二、第三产业发展和人口居住的核心区。

巫山县重点发展区主要以县城为中心点，向北拓展龙井城市新区，是未来巫山县的经济、政治、文化中心，是城市化、工业化、人口集聚发展的主要区域。

云阳县重点发展区是县城和重点镇集中分布的地区，也是县域第二、第三产业集中分布的地区。主要是中西部和北部重点城镇发展区，包括人和镇、凤鸣镇、双江街道、巴阳镇、水口乡、盘龙镇、青龙街道、黄石镇及江口镇等镇、乡、街道。该区域内重点发展商贸、旅游、房地产等服务型产业，重点培育农副产品加工、物流、旅游等主导产业。

开州区重点发展区主要为开州区主城区和白鹤、竹溪、赵家三个功能组团，范围涉及汉丰街道、丰乐街道、镇东街道、厚坝镇、白鹤街道、竹溪镇、镇安镇、赵家街道、渠口镇等。该区域是开州区城镇发展的核心区，是开州区的政治、文化和商贸流通中心。该区域重点发展商务商贸、旅游服务、房地产、交通运输和物流配送，打造宜居城区、区域性商贸中心、综合性交通枢纽，依靠汉丰湖的资源优势打造"世界级湿地公园"和"中国西部水上大世界"，形成汉丰湖旅游休闲产业带。

奉节县重点发展区主要位于县城西部，规划范围西至现状朱衣老场镇湘泗沟一带，北以渝宜（重庆—宜昌）高速公路为界，南临朱衣河，东至林家台。该区域是奉节县城未来的重点发展地区，是以产业园为核心，兼有商贸和居住功能的综合性城市组团，是奉节县的集中产业建设基地，是城市将来发展的副中心，承担着疏解主城区人口及展示城市入口门户的战略使命。

城口县重点发展区包括县城规划区、工业园区、乡镇场镇规划区，范围涉及城口主城、坪坝镇、高燕镇、庙坝镇等。该区域是城口县未来城乡人口增长和产业发展集聚的核心区。该区域土地利用功能主要定位为服务城镇化发展和基础设施建设，为城口县加快工业化和城镇化打下基础，提升城市综合服务功能。

2. 农业生产区

巫山县南部的铜鼓镇、官渡镇、庙宁镇和东北部的骡坪镇、三溪乡，为该县的农业生产主导空间，是该区域重要的高产粮油示范区、晚熟鲜销脐橙基地、药材生产基地和畜禽产业化基地，是保障粮食安全的重要基地。该区域要进一步优化农业产业布局，提高农业规模化发展水平。

巫溪县县城西部、西南部和东南部海拔1 200米以下的平田槽地集中区是特色农产品生产的核心区，主要发展特色农业产业，为农业、农村经济的重点区。

云阳县中部和中北部农业综合发展区，涉及云安镇、栖霞乡、云阳镇、宝坪镇、养鹿乡、凤鸣镇、南溪镇、双土镇、双龙镇、平安镇等，是云阳县种植业和果园集中分布的地区，该区域内农业生产以优质粮油、蚕桑、果品、蔬菜等为主，重点发展现代特色农业。

开州区包括敦好镇、高桥镇、和谦镇、九龙山镇、南门镇、南雅镇、义和镇、岳溪镇、中和镇、五通乡、白桥乡等乡镇。该区域生态农业基础良好，要严格保护耕地和基本农田，优化农业产业结构及搞好生态环境保护，综合发展现代高效农业和特色生态旅游；要强力推动六大农业基地建设，努力打造现代化农业集群，着力建设中国第一肉兔基地、第一生猪基地、第一果蔬基地。

奉节县农业生产区包括吐祥镇、青龙镇、五马镇、新民镇、鹤峰乡、安平镇、永乐镇、太和乡、白帝镇、草堂镇等。该区域明确低山地带重点发展脐橙、中山地带重点发展蚕桑、油橄榄，高山地带重点发展蔬菜、中药材和草食牲畜的区域产业布局目标，打造特色效益农业发展示范区。

城口县应建立山地农业示范区和现代农业示范区。在城万快速公路通道经济走廊范围内从西至东沿河谷、道路形成休闲农业产业带，合理布局山地农业示范区。在东部地区的修齐镇、东安边贸镇及仁河干支流沿线河谷和冲积平坝、中低山地区、高山地区立体农林特色种植养殖业示范片合理布局现代农业示范区。

3. 生态保护区

巫溪县的生态保护区涉及县城东部、东北部和西北部的深山河谷及高山国有林场的广大区域，是自然景观生态保护区重点区。该区域通过大力实施生态移民，因地制宜地发展林、牧、药产业，积极发展生态旅游业，成为动植物繁育、生态旅游的核心区，也是以林蓄水、以水发电和以电代柴的试验区。

巫山县的生态保护区包括除城镇空间外的以长江、大宁河为主线的沿江乡镇，主要为沿长江的大溪乡、曲尺乡、建平乡、培石乡及大宁河附近的乡镇两坪、双龙、金坪和大昌。该区域内有丰富的旅游资源和沿江风景名胜区，也是巫山县经济重点发展的区域，其主导功能为水体与湿地生态产品供给、生物多样性保护、生态旅游。

开州区的生态保护区主要位于北部，包括大进、河堰，以及谭家、关面、满月、白泉。该区域应以建设国土生态保护屏障为中心，利用丰富的自然资源发展旅游业。要紧紧围绕建设库区生态屏障为目标，贯彻"森林开县，绿山碧水"①规划的基本理念，以高品质的自然景观和原始古朴的生态环境为基础，以体验观光、避暑休闲、冰雪娱乐为主打产品，打造复合型森林生态旅游景区。[1]

云阳县的生态保护区范围主要以小江湿地自然保护区和七曜山国家森林公园为主，涉及黄石镇、渠马镇、高阳镇、养鹿乡、平安镇、清水乡等。该区域作为三峡库区重要的水源涵养区和重点生态林建设和保护区，在调节当地气候、保持水土、改善水质、稳定长江水源等方面不仅能起到极其重要的作用，而且能为三峡库区水生态环境及下游人民的生产和生活提供重要保障。

奉节县的生态保护区包括兴隆镇、龙桥乡、太和乡、云雾乡、吐祥镇、青龙镇、冯坪乡、长安乡、羊市镇、甲高镇、五马镇、新民镇、鹤峰乡等13个乡镇。主导生态功能为生物多样性保护、水土保持及水源涵养，以森林生态景观和生物多样性为主的生态旅游具有较强的适应性和优越性。生态环境保护与建设方向主

---

① 开县现为开州区。

要是保持水土、涵养水源，进行地质灾害、石漠化综合整治。

城口县的农业生产区重点打造"一区两带三园"，构建"高山绿树戴帽、中山果药缠腰、低山庭院连片"的生态空间格局，范围涉及大巴山国家级自然保护区等在内的东安乡、岚天乡、厚坪乡、河鱼乡、庙坝镇等乡镇。该区域以加强大巴山生物多样性维护与生态系统建设为前提，结合九重山国家森林公园、巴山湖国家湿地公园和地质公园建设，培育森林生态系统，增强水源涵养能力，重点发展县域生态旅游。

4. 自然保护区

自然保护区以保护和修复生态环境、提供生态产品为首要任务，禁止对野生动植物进行滥捕滥采，保持并恢复野生动植物物种和种群的平衡，实现野生动植物资源的良性循环和永续利用。要加强防御外来物种入侵的能力，防止外来有害物种对生态系统的侵害。要保护自然生态系统与重要物种栖息地，防止生态建设导致栖息环境的改变。

（四）实施"8+6"战略，推进农业现代化建设

以"互联网+山区特色种植业、特色养殖业"为抓手，加强网络销售与网络服务平台建设，建设秦巴山脉区域重庆片区大数据中心，培育和发展秦巴山脉区域绿色、特色农业，并通过技术进步扶贫政策支持，推进农业现代化建设。

根据秦巴山脉区域地貌、资源、产业与城镇分布状况，按照区域化布局、特色化发展的构想，调整结构，优化布局。实施"8+6"战略，即通过建设八项重点工程，形成六大产业经济带，形成秦巴山脉区域重庆片区农林畜药产业空间布局。

1. 八项重点工程

一是农业产业化龙头企业工程。依托秦巴山脉区域农业生产基地，积极培育蔬菜、果品、畜禽、水产、山野菜冷藏、加工等龙头企业。二是专业批发市场建设工程。在巩固和完善现有的农副产品批发市场的基础上，新建和扩建更多以主导产业为主要依托的批发市场。三是科技示范工程。加强精品园区建设，建成一批高标准、高科技的现代化样板工程，并积极引进国内外优良品种和先进科技。四是农民教育工程。借助重庆市"351"素质教育工程的契机，大力开展农民教育培训。五是创新制度工程。完善土地等方面的管理制度，提高农民进行农业产业结构优化的积极性。六是信息化建设工程。为适应时代需要，促进秦巴山脉区域与国际经济接轨，实现秦巴山脉区域村村通国际互联网，为秦巴山脉区域提供快捷、权威、实用的科技、市场等信息。七是秦巴山脉区域综合开发工程。从基

础设施建设入手，做好农村各项工作，将农业产业结构优化放在农村整体工作中来抓。八是优质服务工程。加强政府和农民协会等在产前、产中、产后的服务功能。

2. 六大产业经济带

一是绿色有机蔬菜经济带。在G42沿线，如云阳、奉节等地和蔬菜生产基础较好的乡镇，通过扩大规模、连片发展、提高标准，建成绿色食品蔬菜基地，并积极发展设施农业。二是特色林果经济带。在奉节县、云阳县、开州区等适宜重庆柑橘、野生酸枣、木耳及核桃等特色产品生长的地区开发林果产业。三是苗木花卉产业经济带。在适宜乡镇建立具有一定规模的苗木花卉生产基地，以G42为轴线，向两侧辐射，建成苗木花卉长廊，形成苗木花卉产业经济带。四是淡水养殖产业经济带。以三峡库区周边为重点，建设生态养殖场和封闭式工厂化养殖示范场，集中发展名、特、优、新水产养殖品种，大力发展淡水养殖产业。五是中药产业经济带。大力发展中药材种植，扩大种植基地规模，建设一批符合中药材生产质量管理规范的生产基地。六是畜牧产业经济带。完善畜禽良种繁育体系、畜产品加工流通体系及技术支撑等配套服务体系，发展标准化适度规模生猪、山羊、鸡鸭养殖基地。

（五）形成有重庆特色的职业教育和继续教育体系

以义务教育为基础，以职业教育为继续教育基地建设重点，形成高中低搭配、结构合理的秦巴山脉区域重庆片区特色职业教育体系和职业继续教育体系，提高劳动者的素质和就业能力，以就业促进脱贫并逐步实现致富。重点培养旅游服务、卫生保健、特色种植养殖、生态保护等方面的专业人才。

（六）推进城、镇（乡）、村绿色化和特色化发展

按照渝东北生态涵养功能区和国家中央公园规划布局的要求，统筹秦巴山脉区域重庆片区内城、镇（乡）、村的规划与建设，配套建设相应的环境保护设施，严格控制开发建设空间、规模和标准，严格控制污染物的排放。对25°以上的坡地一律退耕还林；对零散居住在高山上且受自然灾害威胁大、一方水土养不活一方人的农民，一律实行紧靠工业园区的移民扶贫搬迁，加快推进城、镇（乡）、村的绿色化和特色化发展。

综合考虑资源环境承载能力、现有开发密度和发展潜力，统筹区域未来人口分布、经济布局、国土利用和城镇化格局，将秦巴山脉区域重庆片区分为三个板块，分别为万（州）开（州）云（阳）板块、巫（山）奉（节）巫（溪）板块和城口板块（表6.3）。

表6.3 秦巴山脉区域重庆片区三大区域板块发展目标和开发政策

板块名称	面积/万千米²	特殊任务	发展目标（到2020年）	开发政策
万开云板块	1.10	移民开发	累计完成三峡移民搬迁安置57.7万人；地区生产总值年均增速13%~14%；常住人口350万人；城镇化率50%以上；规划城市建设用地面积控制在130平方千米左右	实施移民开发政策；加大完善和提升城市功能方面的投入；鼓励加强产业配套能力建设，形成产业发展集群，限制发展技术水平低、能源资源消耗高、污染重的产业；鼓励重点开发区域吸纳更多外来人口；综合考核评价经济增长、质量效益、产业结构、资源消耗、环境保护等指标
巫奉巫板块	1.11	移民开发	累计完成三峡移民搬迁安置21.57万人；常住人口减少50%；规划城市建设用地面积控制在40平方千米以内；森林覆盖率达到60%左右	实施移民开发政策。实施限制开发和禁止开发主体功能区补偿政策。实施"两增两减"政策：增加市级财政转移支付和对口帮扶力度；增加基础设施建设和基本公共服务投入；减少人口数量；减轻发展目标压力，重点考核基本公共服务和生态环境等方面的指标
城口板块	0.33	—	常住人口减少50%；规划城市建设用地面积控制在2.84平方千米以内；森林覆盖率达到65%左右	实施限制开发和禁止开发主体功能区补偿政策。实施"两增两减"政策：增加市级财政转移支付和对口帮扶力度；增加基础设施建设和基本公共服务投入；减少人口数量；减轻发展目标压力，重点考核基本公共服务和生态环境等方面的指标

1. 万（州）开（州）云（阳）板块

该板块是渝东北地区移民搬迁安置任务最重、城市规模最大、发展水平较好、资源环境承载能力较强、经济和人口集聚条件较优的区域，是未来渝东北地区提速提档发展的"引擎"板块，是集聚经济形成和发展、人口富集和人才吸纳的重要区域。该板块享受移民开发政策，承担三峡移民搬迁安置任务并确保移民安稳致富，重点开发万州区、开州区和云阳县的城市规划，以及万州区、开州区、云阳县之间主要交通干线沿线一定范围区域，依托万州区较强的辐射带动作用，统筹规划和开发建设，加快推进工业化、城镇化，承接一小时经济圈产业转移，承接渝东北地区生态脆弱地区和农村地区人口转移。

2. 巫（山）奉（节）巫（溪）板块

该板块是重庆三峡库区的组成部分，是重庆市重要的生态功能区。该板块享受移民开发政策，承担三峡移民搬迁安置并确保移民安稳致富的任务，严格控制开发强度，引导超载人口有序转移，该区域常住人口将持续减少；逐步减少城镇和农村居民点占用空间，在现有城镇布局基础上进一步集约开发；允许在资源富集的地区适度发展资源开采、旅游、农林产品加工等产业，但必须以不损害生态功能为前提。其中，奉节天坑地缝国家重点风景名胜区、巫山小三峡国家森林公园、巫溪红池坝国家森林公园，要求严格控制开发活动，除必要的旅游、管护建设外，不得随意破坏或随意改变自然景观，严格保护自然植被和原生态景观。

3. 城口板块

该板块是重庆市重要的生态功能区。该板块要控制开发强度，引导超载人口有序转移，允许在不损害生态功能的前提下适度发展资源开采、旅游、农林产品加工等产业。其中，九重山国家级森林公园要严格控制开发活动。

（七）实施工矿业绿色循环发展和升级改造

整理现有工矿企业区，对历史形成的尾矿坝进行严格的排查和加固，制定核心区禁止和严格限制矿产资源开发的红线，在核心区边缘地带整合建设集中的工业园区，对企业进行技术改造，构建绿色循环发展产业链条。

第四节　陕西片区绿色循环发展策略

一、面临的突出问题

（一）公路交通方面

路网等级结构不合理。国省干道规模偏小，现有普通国道、省道中二级及以上公路比例分别比全国平均水平低15.9个百分点和20个百分点。技术等级低，等级公路中约94%为三级及以下公路。路网和干线公路中二级以上公路分别只占5%、44%。

对外运输通道不畅通。高速公路断头路较多，造成秦巴山脉区域陕西片区与外部的沟通联系不够便捷。县乡公路省际、县际断头现象普遍。

内部公路网络不完善。秦巴山脉区域陕西片区内部的公路路网基本上处于"树状"发展的低层次状态，内外连接、迂回的道路偏少。

（二）水资源方面

水资源保护开发难度较大。水土流失以水力侵蚀为主，部分区域兼有山体崩塌、滑坡等重力侵蚀。

（三）矿产资源方面

秦岭北麓矿产资源以金属矿和建筑石材为主，开采量大，采矿区（点）和石材场很多，乱采滥挖现象较为普遍。大多数小企业采矿随意占用林草地，同时缺乏复垦治理方案和措施，尾矿就地堆放和沿河堆放，不仅堵塞河道，而且污染河水，对周围的生态环境破坏严重。

另外，尾矿库的违法建设、超期服役及超载运行，造成水土流失，引发滑坡和泥石流等灾害，大量的废石、废渣场需要清理，遗弃的废石场需要修筑护坡、恢复植被，新的采石场需要重新规划选址等。这些问题威胁到当地群众的生命财产安全，威胁到当地群众的饮用水源安全。

（四）绿色工业及信息方面

产业规模总量小且分散。现阶段缺少支撑型企业的引领示范作用，无法有效带动地区经济发展。

工业循环发展体系不健全。部分企业以清洁生产、节能减排的内部小循环为主，工业园区间及企业间的循环经济链条尚未形成，地区绿色工业循环发展体系尚未完全建立形成链条。

信息化发展基础不牢靠。受地区历史环境和条件影响，秦巴山脉区域陕西片区的各项基础设施建设不完善、发展资金紧缺、技术支撑不足等问题突出，信息化发展基础薄弱致使地区信息化发展仅能在各地区的小范围内进行试点建设发展，无法达到广泛大面积的推广实施，导致整体发展速度迟缓。

（五）城乡空间方面

城乡结构不合理，城乡之间为单循环，差距越来越大。秦巴山脉区域陕西片区中心城市独大，城市首位度过高。区域发展不平衡，小城镇及美丽乡村建设滞后。居民点分布散乱，设施配套不够完善。

（六）文化旅游方面

旅游配套服务建设滞后，地区发展水平不均衡。秦巴山脉区域陕西片区的旅游发展中存在重景区开发、轻配套设施建设的问题，导致旅游设施配套服务建设滞后，跟不上景区建设步伐。

旅游产品类型单调，难以满足游客的多样化需求。景区开发建设资金缺乏，难以推动旅游业大发展。陕西片区的旅游开发一直以政府投资为主，受地方经济发展水平的限制，投入资金远远不能满足景区建设需求；加之管理体制不完善，市场化程度低，融资渠道单一。

重经济利益轻生态保护，资源保护开发难协调。传统农业的粗放发展、森林砍伐、矿产开发等使生态环境持续恶化，严重影响了景区品位。

（七）农林畜药方面

生态环境进一步恶化。森林生态系统的再生能力已完全丧失，取而代之的是灌草丛及荒山草灌等低生产力生态系统，加之秦巴山脉区域陕西片区矿产资源开发引起的环境灾害，如土壤污染、水污染等生态环境问题有日益加剧的趋势。

农业生产结构单一，限制了资源优势发挥。秦巴山脉区域陕西片区农业生产结构单一，粮食生产比重过高，粮食作物占播种面积的90%以上，多元化农业生产几乎处于最原始的状态，浪费了大量的山地资源。

二、绿色循环发展战略

（一）战略目标

秦巴山脉中央生态主体功能区的打造，能进一步保障南水北调中线、长江、黄河和淮河的水质安全，保护秦巴山脉区域陕西片区的生态安全格局和生物多样性，促进秦巴山脉区域陕西片区的生态经济发展，使陕西片区成为全国生态文明建设的示范高地。

（二）战略重点

1. 生态战略

对自然生态进行科学性、整体性保护，制定具有针对性的生态保护策略。进行资源评价：对公园内的生态、景观进行综合评价，明确设计原则，以最大限度地保护及科学利用为主要手段。划定生态保护区域，系统梳理陕西片区内外空间资源、划定国家中央公园范围和秦岭保护层范围，保护水资源、生物多样性、矿产资源、地热资源等优势生态资源（表6.4）。

表6.4　秦巴山脉区域陕西片区生态保护区域划分

保护区域划分	具体措施
水资源保护	将水资源保护区划分为一级保护区、二级保护区和准保护区等三个区域
生物多样性保护	设立自然保护区，划定核心区和缓冲区，保护秦岭野生动植物及其生态环境，建立繁育基地，保留生物通廊，形成生物链，保证生物的多样性
矿产资源保护	将矿产资源分布区分为禁止开采区和限制开采区
地热资源保护	保护地热资源，禁止随意开采。采取点状布局方式，严格控制开采

2. 文化策略

挖掘秦岭浓郁的宗教文化色彩，利用秦岭古道文化，构建自西向东陈仓道、褒斜道、傥骆道、子午道、蓝武道，以及巴蜀文化与中原文化的文化传递纽带，基于秦岭陕西段"山水文化、农耕文化、历史文化、现代文化"等四大文化基因，实施传承文化、活化遗产的文化发展策略。

连点成网：串联文物古迹、宗教遗迹、古栈道遗址等历史文化遗迹和非物质文化遗址，成为文化网络。明确保护对象与范围：对古镇、古村落、古遗址等重点保护对象进行保护。规划确定14个城镇、11个历史文化底蕴丰富的村庄。

文化引导：吸引一批具有西安—秦岭文化生活特色的业态和产品，并对区域文化符号（秦汉古道、碑、匾、古寺等）进行挖掘整理，提炼文化内涵，并结合商业需求进行演绎推广。

3. 游憩策略

强调永续及和谐的人际互动——取之于民、用之于民。发掘场地特质，梳理基地生态结构及景观结构，营造拥有独特生态本底的空间体验，推动旅游开发向深度设计性修复转变。

秦岭区域的人文古迹众多，协调式保护分为两个方面。一方面，对实体进行整合，切实加强一级建筑及文物修复；另一方面，对软文化继承，维护宗教形象。利用现有的安神疗养体验，形成心灵静旅。增加现代化配套设施，使宗教文脉得以传承，形成禅养中心。

4. 项目引领策略

1）生态修复区：桃花源

由资源次优区的结构利用调整向深度修身养性的层面转变，对于利用不佳的峪区进行梳理，建设形成保护示范区，进而整合秦巴山脉区域陕西片区的特色自然资源，为人们提供一种不同寻常的生活方式，使精神松弛、心灵修复。

2）体验展览区：享自然

由传统的静态观赏向动态体验参与转变。创造一种既尊重秦岭山麓地区原有的生态系统和环境，同时又强调具有参与、体验教育功能的现代生态保护观念。既不以牺牲环境为代价，又可以充当适用型教育、科技展示场所。形成四季生态攀岩场、秦岭瞭望塔、秦岭峪区入口保护宣传展示馆、秦岭山麓绝壁体验馆、峪区乡村驿站小酒店、特色峪口金鳟放生池等系列项目。

3）山水利用区：山林休闲与峪区休闲

山林体验以秦岭及各个峪区葱翠茂盛的山林、层峦叠嶂的山脉为特色，打造山麓间宁谧的保护型体验空间。峪区体验充分利用独具魅力的河道示范区景观，结合周边气势磅礴的绝壁，打造风光迤逦、景色独特的滨峪体验场所。

4）文化利用区：娱乐休闲主题高档业态

农家休闲型，利用当地具有传统地域特色的院落、当地特色农产品及周围的田园山水自然风光等，吸引城市居民前来进行吃、住、玩、游等休闲活动。

体验运动型，利用优美的自然风景资源，开展徒步、滑雪、滑草、登山、山地自行车、冲浪、野营、骑马、狩猎、溜索、攀岩、户外拓展、野战游戏、探险、夏令营、冬令营等活动。

康体型，可给病人或处于亚健康的人群提供生态环境优越的度假疗养空间，该环境空间直接或间接有益于身体健康的恢复。

商务会所型，以自然风光为大背景，提供生态特色的休闲度假式的商务会所，以承接大型商务会务活动为接待主题。

5）宗教修学区：祈福禄

深入挖掘翠华—南五台山的宗教内涵，突出富贵、健康、功德三大主题。重点打造佛教圣地、道教圣地两大旅游产品，使终南山成为名副其实的佛教名山，打造中国第五佛教名山。针对不同的佛寺特点，打造大众祈福道——圣寿寺，求富贵与健康；小众功德道——观音寺，求功德与重生；法华密宗道——独慧寺，求溯本与感馈。

6）特色小镇示范区：文化颂

保护秦岭文化特色，突破西安周边城镇发展瓶颈，挖掘周边城镇文化积淀，在文化资源利用的同时彰显不同文化特色，实现周边城镇与秦岭北麓六县的互动和互补，快速打造具有文化魅力的特色度假小镇。同时公平地兼顾扶贫移民、生产移民、防灾移民和防滑坡移民的国家政策。

民国经典小镇：重现抗战时期西安的历史片段。以骊山华清池民国政要别墅为建筑蓝本，打造高品质的商务休闲会所和民国风情商业街。修复秦岭山脉废弃工厂、蒋公馆、抗战遗迹、共和亭、革命草堂等历史遗存。

秦岭历史博物馆：强调秦岭文化的吸纳性、包容性，不仅向公众展示先秦、唐宋时期的盛世文化，还要展示解放战争时期中国近现代文化的遗存。以史为鉴，为家族史中有西安印记的游客寻根怀旧提供观赏平台。

养生沐浴产业区：畔峪商业街、酒店式公寓、会所式度假区。

7）革新典范区：盛会堂

革新式创新的特点是不仅利用传统的保护手段维系秦岭现状，还引入学术及科技手段加以支持，使其成为具有学术及科研价值的智峪，进一步提升打造秦岭山麓知名度及国际性智库地位。

8）聚合式开创：树标杆

聚合式开创是指在选择的峪区内，为更好地服务公众、促进建设、改善民众生活质量及生活方式进行的和谐秦岭的各项举措。由于该利用是点状的具体落实形式，也被称为"聚落式中心极化"。

9）拓展运营区：汇赛事

拓展式的运营，是指在公益性及非营利运作模式的前提下，组织一系列自行车短道联盟、国际登山攀岩协会、NIKE万人跑酷及企业拓展培训等活动，由传统的民间运动向团体组织赛事转变，打造具有影响力的全民参与赛事活动，从而赋予秦岭利用新的内涵，彰显"运动秦岭"的魅力。

三、重点推进措施建议

（一）以生态移民和美丽家园建设为绿色营园的载体

根据《陕南地区移民搬迁安置总体规划（2011~2020年）》，建议继续推进移民搬迁工作，并与新型城镇化建设、美丽乡村建设结合，统筹8市61个区县、639个乡镇、8 160个行政村的发展，形成"两核一极、三带、四轴、多线"的城镇发展轴带体系，推广"自然生态型、地域文化型、山体对话型、现代科技型"等有特色的建筑，营造绿色家园。移民搬迁工程的主要工作内容包括以下几个方面。

1. 构建居民点体系

主要是按照城乡居民点体系的梯度构成，通过促进人口从乡村向城镇转移，协调人口的城乡结构。在转移导向上可以向区域中心城市、重点县城、一般县城、镇、乡、中心村等转移，按照居民点不同等级体系，构建合理的城乡等级空间结构，从而更好地促进人口的有序流动。

2. 集聚产业园区人口

依托优势资源、已有基础、交通区位条件，以产业集群为核心，以城镇和产业园区为基本承载单位，以项目带动为支撑，大力发展陕南绿色生态产业集群、循环产业集群、生态旅游产业集群等，充分发挥产业对人口转移的带动作用。依托产业有序转移镇村及偏远山区的农村剩余劳动力，加快产业人口集聚步伐，并有效推进农业现代化、新型工业化、城镇化步伐，统筹城乡人口转移和产业发展的关系，促进秦巴山脉区域陕西片区城乡统筹发展。

3. 依托交通带动人口集聚

构建与秦巴山脉区域陕西片区经济社会发展相适应，与生产力和区域城镇布局相协调，与周边省市等重要节点顺畅连接，各产业基地间有效沟通，覆盖区域内所有城镇、主要生产基地、矿产及旅游等的重要节点，并与干线公路、城市道路相互衔接，层次清晰、功能明确、规模适当、设施完善、快速顺畅的综合交通体系。通过交通的勾连和串接实现区位可达性价值的提升，从而吸引人口向交通区位较好的地段转移，形成一种趋向依托线状交通人口梯度的转移模式。

4. 生态引导城乡统筹

城乡统筹规划与建设，必须树立对区域生态环境特征的正确认识，要以生态环境问题产生的性质和根源为基础。秦巴山脉区域陕西片区的商洛、安康、汉中三市大都处在秦岭山地针阔叶混交林水源涵养与生物多样性保护生态功能区和秦岭低山丘陵人工林水土保持生态功能区范围内。在这两大功能区内部还可以细分为水源保护区、地质灾害频发区、河流生态区、森林生态区等。因此，秦巴山脉区域陕西片区生态环境的脆弱性非常明显，从部分地区人居环境质量差及生态环境保护的重要性来看，在城乡统筹规划与建设当中，应出于合理加强人口迁移安置考虑，尤其对那些处在自然保护区、生态水源地、影响重大生态安全的河流与水库、滑坡泥石流频发的地段的人口应进行适宜搬迁安置。

（二）以精准扶贫和项目捆绑为绿色营园资金来源

将各种建设项目捆绑组合，形成资金池，并广泛运用PPP（public-private-partnership，政府和社会资本合作）模式，吸纳融合社会资本，推动地方绿色家园营造。

（三）以大交通互联互通为绿色营园的重点支撑

建议铁路方面尽快建设西安—安康—万州—重庆客运专线，高速公路方面加快推进商洛、安康、汉中的相互联系，国、省、县公路方面尽快打通省际、县际断头路，完善秦巴山脉区域陕西片区内路网，加快公路客货运输场站建设，积极推进汉江干流航道治理，实现陕西省域大交通的互联互通。

围绕建立贯通陕西省内外的大通道、大枢纽，加快建设一批高速公路、铁路、机场和航运项目，构建适度超前、功能配套、安全高效的现代化交通体系。继续把陕南作为陕西省公路建设的重点区域，加快推进汉中—陕甘界、鄂陕界—安康、宝鸡—汉中、安康—平利、安康—岚皋、西乡—镇巴、洛南—岔口铺、西安—商州等高速公路建设，强化路网衔接，打通省际断头路，实现陕南地区交通更便捷，与关中、陕北交通更顺畅，与毗邻省份交通更开放。加强国省干线公路改造，提高通行能力，提升服务水平。推进农村公路建设，具备条件的行政村通达水泥（沥青）路，提升农村公路服务品质。积极推进汉江干流航道治理，提高航道标准，建设汉江安康—白河段国家高等级航运通道。

（四）以公共服务设施全面完善为绿色营园的品质保障

构建核心城市（西安）—大中城市（商洛、安康、汉中）—县城—镇—美丽乡村的五级城乡公共服务设施层级体系。建议西安名校、名院及大的文化机构能够在商洛、安康、汉中三市，特别是县一级设立分支机构，推动秦巴山脉区域陕西片区公共服务设施的提质增效。

在商洛、安康、汉中三个市域层面，强调全域均衡布局，市域范围内科、教、文、卫事业自成体系，突出各项设施和服务水平的优化提升；县城层面，主要突出对原有各项服务设施的更新；街道、镇和中心村层面主要完善各项基本配套功能。

（五）以全民教育、文明素养提升为绿色营园的社会保障

全面加强商洛、安康、汉中等陕南三市各级教育工作，杜绝学龄儿童辍学、退学情况，合理调整学校布局，邀请西安及商洛、汉中、安康的优质教师资源兼职前往贫困山区开展教育活动。

（六）以旅游景点提升与服务设施完善为绿色体验"兴奋点"

1. 完善旅游服务设施

秦巴山脉区域陕西片区有全国重点文物保护单位8处、省级文物保护单位9处，非物质文化遗产共计120个，有21个自然保护区，秦岭是道教的源脉之地，还是中国佛教的"摇篮"，旅游资源丰富。但旅游发展存在同质化发展、不成体系的问题，未来秦巴山脉区域陕西片区将重点打造秦岭奇险第一山旅游发展板块、终南山世界地质公园旅游发展板块、骊山-王顺山大唐文化旅游发展板块、丹江流域游憩与峡谷探奇旅游发展板块及汉江南低山丘陵乡村风情旅游发展板块五大特色鲜明的旅游主题板块。

重点完善旅游服务中心建设及配套服务设施建设。一级旅游服务中心为西安，是联系宝鸡、渭南及商洛、安康、汉中等陕南三市等周边城市的交通枢纽；二级旅游服务中心为渭南、宝鸡、汉中、安康、商洛等城市，是前往各景区的过渡性游客集散地；三级旅游服务中心为各景区所在的区、县、市，为景区的外部服务区；四级旅游服务中心为景区内部建设的游客服务中心，提供咨询、住宿、餐饮等服务。

在西安市长安区打造秦巴山脉博物馆项目。分别在西安、商洛、汉中、安康打造终南山地质文化博物馆、根雕博物馆、关中民俗博物馆、蓝田古文明博物馆、中医药博物馆、太白山文化博物馆等博物馆群。

2. 重点产品发展导引

1）自然观光旅游

以精品项目建设为抓手，发挥旅游资源优势，完善交通、给排水等基础设施建设。着力建设黎坪、长青、华阳、瀛湖、南宫山、燕翔洞、牛背梁、金丝峡、丹江等一批高等级旅游景区；加快建设紫柏山、中坝峡谷、天华山等具有较大发展潜力的旅游景区；鼓励企业提高服务质量，加强产品独特性打造，提供动静结合、方式多样的观光形式，推动旅游产业结构进一步优化完善。

2）历史文化旅游

加大文化资源普查力度，对具有保护价值或濒危的非物质文化资源申报遗产保护，进而将其形成特色文化旅游产品推向市场。为旅游资源点制定保护发展规划，对价值高的旅游资源积极申报世界文化遗产、国家级保护单位，提升历史文化旅游产品的档次与质量。要注重保护文化承载载体，维持文化真实品质，丰富文化展示方式，加强配套服务建设，宣传文化旅游品牌效应。

3）休闲度假旅游

充分把握休闲度假产业良好的发展态势与相关的政策支持，依托秦巴山脉的山地、温泉、河流等旅游资源，以建设国家山水休闲度假旅游胜地为目标，进一步推进该类旅游产品提档升级，扩大经营规模，延长产业链条，完善休闲度假功能。可通过聘请专业机构编制休闲度假旅游区规划，在环境塑造、产品体系、配套服务等方面提供科学有效的引导。

4）康体养生旅游

充分利用秦巴山脉区域陕西片区丰富的、与康体养生相关的自然人文资源，积极开发康体养生旅游产品。商洛、安康、汉中等陕南三市应充分利用当地丰富的动植物资源，实现药品、保健品、食品初级原料向旅游产品的转换，实现与温泉、度假、生态旅游产品融合，形成比较完整的康体养生旅游产品链条。重点发展与山地资源关联度大的生态养生旅游产品，主要有各种养生菜、药膳等。

5）商务会展旅游

以建设国内一流的会展旅游目的地为目标，增加会展数量，完善会展设施，健全会展服务机构，提高会展服务水平，加大会展旅游开发建设力度，形成比较完善的商务会展旅游体系。以优美的自然环境与深厚的文化积淀为依托，以大幅提升服务档次与水平为保障，吸引有关生态、环境、文化、科研、旅游等的国际性会议论坛到秦巴山脉区域陕西片区召开，借此塑造国际影响力。

6）古镇风情旅游

选择一批特色明显、保护完整、条件较好的村镇，并将其打造成为民俗文化旅游展示地。重点抓好宁强青木川古镇、城固上元观古镇、旬阳蜀河古镇、柞水凤凰古镇、丹凤龙驹寨古镇和山阳漫川关古镇的建设和开发。注重民间艺术、风俗习惯、农耕文化等非物质文化的保护与传承，如剪纸、刺绣、编织、石雕、木雕、泥塑、印染、皮影、民间鼓唱乐、锣鼓乐等。

7）专项主题旅游

红色旅游：以汉中—洋县—西安—洛川—延安—子长—绥德—榆林为主轴，培育关中—陕南红色旅游板块，有效开发红色旅游资源，建设红色旅游精品线路，构建无障碍红色旅游网络，把红色旅游打造成新的旅游产品。

体育旅游：重点打造西安古城墙国际马拉松赛、华山围棋赛、华山万人登山节、宝鸡太白登山旅游节、商洛丹江漂流、安康汉江龙舟节、汉阴油菜花节、自行车拉力赛、汉江冬泳挑战赛等。

产业观光旅游：农业观光旅游方面，以临潼"石榴节"、蓝田"樱桃节"、周至"猕猴桃节"、户县（现为鄠邑区）"百果节"等农业节庆为契机来推进发展；工业旅游方面，主要结合秦巴山脉的山水资源，发展低空飞行等体验性旅游产品。

科普教育旅游：利用地质地貌资源开发地质科普教育产品，利用野生动植物资源开展生物教育，利用居民区开展农耕农事教育等。通过各类科普教育旅游产品开发，对游客进行爱国主义教育、环境教育、科学教育等，使教育融于游乐之中。

节庆会展旅游：开发建设节庆旅游产品，以洋县油菜花节、安康龙舟节等在国内有一定影响的旅游节庆活动为龙头，围绕当地的文化特色开展旅游节庆活动，打造节庆旅游产品，做到节庆活动增规模、上档次、扩影响、出品牌。

野生动植物观光旅游：依托秦巴山脉区域陕西片区珍稀动植物保护区建立动植物培育基地，开辟生态保护观察园，加快推进野生动植物园和园艺博览园建设，设计合理的珍稀动植物考察线路，编制秦岭生物多样性考察手册。

以秦巴山脉区域陕西片区的旅游资源为基础，构建旅游产品谱系（表6.5）。

表6.5　秦巴山脉区域陕西片区旅游产品谱系

产品体系	产品类型	主要资源	主要活动
自然观光旅游	河流观光	汶水河、嘉陵江、清水河、丹江、旬河、金钱河、月河、汉江、任河等水域观光河段	游船、垂钓、水上餐厅等
	森林观光	牛背梁、太白山、木王、上坝河、黎坪等国家森林公园	摄影、写生、露天舞会、动植物认知等
	山地观光	华山、翠华山、骊山、牛背梁、太白山、南宫山等典型山地	摄影、攀爬、看日出、俯瞰、写生等
	峡谷观光	金丝大峡谷、天书峡、汶水河峡谷等资源	拓展训练、野外生存挑战赛、山林游戏、野营野炊等
	溶洞观光	柞水溶洞、月亮洞、龙宫洞、青牛洞、燕翔洞、五龙洞等	地貌观光、溶洞知识普及、摄影等
历史文化旅游	宗教文化旅游	福地华山（第四洞天）、太白山（第十一洞天）、楼观台（福地之一）、香溪洞（福地之一）、午子山、南宫山等；香积寺、华严寺、净业寺、草堂寺四大佛教祖庭	祭祀、法会、佛事、宗教文化学习等

续表

产品体系	产品类型	主要资源	主要活动
历史文化旅游	遗址文化旅游	大秦岭古蜀道、古栈道、古战场、古镇、古戏楼、古街、古商道等	徒步旅行、历史回顾、影视放映等
	民俗文化旅游	特色民居、民风民俗、民族服饰、饮食特色、节庆活动等。商洛鼓花、道情、民间山歌、号子，汉中锣鼓、焰火、汉调二黄，安康紫阳民歌等	节庆活动、风俗认知、参与体验
	建筑文化旅游	文物保护单位、古代民居、宗祠、庙宇、戏楼、古村镇建筑布局艺术等	古建筑知识普及、营造技术体验
休闲度假旅游	森林度假	牛背梁、太白山、木王、金丝峡、通天河、黎坪等国家森林公园，午子山风景名胜区	森林沐浴、森林疗养、森林漫步、动植物认知等
	滨水度假	汶水河、嘉陵江、汉江流域风景旅游带，旬河、丹江等河流水域部分地段，瀛湖、红寺湖、南湖等湖泊旅游资源	沿水观光、漂流活动、钓鱼、临水而居、水上餐厅等
	温泉度假	东大温泉、子午温泉、华清池御汤、勉县温泉、汤峪温泉等	温泉疗养
	露营度假	华山、太白山、翠华山、老君山、南宫山等秦岭山地资源	露天舞会、看日出、帐篷搭建等
	山居度假	相关景区内部适宜建筑的山地	山居别墅生活体验
康体养生旅游	养生药材旅游	西洋参、金银花、太白山手掌参、商洛天麻等绿色药材	中药材销售、养生知识普及等
	养生食品旅游	户太八号葡萄基地、镇安板栗、秦岭花椒等资源	养生食品品尝、养生知识普及等
	娱乐健身旅游	山地、森林资源，"太极城"等	太极等锻炼活动、养生知识普及等
商务会展旅游	商贸旅游	各景区配套服务区，主要在城市及配套设施较为齐全的乡镇	住宿、购物、交通、娱乐等
	商务旅游		会议、展览、谈判、考察、管理、培训、营销等活动
古镇风情旅游	古镇观光游	古村镇街巷格局、历史建筑、山水景观、特色服饰等	古镇山水等自然资源观光、建筑等文化资源观光
	美食体验游	古村镇风味美食、有机瓜果蔬菜、农家饭菜等	美食品尝、地方饮食文化普及等
	农业体验游	农田景观、茶园、水果种植基地、灌溉设施、水利工程等	田园观光、种植、采摘等农活体验
	手工艺品体验	古镇剪纸、陶器、农具、旅游纪念品等手工艺品资源	参与手工艺品的制作体验等
专项主题旅游	红色旅游	长青红二十五军革命旧址、旬阳红军乡、川陕革命纪念馆、陕南县苏维埃政府旧址等红色旅游资源	爱国主义教育，以视频方式展示战斗与生活场景等
	体育旅游	秦巴山地、古栈道、森林公园、河流湖泊、金丝峡谷等旅游资源	徒步登山、栈道寻踪、水上运动、山地自行车赛等
	产业观光旅游	山阳九眼莲基地、镇安魔芋基地、户县[1]葡萄基地等农业资源；盘龙药业园区、洛南金矿旅游区等工业旅游资源	观察游览、种植采摘、工农业生产知识普及等
	科普教育旅游	河流峡谷地貌、翠华山等地质资源；珍稀动植物等生物资源；两汉三国、羌文化、秦文化、唐文化等文化资源	地质科研考察、历史文化考察、相关知识普及等
	节庆会展旅游	挑花艺术、龙舟节、武侯祠文化庙会、茶文化节、柑橘节、油菜花节、民歌擂台赛等	参与节日活动体验，了解地方风俗习惯等
	野生动植物观光旅游	朱鹮、羚牛、大熊猫、金丝猴四大国宝；鸟类观光；华山松、红豆杉、银杏等珍稀植物资源	观察活动；野生动植物保护知识普及等

1）现为鄠邑区

（七）以体验式旅游交通方式变革为绿色体验重要脉络

结合原有的废弃铁路及乡道，设计观光小火车通道，联系主要旅游景点，形成秦巴小火车风情线；充分利用国家开通低空通用航空空域的政策契机，依托安康、汉中及渭南蒲城内府机场资源，在秦巴山脉区域建设直升机停放服务点，大力开展通用航空游线。规划形成以下精品旅游线路。

1. 陕西境内旅游线路

西安—牛背梁自然保护区—柞水溶洞—凤凰古镇—云镇—木王—安康汉水园—瀛湖—凤凰山—汉中洋县朱鹮保护区—定军山武侯墓祠—张良庙、紫柏山—宝鸡太白山—西安。

西安—翠华山景区—楼观台—王顺山景区—蓝田猿人遗址—临潼华清池、秦始皇兵马俑博物馆—少华山—华山—潼关古城。

西安（朱雀森林公园）—安康宁陕（天华山）—汉中佛坪（野生珍稀动物园）—洋县（长青—华阳旅游区）—城固（张骞墓、万亩橘园等）—汉中（汉中博物馆）—南郑（红寺湖、南湖、川陕革命根据地纪念馆等）—勉县（三国文化遗迹、定军山）—留坝（张良庙、紫柏山）—略阳（五龙洞森林公园）—宁强青木川古镇）。

西安（翠华山、关中民俗艺术博物院等）—商洛柞水（牛背梁、溶洞等）—镇安（木王森林公园）—安康旬阳（太极城、红军乡）—安康瀛湖—岚皋（南宫山、神河源）—平利（天书峡森林公园）。

2. 跨省区域旅游线路

西安—牧户关—丹江公园水利风景区—天竺山森林公园—金钱河—漫川古镇—武当山—襄樊。

西安—牧户关—东龙山遗址—船帮会馆—丹江漂流—三省石—内乡宝天曼—南阳恐龙蛋化石群—南阳。

3. 国际精品旅游线路

发展秦巴山脉区域文化旅游产业，对保护秦巴山脉生态环境、加快发展绿色产业、打赢脱贫攻坚战具有重要推动作用。通过设立秦巴山脉国家中央公园，整合区域旅游资源，改善交通条件，扩大对外宣传，利用西安咸阳国际机场开通的国际航线，开发一批以休闲度假、文化传承、寻根问祖为主的国际精品旅游线路。

（八）以民宿旅游和慢生活为绿色体验基本方向

秦巴山脉区域陕西片区沿秦巴山脉圈有许多乡土气息浓郁、关中特色文化保留较为完整的乡镇、村落，如宁强县青木川镇、柞水凤凰古镇等10个古村镇。另外，引入民宿酒店的模式，充分吸纳城市居民在乡村体验慢生活，将秦、楚、蜀三个古国的文化进行融合，利用秦巴山脉丰富的田园景观、自然生态及环境资源，结合农业经营活动、农村文化及农家生活，提供民众休闲场所，增进民众对农业及农村的生活体验，享受宁静的乡土气息。例如，商洛市柞水县蒿沟村、镇安县永乐镇等30个特色旅游镇近山、近水、近城等地，依托文化古迹等遗存，着力打造休闲农业目的地，弘扬农业文明的内涵。

（九）以健康性运动及配套设施完善为绿色体验的重要特色

建议发展户外运动，发展蹦极、摩托艇、双人跳伞、空中飞人、高山自行车、缆车、速滑和速降等项目，这些设施建设费用较少，对地形地貌改变较小。

（十）以亲子教育及文化感知为绿色体验的拓展方向

秦巴山脉农业体验对城里孩子最有吸引力，商洛、安康、汉中等陕南三市可以通过让城市孩子观看乡村故事墙、参观农业博物馆、实践农田大讲堂、品味蔬菜美食坊、购买农趣伴手礼、游戏乡村游乐区、畅游主题大农园带动乡村旅游发展，实现绿色体验。

（十一）形成"3—4—5—40—8—5"的陕西绿色循环发展体系

针对秦巴山脉区域陕西片区特点，构建"3—4—5—40—8—5"的绿色循环发展体系。

"3"指形成秦巴山脉区域陕西片区空间上大、中、小三个层面的循环发展。"4"指在秦巴山脉区域陕西片区强调生态保育、文化传承、产业创新、城乡融合等四个方面特色亮点。"5"指秦巴山脉区域陕西片区发展从现状到问题，到发展目标，到发展举措，到落实到具体项目上实现发展的思路。"40"和"8"指从交通、水资源、矿产、绿色工业及信息、城乡空间、文化旅游、农林畜药及政策支撑等8个方面，包装40个项目，并提出政策保障，促进秦巴山脉区域陕西片区发展。"5"指通过项目实施，实现秦巴山脉区域陕西片区创新、协调、绿色、开放、共享5个"发展"，将其打造为国际重要的绿色循环发展示范区。

第五节　四川片区绿色循环发展策略

一、面临的突出问题

由于秦巴山脉区域四川片区偏处内陆，地势险峻，自然阻隔，区划分割，联系不紧密，交通不顺畅，信息不互通，资源不共享，加之历史形成的贫困人口多，贫困程度深，生产要素弱，自身发展能力差，经济发展速度慢，城市化水平低，城市带动力弱，自然协调性差，未能实现区域合作、互补共赢、均衡发展格局。通过对秦巴山脉区域四川片区的资源现状调研，我们发现该区域主要存在以下发展瓶颈：整体发展水平落后，但支撑发展的资源潜力较大；绿色循环理念普及，但专项支持的资金政策不足；天然气资源储量丰富，但开发收益补偿较少；贫困生态县限制开发，但政绩考核仍采用统一标准；产业发展资源依赖严重，现代产业体系还未建成；没有贯通各市的铁路大动脉，区域难以联动发展；光雾山、嘉陵江、阆中古城、剑门蜀道等旅游资源分散，缺少整体打造。

二、绿色循环发展战略

（一）区域定位

以"西部生态文明协同建设示范区"为总体定位，顶层设计，统筹内外，创建城镇、资源、产业"三位一体"生态文明先行示范区。以低碳城镇为依托，创建生态城镇联动群；以绿色资源为基础，创设生态资源保育带；以循环产业为主导，创立生态经济协作圈。致力将秦巴山脉区域四川片区建设成为国家重要的清洁能源化工基地、特色农产品生产基地、生态文化旅游区和川陕苏区振兴发展的示范区。秦巴山脉区域四川片区要以科技进步驱动创新发展、文明进程引领绿色发展。系统构筑绿色循环发展理论模式、资源开发利用技术范式和支撑跨越模拟政策体系，推动绿色循环低碳发展。

在"西部生态文明协同建设示范区"的总体定位下，从城镇、资源和产业三个维度，构建生态城镇联动群、生态资源保育带、生态经济协作圈。

1. 以低碳城镇为依托，创建生态城镇联动群

设立"一体多核、差异发展"的发展战略，大力推进巴中、广元、达州、南充、绵阳等区域中心城市建设，形成中心城市圈；依托中心城市，培育发展一批中小城市，构成中小城市群；围绕中心和节点城市，建设一批特色重点镇，汇成重点镇聚落。形成大城市、中小城市和重点镇协调发展的城镇联动群。

2. 以绿色资源为基础，创设生态资源保育带

秦巴山脉区域四川片区是自然和文化资源富集区，属于秦巴山脉生物多样性生态功能区的重要组成部分。加强与陕、甘、渝、鄂四省市协作，共同保护秦巴山脉生物多样性生态功能区；加强四川片区内各市县合作，强化森林资源保护区、生物多样性保护区、水源涵养区等生态功能区的建设，打造水资源涵养带、矿产资源保护带和文化旅游资源培育带。

3. 以循环产业为主导，创立生态经济协作圈

针对秦巴山脉区域四川片区"长江上游生态屏障"和"集中连片贫困地区"的区位特征，统筹生态保护与扶贫开发，全面加强区际合作，大力发展绿色产业，引导人口合理布局，深入推进扶贫攻坚，建设"生态经济协作区"，推动秦巴山脉红色革命老区、秦巴山脉集中连片贫困山区加快发展。在秦巴山脉区域四川片区，建立国家重要的清洁能源和天然气化工基地、国家重要的特色农产品生产和加工基地、国家重要的红色文化传承区和生态旅游目的地。

（二）发展目标

以生态建设和环境保护为发展主题，提高资源综合开发利用水平，全面推动秦巴山脉区域四川片区跨越式发展，实现"两个一百年"奋斗目标。为建成山川秀美、经济繁荣、社会进步、民族团结、人民富裕的"新秦巴"，应实施"三步战略"，平衡短期、中期、长期发展，实现近期、中期与远期目标。

（三）发展思路

科技进步是生产的基本动力，文明进程是发展的主流方向。秦巴山脉区域四川片区的基本发展思路：依托科技升级提升行业生产效率，通过生态文明建设减少山区环境污染，破解经济发展与环境保护的深层矛盾。依托科技进步和生态文明建设推动秦巴山脉区域四川片区发展的基本思路如图6.1和图6.2所示。

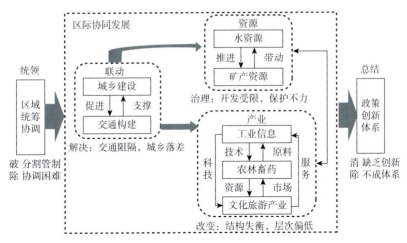

图6.1　秦巴山脉区域四川片区绿色循环问题破解模式图

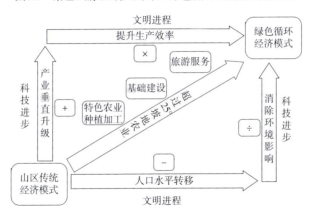

图6.2　秦巴山脉区域四川片区发展模式图

（四）战略措施

秦巴山脉区域四川片区是一个拥有优厚资源条件、潜在后发优势的待开发区域，面临区域一体化、西部大开发和国家扶贫开发等战略机遇，以及交通受阻、开发受限等现实挑战。四川片区应牢固树立、贯彻落实"创新、协调、绿色、开放、共享"五大发展理念，以创新驱动为主线、科技进步为依托、理论模式为基础、技术范式为支撑、政策体系为保障，实现绿色循环跨越式发展。

1.开创多圈层联动、多维度突破的绿色循环发展理论模式

创建"大—中—小"三层循环发展模式，促进区域"多主体、多维度、多层次"均衡发展；提出"人口水平转移、产业垂直升级"协同发展模式，解决生态

建设与扶贫开发矛盾；设计"科技"与"经济"并举的生态综合补偿模式，协调经济发展与环境保护关系。

2. 构建多方式驱动、系统化利用的资源开发技术范式

开发水资源动态均衡优化配置技术，解决山区的缺水问题；推广污染载荷统筹分配技术，引导矿产资源环境友好型开发与利用；运用旅游资源规划整合技术，推动文化旅游资源融合开发。

3. 建立多层级互动、全方位保障的支撑跨越政策体系

构建"国家—省级—区域"三级互动、多方协同的政策制定体系；建立"税、金、投、产、环、技、人"全涵盖的政策保障体系；创立"国家引领""省级把控""区域实施"的政策落地体系。

以战略转型升级为发展主线、全面改革开放为创新主题、增进人民幸福为根本宗旨，综合运用产业、资源、扶贫开发、生态补偿等政策工具，解决民生保障、资源矿产、生态环境、产业经济难题，逐步建立中长期政策体系——保秦巴山脉"净水清风"。成立区域协调机构，统筹秦巴山脉区域整体脱贫；创新投资融资体制，加大基建资金保障；严格生态保护制度，创新生态补偿机制；建设绿色新型城乡，完善评价考核制度；建立两线两单制度，促进水资源绿色开发；完善产地补偿制度，开发优势矿产资源；规划特色工业园区，引进绿色龙头企业；构筑网络电商平台，扶持山地特色农业；整合秦巴山脉文旅资源，加快旅游扶贫开发；加强山区教育扶持，提供大学智力支持（图6.3）。

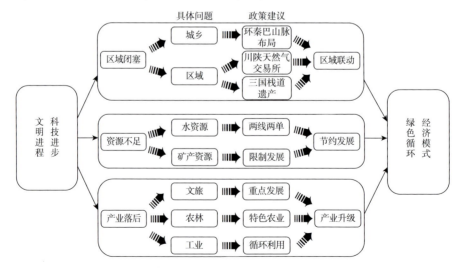

图6.3　秦巴山脉区域四川片区发展的总体战略框架图

三、重点推进措施建议

全面掌握秦巴山脉区域经济、社会、生态各领域发展状况，构建集"区域协调发展、新型城乡建设、绿色交通构建、水资源开发、矿产资源开发、工业化信息化、农林畜药发展、文旅产业发展、绿色循环政策"于一体的绿色循环发展引导体系，以此推动秦巴山脉区域四川片区科学发展、突破发展，使其成为具有广泛示范意义的绿色循环试点先行区。重点推进措施，分九个方面进行。

（一）区域协调统筹发展

秦巴山脉区域四川片区的战略定位是特色旅游区和生态屏障区。为推进秦巴山脉区域四川片区新时期经济绿色发展，研究设计了"一航·一体·两翼·三轮"的起飞式发展战略。经过五年左右时间，实现秦巴山脉区域四川片区绿色经济转型与跨越发展，如期全面建成小康社会。高质效的现代绿色产业体系支撑经济起飞，即大生态综合产业体、大农业综合产业体、大旅游综合产业体及绿色资源与新能源综合开发产业体。

从国家对秦巴山脉区域主体功能的定位，结合四川片区自身的生态环境现状，以生态环境保护和区域协调发展为目标，充分利用自然和历史文化资源，统筹发展全域旅游，提高旅游产业的综合效益，建设国内外具有重大影响力的生态与文化综合旅游区。通过统筹经济社会发展与生态环境保护，建立并完善生态补偿机制，保护生物多样性，增强水源涵养能力，防治水土流失，保障水质安全，建设四川盆地北部和东北部生态屏障区。

1. 重点发展区

以自然景观和历史文化景点所在城市为重点，充分利用城镇空间和产业基础条件，推进工业化、城镇化，促进人口集中、产业集聚，壮大区域经济增长极，提高综合承载能力。重点建设秦巴山脉区域四川片区的巴中和广元两个中心城市，拓展城市空间，优化城市形态，完善提升城市功能，促进人口与产业集聚，壮大特色优势产业，发挥辐射带动作用。

2. 农业生产区

充分利用良好的空气、土壤、水资源、鱼类资源等自然条件，以种植养殖业和村庄聚居区为主，大力发展服务旅游的特色农业，发展旅游农业服务系统，建设有机农产品生产基地和加工供应中心。

3. 生态保护区

以旅游发展为目标，以自然资源保护为手段，提升生态环境质量和旅游产品水平，保障秦巴山脉区域四川片区的生态安全。

（二）新型城乡建设

探索城市强功能带动大区域，走一条绿色工业化带动城镇化的道路；以农固区、以服兴区，做强产业支撑；以统筹协调带动区域发展，构建以小城镇为核心的城镇体系；探索绿色城乡建设新路径，打造中国绿色城乡建设试验区。挖掘城镇特色，打造文旅型、工业型、商贸型重点镇，走山地特色新型城镇化道路。

1. 绿色城乡建设，加强区域空间管控

1）绿色城乡建设

在生态环境保护的约束与地质灾害频发的危险情况下，秦巴山脉区域四川片区应避免走先污染再治理的老路，同时其也肩负构建国家层面生态安全屏障的重任。秦巴山脉区域四川片区应抓住自身在生物资源、文化旅游资源方面的特殊优势，在农业和文化旅游中寻找优势绿色产业来带动区域经济发展，建设绿色城乡。

2）加强区域空间管控，合理确定禁建区、限建区和适建区

依据秦巴山脉区域现有的生态环境、开发现状及地处地质灾害易发地带，秦巴山脉区域四川片区应充分考虑到对生态自然保护区的保护与建立，并通过相关规划制定将区域建设落实；同时应充分认识到农业用地对区域未来发展的重要意义，在农业用地保护区落实农业土地保障制度，避免建设用地侵占大批农用地，以及地质灾害频发地带变为农用地情况的发生。

2. 完善交通网络建设，实行空间战略规划

1）完善区域对外、对内交通网络建设

加强与周边省市对接，畅通对外联系，完善秦巴山脉区域四川片区内部区域交通网络建设，提升交通枢纽功能，构建铁路、公路、水运、航空等各种运输方式高效衔接的现代综合交通运输体系。

出川通道：铁路方面，突出进出秦巴山脉区域四川片区铁路大通道建设，重点加快川渝、川陕、川甘之间的铁路快速通道建设。公路方面，加快巴陕、巴广渝等高速公路建设，形成便捷进出秦巴山脉区域四川片区的高速公路通道。水运方面，全面加强嘉陵江、渠江航道建设，进一步提升航道等级，畅通与长江黄

金水道的联系。推进广元港专业化码头建设。航空方面，加快达州机场迁建和巴中、阆中机场建设。

内部交通：进一步完善秦巴山脉区域四川片区内铁路网布局，提升达州、广元省内区域性次级铁路枢纽功能，加快各铁路项目建设。

2）建立新型城镇发展轴，凸显区位优势

根据秦巴山脉区域四川片区城市体系特点，建成以交通为依托的经济发展轴，斜"王"字发展轴处于周围特大城市中心处，也是成都、重庆、西安和兰州四大城市经济发展的重要纽带。新型发展轴利用交通优势，依托特大城市之间的经济发展，将进一步推动秦巴山脉区域四川片区的发展。

3. 建设城镇网格体系，合理高效利用建设用地

依托成渝城市群，衔接陕甘渝三省市，以四个主要特大城市，即成都、重庆、兰州、西安形成辐射圈，以交通网公路、铁路、航空等和信息网为载体，打破原有的行政区划界限，统筹区内区外，协同共建城镇、资源、产业"三位一体"生态文明先行示范区，构建生态城镇联动群、生态资源保育带、生态经济协作圈。

秦巴山脉区域四川片区内部城镇类型多、数量多、彼此关系紧密，通过合理组织其中各城镇之间、城镇体系之间的各种经济、社会等方面的相互联系，探究整个体系的整体效益，最终形成完整的城镇网络体系，促进区域整体发展（表6.6）。在空间组织结构上，形成以重点镇为中心、辐射带动周边一般镇的单中心体系和多中心城镇体系等类型。重点镇可向一般镇输入服务业、技术、人才等，一般镇可向重点镇输入农产品、劳动力、能源、特色产业等。

表6.6　秦巴山脉区域四川片区功能分区

等级	地区	人口规模/万人		城市功能定位
		2015年	2020年	
中心城市	巴中城区	143	180	红色生态旅游区，能源开发基地，物流中心
	达州城区	178	210	西部天然气能源化工基地
	广元城区	93	120	物流中心，现代制造业中心
副中心城市	南部县	132	150	川东北新兴工业城市
	仪陇县	113	130	县域政治、经济、文化中心
	平昌县	105	120	加工业中心
	宣汉县	133	150	旅游休闲城市
县域中心城市	南江县	69	75	以旅游业、种植业为主的城市
	通江县	77	87	以旅游业为主的城市

续表

等级	地区	人口规模/万人		城市功能定位
		2015年	2020年	
县域中心城市	开江县	61	70	山水园林城市
	旺苍县	46	55	工业基地与综合服务中心，川陕旅游区
	青川县	24	28	县域政治、经济、文化中心
	剑阁县	69	80	旅游城市，商贸物流中心
	营山县	95	110	川东北区域中心
	平武县	18	22	西部龙门山区综合服务中心
	北川县	24	30	川西旅游服务基地，绵阳西部产业基地
	梓潼县	39	45	市域东部综合性新城，东部区域服务中心
	阆中市	88	98	市域北部中心城市
	万源市	60	70	生态旅游城市
	江油市	89	100	市域北部城镇化极核，经济中心，交通枢纽
总计	20个地区	1 656	1 930	—

　　乡村网络体系将围绕附近重点镇展开，以多个乡村连片发展的形式，提高乡村聚集区的密度，集中产业和人口。在区域内部，建立公共服务及交通设施，从而相互促进发展，增进产业交流和文化交流。通过乡村网络体系的发展，尽可能提供就业岗位，提升农业生产效率，降低农业人口，增进其他产业发展，促使更多人愿意留在乡村，从而提高劳动力水平，进而促进乡村发展。随着乡村集中程度的提高，土地利用率、利用效率逐渐提高，周边生态环境得到更好的保护，可以逐渐连接成片，形成秦巴山脉区域四川片区生态保护区，成为秦巴山脉区域四川片区的一大特色。

　　4.构建特色产业格局，繁荣特色文化产业

　　秦巴山脉区域四川片区拥有丰富的自然和文化资源，通过特色产业发展合理配置公共社会资源，推动农村地区离土不离乡的农村城镇化，解决剩余劳动力就业问题，为秦巴山脉区域四川片区城乡二元结构提供物质和经济保障。

　　秦巴山脉区域四川片区呈现出以生态旅游产业为主体，工业、商贸、特色农业等多种产业繁荣发展的产业模式。在区域产业建设时，尤其是工业、能源产业建设时，应当充分注意区域产业定位与区域空间管制之间的关系。以广元市的朝天、旺苍、元坝三个区县为例，在产业建设时，应当避免建设用地的盲目扩张，以免造成土地浪费与生态环境破坏。

　　（三）水资源保护与开发利用

　　利用嘉陵江及其支流的水力联系，借助嘉陵江国家战略航道的地位，保护和修复流域内的生态环境质量，建设一批骨干蓄水工程和调水工程，建设水联网；建立基于生态服务价值的水资源补偿机制和水权交易市场，以嘉陵江生态廊道水资源开发利用功能区为定位，提升秦巴山脉区域四川片区水资源的支撑能力。

（四）矿产资源绿色开发利用

目前秦巴山脉区域四川片区已探明储量的矿种有46种、矿区有243处。为处理好矿山开发与生态保护的关系，提出2个鼓励勘查区、5个允许开发区、2个禁止开发区。为有计划地规划开发矿产资源，划分四种建议开发区类型，即优先开发区、允许开发区、限制开发区和禁止开发区（表6.7）。

表6.7　秦巴山脉区域四川片区矿产资源开发区块分级

编号	开发区块名称	开发分级	面积/千米²
KK001	巴中南江石墨	优先开发区	4 600
KK002	川北油气带	优先开发区	4 300
KK003	平武-青川金-铜矿产	允许开发区	1 200
KK004	江油-雁门铁-铝-金矿产	允许开发区	4 000
KK005	广元-旺仓米仓山山前煤矿	允许开发区	3 100
KK006	万源-白沙铁-毒重石-高岭土矿	允许开发区	2 200
KK007	达州石墨-能源矿产	允许开发区	4 500
KK008	北川-江油保护区矿产	禁止开发区	2 000
KK009	王朗-雪宝顶保护区矿产	禁止开发区	316

（五）绿色交通体系构建

建设高效互连的绿色交通网络、产品运输的绿色快速通道、促进协作的城乡绿色交通、严控排放的低碳绿色交通。总体以广元、巴中为主节点，打通秦巴山脉区域四川片区，构建绿色交通网络体系。基于绿色交通体系构建中所阐述的要素及其分析，我们建议建设广元—巴中—达州的铁路和高速公路、阆中—巴中铁路与高速公路、朗州—南充铁路、甘肃白水江自然保护区—九寨沟自然保护区—平武—江油—绵阳高速公路。

在地区上，我们制定了秦巴山脉区域四川片区交通体系规划。广元作为川陕甘接合部旅游集散中心，旅游业是广元市确立的战略性支柱产业之一，也是未来经济社会发展的一个重点方向。绵阳北部地区位于秦巴山脉区域四川片区腹地，重点是完善农村公路及绵阳到四县的公路交通建设。建议修建江油至绵阳的国家级高速公路。对于巴中，建议大幅发展巴中横向交通网络，即连接广元、巴中、达州的铁路及国家级高速公路建设，设置巴中或者通江为秦巴山脉区域四川片区东段的交通枢纽。不建议修建低成本的汉巴南铁路。达州的规划目标是加快建设秦巴山脉地区现代物流中心，使达州成为重庆经济圈北向辐射的中转站和桥头堡。对于南充，建议建设南（充）汉（中）铁路建设项目，建设南充—仪陇—巴中铁路及配套车站、嘉陵江渠化及港口建设项目等工程。改建通达巴中、平昌、阆中、蓬安、南部、营山等的县级公路断头路。

（六）绿色工业与信息化发展

调整优化工业布局，打造天然气、特色农业、中药等优势产业集群，构建绿色循环低碳产业体系。培植"科技型"企业；建设"科技型"基地；培养"科技型"人才，大力发展"互联网+农业""互联网+工业""互联网+旅游"，推进信息化与其他产业深度融合，服务秦巴山脉区域绿色工业与信息化发展。

（七）农林畜药绿色循环发展

坚持"整链打造"理念，发展农林畜药、废物再用、产品加工为一体的现代农业循环经济模式。对秦巴山脉区域四川片区农林畜药产业进行统筹布局，多规划交叉错位、多方位同步实施，形成"一中心、一环线、四基地、五产区"的空间结构。

1.一中心

以南充为中心，南充在地理区位上与绵阳、广元等四市均紧密连接，且与成都、重庆形成三角之势，依托其优越的地理区位和便捷的交通网络体系，可对秦巴山脉区域四川片区产生中心辐射，形成联动效应。

2.一环线

结合秦巴山脉区域四川片区丰富的生态旅游资源和红色旅游资源，充分开发旅游资源，设计合理的旅游线路，全面覆盖南充阆中古城5A景区、嘉陵江传统农耕文化、达州巴人故里、红军之乡旅游名片、巴中光雾山绿色生态、广元苍溪乡村观光农业旅游、剑门关景点和绵阳北川羌城旅游区、北川药王谷风景区等景点，形成秦巴山脉环线旅游。

3.四基地

秦巴山脉区域四川片区农林畜药产业需点面结合，通过基地试点形成示范效应：一是生态水源保护示范基地，以广元朝天区为起点直至南充仪陇，开展嘉陵江上游生态水源保护，以缓解广元、南充水资源紧张局势，构筑水资源安全网络；二是中药材研发基地，以绵阳北川县和平武县、广元青川县和巴中南江县为中药材供给基点，进行中药材的研发创新，以提高中药材附加值，促进药业产业发展；三是农牧产品精深加工基地，以南充营山县、仪陇县，达州万源市，巴中平昌县、南江县和广元苍溪县为农牧产品供给基点，进行农牧产品的精深加工，以延长农业产业链；四是绿色循环农业及清洁能源示范基地，以南充营山县、达州宣汉县、巴中通江县和广元旺苍县为示范区，相互交流借鉴，推广"猪沼果"等循环农业产业链和先进的沼气及废弃物再利用技术，以促进生产、流通、消费过程的减量化、资源化、再利用。

4.五产区

依托各地资源特色，通过特色农林畜药项目划分相应产业功能区块：一是以绵阳为中心的高新技术研发和物流中转区，依托绵阳科技城和5个国家级开发区，进行农畜产品及中药材的研发工作，促进农业产业链延伸；二是以南充市为中心的有机特种畜牧区，发展壮大以仪陇县、营山县为代表的特色畜牧产业和生态农业，辅以农产品精深加工企业，形成特色畜牧产业；三是以广元市为中心的果蔬药材生产研发区，利用青川县特殊地理条件，联合南江县、北川县、平武县做大中药材种植养殖及后期加工研发产业，继续巩固以苍溪县为代表的猕猴桃等水果产业；四是以达州市为中心的清洁能源和红色生态旅游区，依托中国气都的优势名片，大力推广清洁能源产业，借助川陕接合部、巴人故里、红军之乡等优势条件，有机融合农业与旅游观光产业，促进三产联动发展；五是以巴中市为中心的绿色生态循环农业区，以南江县的中药果蔬及茶叶等经济作物，平昌县的猪沼粮、猪沼果、猪沼菜等产业链为基础，结合通江县国家生态文明示范县的优势地位，大力发展以果蔬和经济作物为主的绿色循环农业，促进经济发展和农民增收。

（八）文旅产业绿色发展

提出"中国心脏——森林旅游极"的发展定位，打造秦巴山脉区域四川片区的旅游增长极，实施"一极带多点"发展模式，形成特色旅游片。全面整合、优化配置各类旅游资源，构建"一环—三带—两片区"。"一环"指构建"成都—绵阳—广元—汉中—巴中—达州—广安—南充—成都"区域旅游大环线；"三带"指大巴山南麓生态乡村旅游带；"两片区"指巴达旅游片区，通过巴中与达州相协同形成秦巴山脉旅游区域合作中心巴达旅游片区。

（九）绿色循环发展政策

通过秦巴山脉区域现有政策梳理、瑞士绿色发展模式研究、区域比较优势分析等探讨性研究，形成一套针对秦巴山脉区域四川片区实况、突出绿色循环、借鉴发展标杆、实现发展创新的政策体系。

第六节　甘肃片区绿色循环发展策略

一、面临的突出问题

（一）突出的贫困问题

秦巴山脉区域甘肃片区贫困人口多，贫困程度深，分布面广。在甘肃片区范围内的18个县（区）中，有国家级贫困县14个，有省级贫困县1个。2014年，区域内（陇南）农民人均年纯收入为4 023.7元，低于甘肃省（5 736元）的平均水平。

（二）日益严重的生态问题

通过对秦巴山脉区域甘肃片区现状进行生态质量环境状况指数分析，该区域的生态质量环境状况指数为54.23，生态环境状况分级为"一般"，较之前有所下降。

（三）现有政策应对措施不足

虽然目前国家和地方已经出台多项促进绿色发展的政策，但与甘肃片区绿色循环发展的实际需求相比，仍存在政策缺位、不完善等问题，如绿色发展税收政策不完善，税种不健全，一些优化资源配置和保护环境的税种并未纳入税收政策体系之中；生态补偿的补偿范畴、补偿内容也存在政策缺位；省域层面的绿色循环发展政策与法规不健全；等等。

二、绿色循环发展战略

（一）战略定位

基于秦巴山脉区域甘肃片区的区位、资源、生态环境及产业发展等优势分析，定位秦巴山脉区域甘肃片区为丝绸之路经济带"东进西出"的重要通道、全国知名生态旅游区、国家电子商务示范基地、国家优质中药材生产加工基地、国家特色农产品示范基地、国家油橄榄标准化种植加工示范基地。

（二）发展路径

1. 生态发展之路

秦巴山脉作为我国生态之本源，生态文明建设战略应当成为秦巴山脉区域发展的首要战略，生态文明发展之路也是秦巴山脉区域绿色循环发展的主要途径。因此，秦巴山脉区域甘肃片区要通过实施生态屏障巩固工程、绿色产业提升工程、生态补偿保障工程等三大工程推进生态文明建设。

1）生态屏障巩固工程

对秦巴山脉区域甘肃片区内林地落界、水系、自然保护区、断裂带、25°坡线等进行划分，形成并严守生态红线，加强对重要生态功能区、生态环境敏感区及禁止开发区的生态保护。

以甘南黄河重要水源补给生态功能区、秦巴山脉生物多样性生态功能区建设为重点，加强天然林、湿地和野生动植物保护，实施退牧还草、退耕还林（草）、牧民定居和生态移民，构建黄河上游生态屏障。

以"两江一水流域"水土保持与生物多样性生态功能区建设为重点，加强退耕还林（草）、天然林保护、公益林、自然保护区建设和生物多样性保护，构建长江上游生态屏障，改善嘉陵江和长江上游生态。

以支持建设秦巴山脉国家中央公园为重点，加强生态要素保护，形成以国家地质公园、森林公园、滨水公园、自然保护区等为主的国家中央公园（甘肃片区）构成主体，同时推进天然林保护、野生动植物管理等生态工程建设。

2）绿色产业提升工程

秦巴山脉区域甘肃片区涵盖甘肃的长江流域地区和黄河流域地区，地处北亚热带向暖温带过渡地带，生物群落上包容南北物种，有"千年药乡""天然药库"之称。因此，可依托定西中药材、陇南特色农产品和甘南藏药等种植加工基础，重点发展农林畜药业，促进生态观光农业、电子商务发展；对茶叶、橄榄油、核桃、袋料食用菌（木耳）等特色农产品的综合利用技术进行示范与推广，打造农产品特色品牌。

以绿色循环工业园区建设（工业园区循环化改造）为基础，从空间布局优化、产业结构调整、企业清洁生产、产业链延伸耦合、能源资源高效利用、污染集中治理、基础设施完善、废弃物交换平台和产业技术研发孵化等方面推进工业园区循环化改造，培育循环经济产业链，转变发展方式，调整经济结构，实现绿色、高效、跨越发展。

发挥优势矿山企业主导作用，加强资源整合，实施企业重组，合理开发礼县—岷县、两当—徽县、文县等地区金矿，重视矿山地质环境保护，注重跨区域矿产资源开发园区整合，研究构建"陕甘川"国家级区域示范工业开发区。

3）生态补偿保障工程

建立水源涵养区等生态敏感地区的生态补偿机制，合理确定补偿标准，划分以重要生态功能区为主的优先补偿主体区，增加转移支付；建立重点区域（甘南黄河重要水源补给生态功能区、秦巴山脉生物多样性生态功能区）、重点流域（黄河上游、"两江一水"、渭河源）生态综合管理机制，转化部分贫困人口为护林员等生态保护人员。

2. 文化发展之路

文化发展要以华夏文明传承创新区建设为重点，保护、传承、展示华夏文明，探索、创新、发展社会主义先进文化，打造"一带、一区、多板块"的华夏文明传承创新发展格局。"一带"指以丝绸之路经济带为轴线，挖掘秦巴山脉区域甘肃片区内厚重历史文化资源，发挥沿线城市辐射带动作用，建立丝绸之路文化发展带，促进文化事业、文化产业发展，使之成为推动秦巴山脉区域甘肃片区转型跨越、民族团结、脱贫富民的核心地带。"一区"指围绕始祖文化（伏羲）、大地湾文化、先秦文化、红色文化等，重点发展文化旅游、文化创意、红色旅游等产业，打造全球华人祭祖圣地——天水、生态陇南、民族甘南和文化定西等特色文化品牌，建立以始祖文化为核心的文化历史区。"多板块"指围绕"一带""一区"，重点从文物保护，非物质文化遗产保护传承，历史文化名城、名镇、名村保护利用，民族文化传承，红色文化弘扬，节庆赛事会展举办等方面开展文化建设。

3. 社会发展之路

关注民生、重视民生、保障民生、改善民生，是秦巴山脉区域甘肃片区未来绿色发展必须要面对和解决的问题。

1）教育扶贫

实施教育扶贫工程，发展乡村教育，确保贫困家庭子女都能接受公平有质量的教育，阻断贫困代际传递。推进学前教育资源向贫困地区行政村延伸，实现贫困村幼儿园全覆盖，保障贫困家庭适龄幼儿接受学前教育；改善贫困地区农村义务教育学校办学条件，使贫困地区农村学校办学条件全部达到义务教育学校办学标准；扩大职业教育办学规模，推进职业教育资源向贫困地区、贫困家庭倾斜。

2）社会保障

健康扶贫，保障贫困人口享有基本医疗卫生服务，避免因病致贫、因病返贫，重点实施两大工程：一是"扶助工程"，强化农村低保、五保户等救助；二是"兜底工程"，加强医疗保险和医疗救助，推进"大病保障"与"大病保险"衔接，提高重大疾病医疗服务能力和水平，致力新型农村合作医疗和大病保险政策向贫困人口倾斜。

3）城乡统筹

重点建设天成（天水—成县、徽县）地区，参与区域合作，承接人口转移，实现城乡一体、和谐发展，推动新型城镇化；发挥区位和地缘经济优势，加强与关中平原城市群、成渝城市群、平庆经济区的协作，参与区域分工和竞争，推进城乡统筹，支撑环秦巴山脉经济圈发展。

4.信息发展之路

围绕"一带一路"倡议、"中国制造2025"等，推进"互联网+"行动，促进信息化与农业现代化、防灾、智慧城市及物联技术的融合发展，把秦巴山脉区域甘肃片区建设成为丝绸之路经济带的黄金通道。

1）信息化+农业现代化

推进信息化与农业现代化深度融合，促进农业发展方式转变，建立包括行政推进体系、网络服务体系、产品供应体系和信息物流体系在内的农业信息化电子商务体系，支持优势农产品产地批发市场探索经营模式升级与配套信息化建设、农民专业合作社与市场的高效对接、各种农产品电子商务运营模式与技术的应用等核心工程项目，加快新型流通业态发展，提高农业竞争力。

2）信息化+防灾

秦巴山脉区域甘肃片区是全国地质灾害四大发育区之一，以建设陇南山区国家级地质灾害防治管理及监测预警示范区为重点，以地质灾害气象预警系统建设为基础，完善"两江一水流域"自然灾害监测预警信息共享平台，建成覆盖重点区域、重点流域的地质灾害专业监测网络体系。

3）信息化+智慧城市

推广实施"2+1"工程（"2"为云计算中心和大数据政务中心，"1"为大数据共享平台），发展电子商务、智慧交通等服务信息建设，建立数字社会管理服务系统等，助力智慧城市建设。

4）信息化+物联网

建设国家物联网重大应用示范工程，推动陇南、甘南、天水及定西等地的城市管理、社会服务、农业生产、工业制造等领域创新发展，建设物联网研发服务平台及基础数据库，形成集技术、产业和市场于一体的秦巴山脉区域物联网产业体系，带动秦巴山脉区域甘肃片区经济、社会、文化发展。

三、重点推进措施建议

在国家层面，要积极构建跨区域、跨领域、跨行业的绿色循环发展政策体系，将秦巴山脉区域绿色发展纳入国家区域战略，成立用于指导、支持和管理秦巴山脉区域绿色循环发展的国家级秦巴山脉区域协调机构，制定跨区域的绿色循环发展总体规划及专项规划，实施若干重大生态保护工程，统筹区域相关制度和政策创新，解决秦巴山脉区域人文认知、行政管理、资源环境方面存在的矛盾，指导区域联动发展，实现交通互连、信息互通、政策互享、人才互动、产业互补和文化互融。

在区域层面，收集秦巴山脉区域五省一市资源概况、经济社会发展、扶贫攻坚、科技教育、生态保护、防灾抗灾等基础数据，形成秦巴山脉区域绿色循环发展的数据资源库，建设秦巴山脉区域大数据中心。

在甘肃省层面，结合陇南、定西、天水、甘南藏族自治州各县区发展特点，研究制定有针对性的支持绿色循环发展的政策措施，加快壮大主导产业、培育骨干企业，推动信息化和工业化深度融合、工业化和城镇化良性互动、城镇化和农业现代化相互协调，促进工业化、信息化、城镇化、农业现代化同步发展。

（一）农林畜药绿色循环发展

发挥各地资源比较优势，因地制宜发展特而专、新而奇、精而美的各种特色农产品，推进"一村一品"建设，加快形成国内外知名的优势产区，培育一批特色明显、类型多样、竞争力强的专业村、专业乡镇，保证农民收入稳定增长，实现秦巴山脉区域甘肃片区农林畜药绿色循环发展。

1. 产业基地建设

坚持因地制宜、分类指导，形成"四产区、六基地、多片带"总体框架。

"四产区"即把陇南建设成为全国优质核桃的主产区；以武都区和文县临江片、宕昌县沙湾片、康县平洛片、西和县大桥片、礼县下四区片为中心，建设全国最大的花椒主产区；以武都区为中心，辐射宕昌县、文县、西汉水流域的部分区域，打造全国油橄榄主产区；以渭源县、岷县及陇南部分县区等中药材适生区为重点，建设全国中药材主产区。

"六基地"即以礼县、宕昌县、武都区三县区交界的高寒阴湿区和徽成盆地为重点，建设畜牧养殖基地；以"两江一水"流域川坝河谷地带为重点，建设绿色无公害蔬菜生产基地；以文县、康县、武都区三县区交界区域为中心，建设茶叶生产基地；以礼县、西和县北部区域为重点，建设优质苹果生产基地；以西和县、宕昌县、礼县、武都区为主，建设马铃薯生产基地；以渭源县、漳县、岷县等马铃薯适生区为重点，建设全国马铃薯育种繁育基地。

"多片带"即立足资源禀赋，发挥比较优势，建立蚕桑、食用菌、水产、烤烟、银杏、蜂蜜、藏药等多个地方特色产品生产片带。

2. 特色农产品种植

核桃：以嫁接苗栽植为主，在"两江一水"流域、徽成盆地等海拔1 500米以下区域发展早实核桃生产基地，在半山区、深山区、林缘区等海拔1 500~1 800米区域发展优良晚实核桃生产基地。

花椒：以优良品种苗木栽植为主，在"一区五片"（武都区、文县临江片、宕昌县沙湾片、康县平洛片、西和县大桥片、礼县下四区片）适宜区域和徽成盆地宜椒区引进推广无刺花椒新品种。

油橄榄：以优良品种苗木栽植为主，在白龙江、白水江沿岸海拔1 300米以下低暖河谷及低半山为重点区域的40个乡镇和向西汉水、嘉陵江流域海拔1 200米以下低暖河谷区延伸的27个乡镇新发展油橄榄种植基地；以嫁接换优和综合管理为主要措施，改造原有基地。

中药材：按照标准化生产的要求，在渭源县、岷县、漳县、宕昌县、文县、武都区、礼县、西和县为主的优势区域，以道地中药材当归、党参、红芪、纹党、大黄、半夏六大名药为主，进行规模化种植；以市场为导向，在适宜区积极发展天麻、猪苓、黄连等优势小杂药。

畜牧养殖：以加快规模养殖场和养殖小区建设为主要措施，在岷县、徽县、礼县等3个省列养牛大县和成县、两当县等县的67个乡镇大力发展舍饲规模养牛，在宕昌、礼县、武都区三县区交界高寒阴湿区域8个乡镇积极发展季节畜牧业，建成草原肉牛、肉羊生产基地；在18个县区发展规模养猪场（户）和养猪小区；在林缘地带及草山草坡区域发展生态放养鸡。

蔬菜：以推广应用高产、高效种植模式和名优新品种为主，在"两江一水"沿岸和徽成盆地川坝河谷区建立稳定的常年性蔬菜生产基地；在上述区域以外的浅山区、高半山区发展山区蔬菜。

茶叶：以无性繁殖苗木栽植为主，在康县阳坝片、文县碧口片、武都区洛塘片的13个乡镇新发展茶叶种植基地；以品种更新、茶树修剪和病虫害综合防治为主要措施，对适宜区的原有低产茶园进行改造。

马铃薯：以种植脱毒种薯为主，在定西片区和"两江一水"川坝河谷区发展脱毒种薯；在西和县、礼县、宕昌县、武都区等县的半山和高半山区发展加工型春播马铃薯和种薯型复种马铃薯。

苹果：以优良品种苗木栽植为主，在礼县、西和县建设发展种植基地；以成龄果园树冠改形修剪为主要技术措施，在原有基地创建标准果园。

此外，立足当地不同的光、热、水、土等自然资源禀赋，根据市场需求，继续积极开发地方性特色产品。在文县、宕昌县、西和县、礼县等四县的水库、湖泊、人工塘坝网箱养殖虹鳟、金鳟、鲟鱼，在其他中低海拔山涧溪流发展大鲵等特种水产养殖，在"两江一水"流域的池塘、河滩、沼泽发展莲藕种植和鱼类养殖；在康县、成县、徽县发展以推广桑园密植高产技术为主的蚕桑产品；在秦巴山脉区域甘肃片区内的适宜区域发展以袋料栽培黑木耳为主的食用菌产品。努力开发银杏、烤烟、蜂蜜、花卉、香料、苦荞麦等地方性特色产品，培育新的经济增长点。

（二）文化旅游绿色循环发展

1.统一思想，形成"旅游扶贫"共识

秦巴山脉区域甘肃片区生态资源丰富，文化底蕴浓厚，民俗民族文化独具特色，必须充分发挥这些资源优势，实施"旅游扶贫"战略，把文化旅游产业作为区域主导产业谋划打造。目前文化旅游产业面临千载难逢的发展机遇，《国务院关于加快发展旅游业的意见》提出"力争到2020年我国旅游产业规模、质量、效益基本达到世界旅游强国水平"。充分发挥资源优势，大力发展旅游产业，综合联动其他产业，特别是第三产业加快发展，将成为破解地区经济社会发展难题的最佳切入点。

2.整合优势资源，合理规划旅游线路

发展大旅游，开拓大市场，形成大产业，必须以战略的眼光、创新的思路，全方位筹谋、高起点规划。结合秦巴山脉区域旅游资源特点，整合秦巴山脉区域甘肃片区的相关旅游资源，合理规划旅游线路，打造集避暑休闲、生态观光、运动健身、红色文化、民族文化于一体的综合旅游景区。

3.强化政府主导，突出工作重点

进一步强化政府主导，确保政府在组织、建设、资金和政策方面提供根本保障；强化政府资金投入和政策支持（财税、金融、产业、生态补偿、人才）力度；加大政府在科学规划、规划管理、资金管理、监测评估和社会帮扶等方面的监管力度；发挥政府在环境营造、营销促销、区域协调、环境保护等方面的推动作用。针对首批重点扶贫示范村，从基础设施、产业布局、乡村环境、民房改造、民居改厕等方面综合支持，纳入各级政府部门的目标管理。

4.发展配套产业，完善服务功能

围绕"吃"有特色，加大对秦巴山脉区域特色餐饮的开发，鼓励和引导将地方饮食打造成特色品牌；围绕"住"得舒心，抓好重点景区星级酒店建设，现有宾馆、酒店设施改造升级，打造农家星级宾馆，实施旅游进乡村、进农家活动；围绕"行"要便捷，加大交通基础设施建设，加快旅游公路建设，满足旅游交通需求；围绕"游"有项目，加快旅游资源的开发，打造一批旅游精品项目；围绕"购"得满意，加快开发原生态产品、民俗产品和农林特产商品，满足旅客购物需求；围绕"娱"要快乐，加快民族文化资源的挖掘整理，对"伏羲祭典"、"皮

影"、"剪纸"、"藏戏"和"唐卡"等一批非物质文化遗产进行包装打造，形成民族风情浓郁的地方特色，满足游客娱乐需求。

5. 加强旅游网络营销，拥抱"互联网+"时代

秦巴山脉区域文化旅游产业尚处于起步阶段，加大景区宣传促销是首要任务。不仅要通过上级覆盖面广的主流媒体加强区域绿色生态、特色文化和民俗风情的宣传力度，努力提高旅游知名度和美誉度，更要积极运用互联网推动旅游产品营销，旅游与互联网的深度融合发展已经成为不可阻挡的时代潮流。不仅要做好游客行前的宣传推介，更要做好行中、行后的咨询、导览、导游、导航等信息服务，以及旅游交通、基础设施、安全保障等公共服务。

（三）工业与信息化绿色循环发展

1. 工业定位与布局

1）陇南市

工业发展打造一个核心引擎，发展两条工业经济带，形成四大产业集群。

一个核心引擎：实施西成经济开发区扩区规划，整体吸纳徽县工业集中区，加大行政推动，创新管理机制，完善服务体系，增加建设投入，统筹项目布局，加快招商引资，大力建设陇南经济技术开发区，按照"一区多园"的模式，着力建设"陈院工业园区"、"抛沙工业园区"、"黄渚工业园区"、"伏镇工业园区"、"柳林工业园区"和"六巷工业园区"，逐步形成以徽县工业集中区为核心区域的"一区六园"的整体框架，成为陇南主要的工业产值区、项目承载区、产业聚集区，打造陇南工业经济的核心引擎和开发开放的主要窗口，发挥对陇南市工业经济的重要辐射带动作用。

两条工业经济带：①十天高速沿线工业经济带。依托十天高速重要通道，以成县、徽县为中心，涵盖西和县、礼县、两当县。充分发挥工业基础优势，积极融入关中平原城市群，重点布局有色冶金、建材、食品饮料制造、生物质能源、装备制造等产业。②白龙江沿江工业经济带。依托兰渝铁路和兰海高速重要通道，以武都区为中心，涵盖宕昌县、文县、康县。充分发挥交通枢纽优势，加强与四川、陕南的交流协作，建设区域性商贸物流中心，重点布局中医药制造、农特产品加工、电力能源、黑色金属冶炼等产业。

四大产业集群：一是有色冶金产业集群。以铅锌、黄金采选冶炼加工为重点，加快锑、铜等有色金属开发，加大地质勘探力度；引进战略投资者，推进资源整合和资产重组，实施一批重大建设项目，大力发展精深加工，提升生产工艺和科技研发水平，提高资源综合利用率，推动产业链不断向下延伸，实现产业

升级。二是新型建材产业集群。促进新型干法水泥稳定生产，进一步做大石材产业；加大对重晶石、硅石、石膏、白云岩、水泥用灰岩等非金属矿产资源勘查、开发力度，加快论证、引进、实施一批重点项目，在开发利用上取得重大突破；发展新型墙体、保温隔热、防水密封、装饰装修等新型建筑材料，加快实现新型建材的基地化和产业化。三是食品饮料制造产业集群。支持企业强强联合，整合品牌资源；加强白酒扩能建设和技术改造，提升产能和品质，构建现代营销网络，培育全国知名品牌；发展苦荞酒、保健酒等其他酒类产品；扩大油橄榄、核桃、花椒、苹果、茶叶、银杏等标准化基地建设，引进先进生产线，大力发展橄榄油、罐头、果汁、饮料、精制茶、花椒油、芳香精油等食品饮料及相关衍生品加工，培育龙头企业；开发天然矿泉水资源，发展瓶（罐）装饮用水制造；大力发展水果、坚果、食用菌及山珍野菜加工。四是中医药制造产业集群。加强药源基地建设，强化中医药制造的原料保障；深化战略合作，引入大型医药企业集团，支持中小医药企业扩大现有生产规模，提高产品质量，加快中医药规模化发展步伐；建立研发中心，引进专业人才和高新技术，开发新的药物品种；建设中药材及制成品仓储物流交易平台。

2）定西市

打造中国马铃薯良种繁育基地、全国知名的中医药产业基地和绿色肉食品生产基地。由于目前马铃薯种薯、中医药、畜草等主导产业结构不优，产品质量和效益有待提升，建议国家继续扶持定西市打造"中国薯都"，建立并扩大马铃薯种薯标准化种植繁育基地，中医药产业基地和国家级优质中药材药源基地、储备基地。其中，将定西市漳县定位为秦巴山脉区域东进西出门户、国家级中华沙棘加工基地、国家级红柱石研发加工基地和华夏盐产业加工基地。

3）天水市

麦积区工业布局定位：按照"点轴"模式进行布局。"点"是城郊区工业集中区，"轴"即连接各个集中区的交通体系。以天水经济开发区"一区多园"为载体，按照关中平原城市群的总体定位，积极发展以机床为主导、石油钻采设备高低压开关断路器为主体的装备制造业，发展形成完整的循环经济产业链条，通过上下延伸产业链，积极发展上下游产业，发展以新材料、生物能源和太阳能源为主的新能源产业，辅助发展医药食品产业、机械制造、电工电器、农副产品深加工和新型材料五大产业集群。

4）甘南藏族自治州

以特色优势资源开发和转化为重点，突出生态工业特点和特色优势资源，以乳制品、肉类加工两大优势产业为龙头，以藏中药及保健品生产、民族特需用品和山野珍品加工为两翼，以黄金、水泥为依托，谋划论证一批辐射带动力强，对富民兴州有重要支撑作用的大项目、好项目，提升甘南藏族自治州内畜产品加工企业技术水平和产品档次，全面加快甘南藏族自治州民族特色产业发展。

2. 构建区域特色循环经济产业链条

秦巴山脉区域甘肃片区特色产业主要有装备制造产业、新型建材产业、特色农副产品加工产业、白酒酿造产业等。针对这几大特色主导产业，构建以特色农产品为主的"种植—加工—产品—废弃物利用—肥料—有机肥还田—种植"产业链、以油橄榄为主的"种植—油橄榄—加工—产品—废弃物—资源利用"油橄榄加工循环产业链、以粮食加工为主的白酒酿造产业等，并在此基础上进一步延伸产业链条，完善整个循环经济产业链（图6.4~图6.7）。

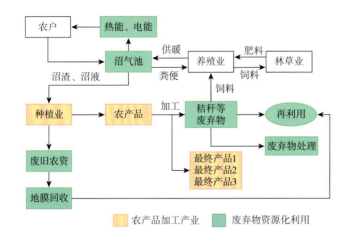

图6.4　秦巴山脉区域甘肃片区农副产品加工循环经济产业链模式图

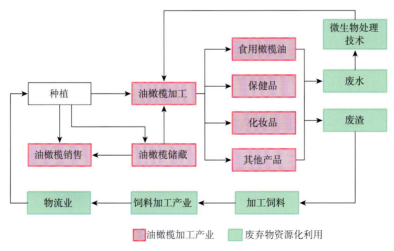

图6.5　秦巴山脉区域甘肃片区油橄榄加工循环经济产业链模式图

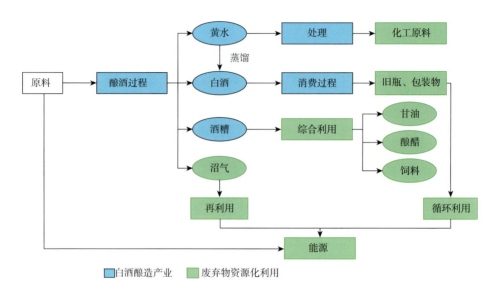

图6.6　秦巴山脉区域甘肃片区白酒酿造循环经济产业链模式图

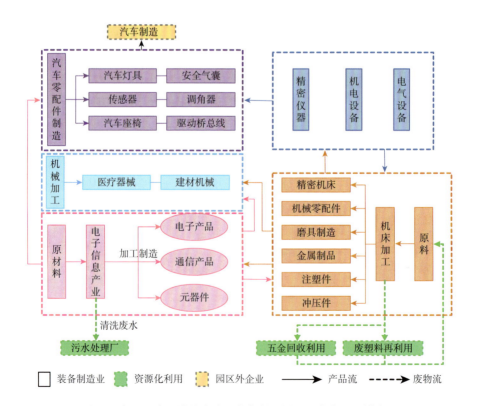

图6.7　秦巴山脉区域甘肃片区装备制造循环经济产业链模式图

3.特色循环经济工业园区建设

秦巴山脉区域甘肃片区应根据现有循环经济工业园区的发展状况，合理完善工业园区内产业发展规划。到2020年，使各县区核心工业园区主导产业集群规模更加壮大，特色产业优势越发明显，承接产业转移成效更加突出，循环经济体系较为健全，基础设施配套基本完善，工业园区承载能力显著增强，工业经济竞争力和可持续发展能力大幅提升，总量提升至甘肃省中游水平，工业在国民经济中的主导地位更加突出。

1）陇南市循环经济工业园区

陇南市循环经济工业园区的发展目标，是力争将陇南打造成全国重要的有色冶金产业基地、绿色农特产品生产加工基地、中药材生产加工基地、甘肃重要的水电能源基地和甘陕川三省交界地区的特色新型工业化基地，实现工业经济转型跨越发展。

2）天水市循环经济工业园区

加快天水装备制造业三大产业园建设，"十三五"期间形成新的发展基础和生产能力。到2020年，力争将三大产业园打造成为国家新型工业化产业示范基地、甘肃省先进制造业创新发展的支撑区，主营业务收入翻番，达到300亿元。

3）定西市三县区循环经济工业园区

定西市漳县、岷县、渭源县三县区循环经济工业园区建设，以当地特色产业为主导，以科技创新为动力，以扩大产业规模和产业集群为手段，以增加工业经济效益为目标，分别在各县区建立具有当地特色性质的循环经济工业园区。

目前定西市县区工业园区，有漳县工业集中区、渭源县工业集中区和岷县工业园区，园区建设都还处在初级阶段，接下来的园区建设和产业发展应按照"十三五"循环经济发展规划进行。

漳县要充分依托岩盐、石灰石、红柱石、特色农产品等优势资源，发展建设以盐循环产业、水泥建材产业、红柱石综合开发、特色农产品精深加工等为主导产业的漳县工业集中区；渭源县要建设以中医药精深加工为中心，马铃薯产业、绿色食品产业加工业、新型材料加工业等协调发展，关联产业配套发展的生态友好型循环经济工业园区；岷县应开展中医药加工、农副产品加工、建筑建材等主导产业，加快进行循环化改造，完成产业转型升级改造。

（四）城乡人居空间建设

秦巴山脉区域甘肃片区要抓住国家建设"丝绸之路经济带"的战略机遇，以《甘肃省主体功能区规划》为依据，优化甘肃片区城镇空间布局，加快沿线重要支点和节点城市发展。具体空间布局如下。

　　以定西市渭源县、漳县、岷县及周边重要县城为节点，建设秦巴山脉区域甘肃片区中部城市群，构建我国向西开放的重要门户；以天水—成县—徽县等城市组团为支撑，构建秦巴山脉区域甘肃片区陇南城市带。

　　以区域中心城市和城市组团为重要支点，推进天水城市组团发展，提升武都区等重要节点城市的支撑作用，突出特色，完善功能，增强集聚经济和人口的能力，形成区域经济发展的重要增长极。依托区位、产业、科技、文化等综合优势，加快南北通道建设，加强区域合作、承接产业转移，构建天（水）成（县）徽（县）1小时经济圈，提升经济和人口集聚程度；加大重点生态功能区建设，加强饮用水源、河流、风景区环境保护和矿区污染防治，实施地质灾害防治工程，打造森林生态城市和园林城市，把天水城市组团建设成为我国西部重要的先进装备制造业基地，重要的综合交通枢纽和经济、文化、商贸、旅游中心，以及支撑和带动区域经济发展的重要增长极。

第七章　秦巴山脉区域绿色循环发展政策建议

第一节　构建区域政策体系的基本思路

一、构建政策体系总体要求

　　基于秦巴山脉区域地理区位、资源禀赋、经济社会发展、生态环境保护和脱贫攻坚现状，以及在国家生态安全、军事安全和区域经济发展战略中的突出地位，为发挥区域综合价值和潜在优势，补齐生态环境保护与经济社会发展短板，实现"绿水青山就是金山银山"可持续发展目标，构建区域绿色循环发展政策体系，需要在国家相关政策背景下，坚持"生态优先、绿色发展"的主旋律，对现有的区域政策进行审视评定，进行补充完善、提升深化，拟将以下六项政策作为构建区域政策体系的主骨架，并在此基础上进行该项政策链条的拓展、延伸和细化，增强政策的有效性和可操作性，形成区域政策体系。

　　（一）生态资源保护政策

　　生态资源，主要是指自然资源，即"绿水青山"，包括河流、湖泊、山脉、森林、湿地和野生动植物资源等。制定生态资源保护政策，做好生态资源保护工作，是贯彻实施国家森林法、野生动物保护法、生态主体功能区规划、生态保护红线、退耕还林、珍稀动物保护区、自然保护区、生物多样性保护方面政策、法规的基础，也是保护好秦巴山脉"绿水青山"本底、打造秦巴山脉"中央绿心"的基石。

　　（二）环境污染治理政策

　　环境污染，主要是指空气污染、水源污染和土壤污染三类。关于这三类污染，国家分别制定出台了《中华人民共和国大气污染防治法》、《中华人民共和国水污染防治法》、《土壤污染防治行动计划》和《生态环境损害赔偿制度改革方案》等。特别是水污染治理问题，直接关系到我国南水北调中线工程供水水质能否达到Ⅱ类或Ⅰ类水质标准。空气污染也关系到减轻雾霾，以及二氧化碳、氮氧化物超标等空气质量问题。制定环境污染治理政策，是保护好秦巴山脉区域生态环境的基础，也是国家环境污染治理政策在秦巴山脉区域落地生根的核心政策之一。

（三）绿色循环发展政策

产业发展是经济发展的基础。大力发展绿色、循环、低碳产业，是保护好生态环境、治理环境污染的有效途径。制定实施绿色发展和循环经济政策，为发展生态农业、绿色制造、绿色矿山、绿色城乡、绿色交通发展和倡导绿色生活方式提供有力的政策保障，对于落实绿色发展理念、促进传统产业转型升级、建设资源节约型和环境友好型社会，进而实现区域可持续发展具有战略意义。

（四）脱贫攻坚富民政策

《中共中央　国务院关于打赢脱贫攻坚战的决定》和国务院《"十三五"脱贫攻坚规划》两个文件相继对"十三五"打赢脱贫攻坚战提出了总体要求、主要任务和保障措施。秦巴山脉区域是我国11个集中连片特别困难地区中面积最大、人口最多的区域，需要秦巴山脉区域五省一市联手，因地制宜，编制区域脱贫攻坚规划，制定相关扶持政策，加快推动贫困人口脱贫，与全国同步全面建成小康社会。

（五）空间布局整理政策

空间布局整理，主要指城乡布局、产业布局和人口居住地布局。制定整理优化秦巴山脉区域的城乡、产业、人口空间布局和提高人口素质等方面的政策，对于加快推进新型城镇化、促进产业绿色循环发展、改善人口就业居住环境、缓解生态承载压力具有重要的现实意义。

（六）区域协同发展政策

秦巴山脉区域五省一市地理位置相近，资源禀赋和经济社会发展情况相当，但受到现行行政管理体制约束，各片区单打独斗、各行其是，"碎片化"管理的现状不利于挖掘秦巴山脉的综合价值，导致秦巴山脉腹地发展滞后，形成"生态高地与经济洼地"之间的巨大反差。迫切需要制定区域协同发展相关政策，以突破秦巴山脉区域各片区行政管理体制约束，实现区域合作共赢发展。

构建秦巴山脉区域绿色循环发展政策体系是一项系统工程。需要对国家相关政策进行认真学习，透彻理解精神实质和具体安排部署，并对现行的区域政策和实施情况进行全面的梳理分析，按照构建区域政策体系的基本要求，将上述六大区域政策作为政策体系的主骨架，研究制定相关的具体配套政策，陆续出台区域和各片区的具体政策，并根据实施情况进行跟踪研究，逐步完善秦巴山脉区域绿色循环发展的中长期政策法规体系。

秦巴山脉区域绿色循环发展政策体系框架如图7.1所示。

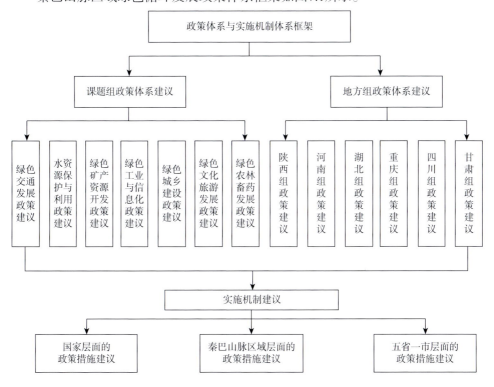

图7.1　秦巴山脉区域绿色循环发展政策体系框架

二、政策干预重点领域方向

（一）加强生态环境保护和治理

1.提高林草覆盖率，提升生态服务功能

树立山、水、林、田、湖是一个生命共同体的理念，全面提升森林、湿地、草原等自然生态系统稳定性和生态涵养功能。坚持增量扩大和存量优化并重。关

停废弃矿山生态修复，实现宜林荒山绿化，完成低效林升级改造。实施天然林保护和长江防护林防护工程。加强自然保护区建设管理，建成多林种、多树种、多层次、多功能的森林体系，严禁毁林开荒造地，全面停止天然林商业性采伐，提升林业固碳、天然氧吧和水涵养能力。加快实施退耕还林（草）工程。落实退耕还林政策，25°以上陡坡耕地、严重沙化耕地和重要水源地15°~25°坡耕地退耕还林（草）。

2. 建设优良生态流域，加强水资源环境保护

以全面贯彻落实《关于全面推行河长制的意见》的具体要求为抓手，以汉丹江流域水资源保护为先行示范，陕西、河南、湖北三省联手合作，在汉丹江流域所在的市、县、乡（镇）推行河长制的基础上，组建一个跨省域的协调服务机构，共同做好汉丹江流域的水质监测、流域污染物治理工作，防治水污染，改善水环境，确保足量达标的一江清水北送京津冀豫四省市。

3. 加大污染治理力度，改善区域生态大环境

做好大气、水、土壤污染治理，是改善生态环境、推进绿色循环发展的前提和基础。根据国家出台的《中华人民共和国大气污染防治法》、《中华人民共和国水污染防治法》和《中华人民共和国水土保持法》及相关的行动计划，从城乡居民生活污水垃圾无害化处理、严格限制工矿企业污染物排放、发展绿色交通、减少农用化肥投放量等方面入手，制定秦巴山脉区域的法律法规，完善相关污染治理政策，改善秦巴山脉区域"中央绿心"生态环境。

（二）加强资源节约和有效利用

1. 着力推进节能减排降耗

制定重点行业、重点产品能效标准和污染物排放标准，推行能效领跑者制度，切实把能效提上去，把排放降下来。推进万家企业节能减排和重点污染源治理行动，继续推进节能改造、节能技术产业化示范、城镇污水垃圾处理及配套管网等节能减排重点工程建设。

2. 着力推进水资源的节约利用

制定实施最严格的水资源管理制度，严把水资源开发利用控制、用水效率控制、水功能区限制纳污"三条红线"，加快建设节水型社会。积极推进污水资源化处理，提高中水和再生水的利用水平。

3. 着力推进矿产资源节约利用

要建立健全覆盖勘探开发、选矿冶炼、废弃尾矿利用全过程的激励约束机制，引导所有环节的生产企业自觉节约利用各种资源，进一步提高矿产资源回采率、选矿回收率、综合利用率，提高废弃物的资源化水平，以规模化开采提高资源利用效率。

4. 着力推进土地节约集约利用

秦巴山脉区域山区人口比重大，占总人口的80%以上。耕地资源严重不足，人均耕地不足1亩，其中坡度在15°以上的耕地占一半以上。必须按照控制总量、严控增量、盘活存量的原则，推进土地节约集约利用。

（三）推动人口合理迁移流动

1. 加大生态移民支持力度

增加后续产业发展的投入，帮助发展第二、第三产业，确保有稳定的收入来源。在已有异地搬迁专项资金的基础上，设立稳定的生态移民专项资金。逐步提高移民补助标准，分阶段免除地方的配套比例。对自然保护区人口搬迁提供政策和资金支持，在搬迁人口房屋修建、生产转型、就业培训等方面提供专项资金，在税收、土地和社会保障等方面出台配套政策。鼓励和动员社会各界广泛参与搬迁工程建设，使之成为弥补国家资金不足的主要途径。加快完善政府扶助、社会参与的职业技术培训机制，建立培训网络，切实提高培训质量，有效提高移民的就业能力。抓紧制定生态移民的规划，弄清移民人口规模、投资总额、移民方式和接纳地。将限制开发区和禁止开发区的人口经培训后，就地转为自然保护区的管护人员，既解决自然保护区管护人员不足的问题，又减少这些迁移人口对生态环境的损害。

2. 引导区域内人口就地迁移

通过实施脱贫攻坚异地移民搬迁工程，将居住在泥石流、山体滑坡等地质灾害和自然灾害多发区的居民搬迁到山下，以集中安置为主、分散安置为辅。加大移民就业援助和技能培训，鼓励移民从事非农业生产。通过异地移民搬迁，减少山区人口数量，减轻生态承载压力。

3. 推进区域的城镇化进程

一方面，鼓励常年在城市打工的农民工在所在城市就地落户，减少区域人口数量；另一方面，将失地农民、在城镇有固定住所和稳定就业岗位的农村居民转为市民，提高区域城镇化率。逐步形成秦巴山脉区域以中心城市（镇）为重点、美丽乡村社区为补充的区域城乡人居空间体系。

4. 促进区域人口双向流动

采取"走出去"和"请进来"的人口流动政策。吸纳和引进一大批高素质人口到秦巴山脉区域居住、任职和创业，逐步实现区域人口的"腾笼换鸟"，让富人、能人进山，把智慧、才能、财富留在当地，带动区域经济发展。

三、建立健全激励保障政策

（一）改革创新管理体制机制

1. 深化区域行政管理体制改革

组建"归属清晰、权责明确、监管有效"的生态保护管理体制和统筹区域绿色循环发展的综合协调机构，力求在现行的行政管理体制下，打破"碎片化"的管理弊端。大力推进政府管理职能转变，强化各级政府生态环境保护、污染治理和绿色循环发展方面的职能。

2. 建立区域协同发展运行机制

秦巴山脉区域五省一市所辖片区，做到"规划同制、生态共保、交通互联、市场共构、产业共兴、成果共享"。通过攻坚协调机构平台，促进秦巴山脉区域形成类似"京津冀一体化"发展的"优势互补、合理分工、错位发展、良性互动"的一体化发展的运行机制。

3. 建立绿色GDP指标考核体系

参照国家发展和改革委员会关于绿色GDP统计考核指标的研究成果，先行在秦巴山脉区域进行探索。着手建立秦巴山脉区域以绿色GDP考核为核心的国民经济核算体系和资源环境统计指标体系，设计绿色发展监测指标体系及指数测算体系，以考核区域内各片区的绿色发展水平。

（二）建立健全资源管理制度

1. 建立自然资源产权管理制度

开展对自然资源的确权登记，明确自然资源资产所有者、监管者及其责任，厘清各类空间开发、利用、保护边界，落实用途管制。弄清区域内自然资源的存量、增量和减量等基本情况，建立自然资源资产统计核算制度，为自然资源监管及成效考核提供依据。

2. 建立生态红线和风险预警制度

抓紧编制《秦巴生态红线规划》，明确生态红线管控范围，实行红线区域分级分类管理。建立覆盖所有资源环境要素的监测预警网络体系，进行风险监测预警，将各类开发活动控制在资源环境承载能力之内，提高环境风险防控和突发环境事件的应急能力。

3. 建立落后产能企业的退出机制

对于生态功能区和旅游风景区内不符合主体功能区和风景区定位的企业，通过设备折旧补贴、设备贷款担保、迁移补贴、土地置换等手段，促其尽快搬迁或关闭，如陕西汉中勉县张良庙风景区的钢铁厂。

4. 建立污染物排放控制制度

在城市，严格执行大气污染物排放标准，特别是排放总量限值；在农村，执行水污染物排放标准，特别是排放限值；在水源地，执行严禁排放污水等一系列严格的排放政策。

5. 建立生态保护的考核制度

根据秦巴山脉区域各主体功能区的发展要求及各县区的发展定位，实行差别化的考核制度。把考核结果作为干部选拔任用的重要依据和管理干部考核的重要参考。对改善生态环境做出突出成绩的单位和个人给予奖励；对未履行生态环境保护职责或履行职责不到位的政府及相关部门负责人进行约谈，给予相应的处罚。抓紧建立秦巴山脉区域领导干部生态环境保护治理责任制、问责制和终身追责制，对不顾生态环境破坏盲目决策，造成严重后果的实行终身追责制度。

四、完善扶持倾斜政策

（一）实施倾斜性的资金政策

1. "多予不取"的财政政策

中央财政一般性转移支付资金、各类涉及民生的专项转移支付资金，应进一步向秦巴山脉区域倾斜。增加转移支付资金规模，扩大支持范围；加大中央及省级财政对秦巴山脉区域绿色循环发展的财力补助；加大中央专项彩票公益金对秦巴山脉区域社会公益事业的支持力度，力争实现对贫困老区全覆盖；支持化解秦巴山脉区域内各市县乡村公益性债务，将公益性建设项目的国债转贷资金全部改为拨款。

2. "多予少取"的税收政策

秦巴山脉区域上缴的税收，要全部或大部返还；区域内企业上缴的营业税、个人所得税可以由地方参与分享；加大矿产、水电、油气等资源开发收益的地方留成比例；支持区域内相关地区参与跨地区经营总分机构所得税分享，所有矿产资源企业不论企业所属上级在哪里，都应在矿产资源所属地登记注册，就地缴纳所得税。

3. 倾斜性的项目投资政策

加大中央预算内投资和专项建设资金投入，在重大项目规划布局、审批核准、资金安排等方面向秦巴山脉区域给予倾斜；中央财政在秦巴山脉区域内安排的公益性建设项目，取消县及县以下和集中连片特困地区市级资金配套，保障省级财政配套资金；国家有关专项建设资金在安排秦巴山脉区域公路、铁路、民航、水利等建设项目时，提高投资补助标准或资本金注入比例；支持引导民间资本进入法律法规未明确禁止准入的行业和领域；探索建立重大项目审批核准绿色通道，加快核准审批进程，对重大项目环境影响评价工作提前介入指导。

（二）实施扶持性的产业政策

1. 扶持优势产业发展

重点支持优势特色产业、生态农业、循环经济、资源综合利用产业发展，在投资、用地、信贷等方面给予政策倾斜；支持地方采取资源入股等形式参与优势资源开发，建设能源、资源就地加工转化利用项目；支持资源开发权有偿使用试点，增加资源输出地区的资源型产品留存额度，提高资源就地转化利用率；大力支持秦巴山脉区域内天然气、页岩气开发；采取以奖代补、先建后补、财政贴息、设立产业投资基金等方式扶持休闲农业、乡村旅游业发展。

2. 加快循环经济发展

循环经济是对"大量生产、大量消费、大量废弃"传统增长方式和消费模式的根本变革，能够实现资源永续利用，源头预防环境污染，有效改善生态环境，促进经济发展与资源、环境相协调。发展循环经济重点应从三个方面推进。

1）推动国民经济存量的循环化改造

重点企业要按照循环经济的理念改造技术、工艺、设备和管理，推动企业实现内部的能源梯级利用和资源循环利用，做到物尽其用。重点产业园区要按照企业集群、产业一体、资源循环的管理要求做好上下游产业的连接，推动废弃物的循环使用和污染物的集中处理，促进产业集聚、物质循环。

2）推动国民经济增量的循环化构建

要使推动国民经济增量部分在规划、设计、建设、施工、运行管理等各环节遵循循环经济理念，实现耦合延伸的资源—产品—废弃物—再生资源的循环经济模式。对新增产业园区和建设项目要按照循环经济的理念进行规划和设计。

3）实施好循环经济"十百千"示范行动

按照国家统一部署，建设一批资源综合利用、产业园区循环化改造、再生资源回收体系、"城市矿产"基地、再制造产业化等循环经济示范工程，加大推广力度，推动资源循环利用产业做大做强。做好陕豫鄂三省接壤地带"小秦岭"的循环经济产业链，其包括矿产企业内部的小循环、产业园区的中循环和小秦岭地区的大循环，为秦巴山脉区域发展循环经济树立样板。

3. 支持淘汰落后产能

化解过剩产能是推进供给侧结构性改革"去产能、去库存、去杠杆、降成本、补短板"五大重点任务之一。完成五大重点任务要做好"加减乘除"，淘汰落后产能属于"减法"范畴。要出台相关政策，区别企业的具体情况，分别实行关停并转，斩钉截铁地处置"僵尸企业"，腾出宝贵的实物资源、信贷资源和市场空间。

（三）实施积极金融支持政策

1. 强化政策性金融机构支持

加大国家开发银行、中国进出口银行、中国农业发展银行三大政策性银行对秦巴山脉区域的金融支持力度；创新政策性金融的体制机制，探索设立更多以区域开发和贫困救助为目标的各种基金。

2. 鼓励商业银行和企业参与

促进地方法人金融机构加快发展，发挥差别准备金动态调整机制的引导功能；支持地方法人金融机构合理增加信贷投放，优化信贷结构，满足有效信贷需求；支持开展保险资金投资基础设施和重点产业项目建设，开展民间资本管理服务公司试点；支持符合条件的企业发行企业债券、中期票据、短期融资券、中小企业集合票据和上市融资。

3.支持设立区域村镇银行

推进农村金融产品和服务方式创新，尽快实现金融机构空白乡镇的金融服务全覆盖。扩大农业保险范围，放宽农村贫困家庭参保条件，减少灾害和市场导致的农业风险。

（四）实施生态保护补偿政策

1.完善生态环境保护补偿政策

探索多样化的生态补偿模式，对生态产品生产方和受益方责任划分明确的区域，按照谁受益谁补偿的原则，建立不同地区间横向的生态补偿机制。建议以企业碳排放为对象开征环境保护税，并将全部税收转化为环境保护基金，用于碳吸收领域的生态补偿，如草原、森林、湿地等生态功能区补偿，量化清洁空气供给费用补偿。

2.设立保护与循环发展专项资金

合理利用政府对秦巴山脉区域的转移支付补贴资金，将分散使用的各项资金整合起来，设立生态保护与循环经济发展专项引导资金，聚集和引导社会资金投入生态保护和循环经济产业，起到"四两拨千斤"作用。引导资金由省级政府设立，中央政府对设立引导资金的省市给予一定比例的财政补贴。引导资金主要用于生态保护、循环经济、绿色低碳等技术研发和项目建设，以及绿色循环发展和生态保护宣传教育、科技普及和人员培训。

3.制定生态保护税收政策

适时开征独立的环境税、扩大征收范围、提高税率。对国家监控执行的标准指标SO_2、化学需氧量、挥发性有机物等开征污染税。完善资源税政策，在油气从价计征基础上，对煤炭等矿产资源实施从价计征改革，扩大对矿物能源、资源的从价计征范围。调整提高部分矿产品税率，借以保护资源。取消不符合生态保护要求的农用产品增值税优惠政策，鼓励农民提高有机肥使用比例，对低污染、无污染的农资产品给予优惠扶持政策。

4.完善相关财政金融政策

对生态保护好的地区加大财政奖励支持力度，对山林、草地、水源、湿地等保护不力，致使生态环境质量持续恶化的地区应减少或停止转移支付；对生态功能区和重要生态要素实施国家购买政策，完善政府绿色采购政策，加大绿色采购力度；加强绿色金融创新，在风险可控的前提下，探索采矿权、节能环保预期收益及排污权抵押等融资模式，支持符合条件的节能环保企业通过发行债券或股票上市融资，开展碳金融业务，深化环境污染责任保险试点。

5. 生态功能区动态管理政策

针对风景名胜区、地质公园、森林公园等"重开发、轻保护"的不良势头，建议借鉴联合国教育、科学及文化组织的经验，实施动态管理政策，对已获得国家级、世界级称号的，违反有关法规的风景名胜区、森林公园和遗产地等采取警告、察看、降级、出示"黄牌"直至摘牌等处罚方式，责令其限期改正。

6. 完善土地耕种管理政策

支持和引导农业经营主体对土壤进行约束性的修复，有计划、分轮次地进行休耕轮作，以培肥地力；对采取耕地轮休措施的主体给予适当的经济补偿；尽快编制土壤环境保护和综合治理工作方案，明确目标、任务和具体措施；尽快启动新一轮退耕还林（草）工程，退耕还林的范围由过去的25°以上陡坡地扩大到15°以上陡坡地，扩大禁牧还草工程的实施范围。

（五）强化脱贫攻坚扶持政策

1. 中央扶贫资金向贫困老区倾斜

制定落实资产收益扶持制度的具体办法，对在贫困地区开发水电、矿产资源占用集体土地的，试行给原居民股权的方式进行补偿；将财政专项扶贫资金或部分支农资金作为贫困人口的股份，参与专业大户、家庭农场、农民合作社等新型经营主体和龙头企业、产业基地的生产经营与收益分红，以增加贫困人口财产性收入；制定反贫困法律法规，规范脱贫攻坚各项行动，明确政府、社会、家庭和个人对消除贫困的责任；加大智力扶贫力度，实施教育扶贫全覆盖工程，让贫困家庭子女都能接受公平的有质量的教育，阻断贫困代际传递；加大脱贫资金及脱贫贴息贷款的投入力度，为精准脱贫提供更大资金保障；对贫困户创业的不但要免税，还要给予启动资金支持；实施农村参合贫困人口门诊诊疗费一律由新农合全额报销政策。

2. 加大人才和科技支持力度

国家重大人才工程和引智项目向秦巴山脉区域倾斜，鼓励高层次人才投资创业，大力支持符合条件的单位申报建立院士工作站和博士后科研工作站；完善机关事业单位人员工资待遇政策，提高工资水平，落实艰苦边远地区津贴动态调整机制。研究完善留住人才、吸引各类人才到秦巴山脉区域内基层工作的优惠政策，在职务晋升、职称评定、子女入学、医疗服务等方面给予政策倾斜；开展科技示范建设，加大对农业高新实用技术、新品种推广力度。按照省上培训到县、乡，市上培训到乡、村，县上培训到村、户的分工，采取多种行之有效的措施，送科技下乡、进村、入户。鼓励各类科技组织和科技人员，到秦巴山脉区域创业，加速科技成果转化，发展绿色产业。

3. 加快推进基本公共服务均等化

加快秦巴山脉区域教育、医疗卫生、文化体育、健康养老等社会事业发展，加快社会保障体系建设，使当地群众享有与发达地区大体均等的基本公共服务，使改革发展的成果更多、更公平地惠及秦巴山脉区域城乡居民。

制定教育扶贫专项政策，加大智力扶贫力度。制定城市优秀中小学校长推迟退休政策。学习上海市成功经验，将优秀中小学校长退休年龄推迟到65~70岁，鼓励其到贫困山区中小学任职任教，并可带几名优秀教师。建立城乡教育互助机制，搭建资源交流平台。建立大中城市与对口支援贫困山区县乡中小学校互助制度，定期组织城市优秀教师到县乡一级中小学校授课，组织山区优秀教师到对口学校培训。大力发展中等职业技术学校。在普遍实施12年义务教育的同时，建设一批中等职业技术学校和职业高中，为秦巴山脉区域发展培养实用型、技能型专业人才。提高乡村教师工资待遇水平。根据在山区的工作年限，确定退休养老金的等级标准，制定荣誉制度，吸引高素质教师投身山区教育事业。

第二节　推进区域可持续发展政策建议

秦巴山脉区域地理区位独特，生态价值很高，经济发展相对落后，仍属于欠发达地区，自我发展能力薄弱。行政管理体制存在管理"分散化""碎片化"问题，制约和影响了统筹秦巴山脉区域内外资源，推进绿色循环发展，实现"绿水青山就是金山银山"的发展目标。这就需要国家相关部门、发达地区和各界爱心人士更多关注，加大支持力度，更需要秦巴五省一市协同作战，共同推进秦巴山脉区域绿色循环发展，打造"中央绿心"，打好生态文明建设攻坚战、打赢脱贫攻坚战，推进秦巴山脉区域可持续发展。为此，拟从国家、区域、省（直辖市）三个层面提出政策建议。

一、国家层面建议

（一）明确秦巴山脉区域涉及范围及功能定位

国家层面，确定秦巴山脉地区的具体范围。在《秦巴山片区区域发展与扶贫攻坚规划（2011-2020年）》确定的河南、湖北、重庆、四川、陕西、甘肃6省（直辖市）涉及的80个县（市、区）的基础上，将区域涉及的范围扩大到秦巴山脉区域6省（直辖市）119个县（市、区）。明确秦巴山脉区域的功能定位，协同推进区域坚守绿色本底，构建绿色产业体系，实现绿色、循环、低碳发展，保持"生态高地"地位，逐步改变"经济洼地"面貌。

（二）将秦巴山脉区域纳入国家区域发展总体战略

国家规划综合管理部门将秦巴山脉区域纳入国家区域发展总体战略，明确秦巴山脉区域在西部大开发、中部崛起、丝绸之路经济带、长江经济带区域经济发展战略中的战略地位。全面解决秦巴山脉区域在价值认知、行政管理、环境保护与发展方面存在的矛盾和问题，强化秦巴山脉区域在西部大开发及中部崛起战略中的协同发展作用，成为丝绸之路经济带和长江经济带的接续区及全国山区绿色循环低碳发展的示范区。建议国家有关部门对秦巴山脉区域绿色循环发展加强顶层设计及战略谋划，组织力量制定总体规划，谋划一批交通、水利、能源等重大工程项目，并优先纳入相关专项规划。发挥秦巴山脉区域优势，促进生态保护、绿色发展，缩小与发达地区的差距，为实施国家区域发展总体战略、促进区域协调发展做出秦巴山脉区域的绿色贡献。

（三）成为全国生态文明建设综合改革示范区

利用秦巴山脉区域生态环境好、区位居中等优势，建立秦巴山脉区域国家生态文明建设综合改革示范区，并在以下方面开展试点示范：一是探索试行绿色GDP考核体系和我国重要生态功能区内生发展的新模式，探索绿色资源增值的途径和绿色增长极的培育，形成绿色循环发展新机制。二是探索建立起提供生态产品的正向激励机制和如何破解发展与生态环境保护两难冲突的矛盾，形成贫困地区绿色发展的有效路径。三是探索建立低消耗、低污染、生态效益和经济社会效益高的绿色产业体系，把发展着力点放在新产业、新业态上。四是探索不同行政单位，特别是跨省交界地区之间经济社会一体化发展、合作发展、协同发展的新途径、新机制，实现优势互补及各方利益最大化。五是探索区域内资源综合整体开发的新模式。加强与武汉城市群、中原城市群、关中平原城市群和成渝城市群合作，拓展发展空间。

（四）设立秦巴山脉区域绿色循环发展协调机构

建议在国家层面，至少在国家发展和改革委员会等综合部门，设立秦巴山脉区域绿色发展协调机构，由国家发展和改革委员会、生态环境部、工业和信息化部、国务院扶贫开发领导小组办公室、国务院发展研究中心等部门和单位派员组成。其职能如下：对区域生态保护与资源开发进行整体谋划，协调各方利益行动，构建绿色产业体系和城乡空间布局，把秦巴山脉区域建成跨行政区协同发展的创新区，支撑中西部、丝绸之路经济带和长江经济带发展的重要增长极。建议在国家发展和改革委员会或其他综合部门，设立秦巴山脉区域绿色发展办公室，将其作为区域协调机构的办事机构。由国家协调机构牵头，有关部委和秦巴山脉区域各省（直辖市）参加，编制秦巴山脉区域中长期发展规划和专项规划，围绕生态环境保护、基础设施建设和绿色产业发展安排重大工程，促进区域跨省市、跨行业合作，交通互连、信息互通、政策互享、人才互动、产业互补、文化互融，实现互利共赢发展。

（五）打造汉江经济带千里绿色生态廊道

汉江流域绵延1 500余千米，横跨陕西、河南、湖北三省，是长江经济带的重要组成部分和连接长江经济带与丝绸之路经济带的战略通道，也是我国南水北调中线工程的核心水源涵养区和重要影响区，承担着"一江清水供北京"和维护生态安全的重任。将汉江经济带建设成为生态文明建设的先行示范带，真正达到水清、地绿、天蓝，既关系到汉江经济带的可持续发展，也关系到长江经济带建设的优胜成功，更关系到南水北调中线工程的水源安全。为此，必须遵照习近平总书记提出的"绿水青山就是金山银山"和"必须从中华民族长远利益考虑，把修复长江生态环境摆在压倒性位置，共抓大保护、不搞大开发，努力把长江经济带建设成为生态更优美、交通更顺畅、经济更协调、市场更统一、机制更科学的黄金经济带，探索出一条生态优先、绿色发展新路子"[①]的重要指示和总体要求，将沿江的生态保护，尤其是水环境保护摆在十分重要的位置。[1]

（六）建设秦巴山脉国家公园（群）

秦巴山脉区域自然保护区众多，且相对集中，国有土地、林地面积大且边界清晰，适合资源保护、合理利用，具有建设国家公园的有利条件和基础。党的十八届三中全会提出，"紧紧围绕建设美丽中国深化生态文明体制改革，加快建立

---

① 习近平主持召开深入推动长江经济带发展座谈会并发表重要讲话. http://www.gov.cn/xinwen/2018-04/26/content_5286185.htm#1，2018-04-26.

生态文明制度，健全国土空间开发、资源节约利用、生态环境保护的体制机制，推动形成人与自然和谐发展现代化建设新格局"，"坚定不移实施主体功能区制度，建立国土空间开发保护制度，严格按照主体功能区定位推动发展，建立国家公园体制"①。《中共中央关于制定国民经济和社会发展第十三个五年规划的建议》提出要"整合设立一批国家公园"。建立秦巴山脉国家公园（群），对区域重要生态系统和特殊公共空间的保护，实现永续利用，筑牢我国生态安全屏障具有重要意义。建设秦巴山脉国家公园（群），一是以建立国家公园体制为前提，改革由各部门分头设置风景名胜区、自然保护区、文化自然遗产、地质公园、森林公园等体制，对分头设置的保护地进行功能重组，统一整合设置为国家公园。二是制定《秦巴山脉国家公园条例》，为秦巴山脉国家公园建设奠定法治基础。三是设立秦巴山脉国家公园管理中心，由国家有关部委直接管辖，成员由五省一市相关部门人员组成。1

（七）建立秦巴山脉区域碳排放权交易市场

碳排放权交易机制作为市场经济体制下最有效率的污染控制手段已经在世界范围内被广泛采用，我国碳排放权交易市场也已经初步形成。秦巴山脉区域作为我国森林碳汇的中央汇聚地、植物释氧的核心供给区，有条件建立碳排放权交易市场，并纳入全国碳排放权交易体系。建立秦巴山脉区域碳排放权交易市场，可以推进生态资源的市场化进程，直接带来更多的收益，如合同能源管理、排污权交易、用能权交易、水权交易、生态补偿收益等。建议国家尽快出台碳排放权交易管理办法及相关细则，建立公正、合理的核查交易办法，形成完备的碳排放权交易管理体系。

（八）大力培育构建"西三角"经济区

国家实施西部大开发战略以来，在西部经济发展中，初步形成了一个相对集中的产业经济带和城市集群，成为带动西部经济发展的重心，即以重庆、成都和西安为中心的经济联系相对紧密、实力较强、发展潜力较大的"西三角"经济区。适应经济全球化和区域经济一体化加快的趋势，大力培育和建设"西三角"经济区，使之成为继长江三角洲地区、珠江三角洲地区和环渤海地区三大经济区之后的第四大经济区。因此，建议国家把建设"西三角"经济区纳入中长期发展规划，这对于加快西部大开发、丝绸之路经济带和长江经济带发展，实现全面建成小康社会目标有着重要的战略意义。

---

① 中共中央关于全面深化改革若干重大问题的决定. http://politics.people.com.cn/n/2013/1115/c1001-23559207.html，2013-11-15.

（九）建立"飞地经济"模式的生态补偿机制

建立生态补偿制度，是生态文明制度建设的重要内容。我国生态补偿主要依靠中央财政转移支付，地区间横向生态补偿机制尚未建立。推动地区间建立横向生态补偿制度，是深化生态文明体制改革、加快建立生态文明制度方面的明确要求，是促进欠发达地区和贫困人口共享改革发展成果、生态保护地区和受益地区实现经济和生态效益双赢的迫切需要。

"飞地经济"是打破行政区划限制，把甲地的企业或招商项目放到行政隶属于乙地的工业园区，通过建立科学的利益机制，实现互利共赢的经济发展模式。国内一些地区成功实践并证明"飞地经济"模式是构建地区间横向生态补偿机制的一种有效形式。"飞地经济"模式较资金补偿模式具有诸多优势：一是避免保护区和受益区对补偿标准的认知差异而迟迟无法实施的扯皮现象。该模式可作为南水北调中线工程进行生态补偿的一种有效方式。二是变对生态保护区"输血式"补偿为"造血式"补偿。促使生态保护区拓展潜力无穷的发展空间，增强政府的财政实力，安心发展生态保护公益事业。三是有力地促进生态保护区产业结构调整，把高耗能、高排放的工业项目转移或关闭，专心发展生态农业、林业、旅游业、休闲养生等服务业，有效提高农民收入水平。四是生态受益区不但减轻了财政负担，而且还能从工业园区获得部分收益。建议在秦巴山脉区域大力推广实行"飞地经济"模式。加强"飞地经济"模式的生态补偿机制的顶层设计，制定和完善与之相配套的政策法规，加强对"飞地"工业园区的资金支持和相关政策扶持。

二、区域层面建议

（一）建立秦巴山脉区域六省（直辖市）政府联席会议制度

联席会议，由国家协调机构负责召集，秦巴山脉区域六省（直辖市）政府主要领导及发展和改革委员会等相关部门领导参加，原则上每年召开一次会议（如确有必要，可以召开多次）。联席会议，主要是对区域发展战略、协作的主题、制定的规划、拟出台的法规政策、重大项目立项等对秦巴山脉区域生态环境保护、经济社会发展有重大影响的事项，交流信息、交换意见、消除矛盾、统一思想、达成共识；听取各省（直辖市）相关部门工作汇报，检查年度省（直辖市）协同发展工作的落实情况，研究下一年度工作重点等。

（二）成立专门的协调服务机构

协调服务机构的主要职责是，接受高层联席会的指导，贯彻落实高层联席会的共识，组织召开省（直辖市）政府的联席会议；制定秦巴山脉区域内基础设施、资源配置和利用、产业布局、循环经济、生态建设、环境保护、灾害防治等规划和计划；协调省（直辖市）各方关系、贯彻落实各项政策，敦促地方制定相应的配套政策，做好属地配合工作；协助国家对秦巴山脉区域相关指标的监督考核，协助属地政府监督本片区内企业履行生态环境保护治理、完成节能减排指标等。

（三）制定秦巴山脉区域六省（直辖市）协作章程

协作章程，是一个党派组织、社会团体、公司（企业）为保证其组织活动的正常运行，系统阐明自己的性质、宗旨、任务及规定成员的条件、权利、义务、纪律及组织结构、活动规则，要求全体成员共同遵守的一种规则性文书。首先，必须制定《秦巴山脉区域协作组织章程》作为协作的最高准则；其次，依据《秦巴山脉区域协作组织章程》，建立和完善秦巴山脉区域协作的工作机制，如制定《秦巴山脉区域协作规则》《秦巴山脉区域协作互惠互利原则》《秦巴山脉区域协作工作条例》等。

（四）建立区域内生态环境保护联盟

坚持做到秦巴山脉区域共治环境污染、区域共建环保系统、区域共享环境数据，形成强有力的环保合作系统。协同推动重点生态功能区的生态系统保护和修复，加强跨行政区自然保护区的建设和管理，联合构建生态安全屏障。建立污染防治区域联动机制，开展区域大气污染和江河湖泊水环境联防联治，统一规划、统一标准、统一环评、统一监测、统一执法，建立会商机制，健全公开透明的信息发布制度，推进环保信用体系建设。强化应急联动机制合作，共同应对区域突发性生态环境问题。探索区域一体的废弃物回收利用体系，推动完善再生资源在线交易系统。在建立碳排放权、排污权等管理和交易制度方面开展先行先试，建立信息通报机制，共享环境监测信息。

（五）建立区域内旅游业发展联盟

以塑造秦巴山脉区域旅游新形象为主线，以整合秦巴山脉旅游资源、推出精品旅游线路为重点，以推广少数民族文化、发展红色旅游为突破口，选择共同发展目标，统一宣传、统一形象、统一品牌，在"互利互惠、优势互补、资源共享"的原则上推进旅游市场开放。建立秦巴山脉区域旅游信息库和电子商务服务平台，统一旅游宣传促销；整合旅游资源，共同打造区域旅游精品线路和品牌；开辟全域旅游"绿色通道"，确保旅游车辆往来畅通；积极引导区域旅游企业合作，联合建立旅游招商引资机制等。建立秦巴山脉区域内风景名胜区资源共享机制，研究风景名胜资源的保护、规划建设和开发利用等问题，探索风景名胜区建设管理的对接、合作和交流工作。

（六）举办秦巴山脉区域发展"秦巴论坛"

"秦巴论坛"是将政府官员、著名学者和企业精英聚集起来研讨秦巴山脉区域绿色发展大计，凝聚社会资本的重要途径，能够扩大论坛组织地的影响，促进政府官员、学者和企业家之间的思想交流与碰撞，实现扩大宣传影响、吸引外资和融资的目的。秦巴山脉协作区可借此凝聚国内外多元社会资本，扩大秦巴山脉协作区吸引力和影响力，促进经济社会持续快速发展。一是"秦巴论坛"要紧扣"秦巴山脉绿色循环发展"主题，明确目标，切忌落入俗套，流于形式。二是"论坛"要有周期性，可以每两年举办一次，秦巴山脉区域六省（直辖市）轮流举办。三是注意论坛成果汇集和转换，积极争取中央政府、省（直辖市）政府出台一系列政策的支持，将主要论点和共识转换为生产力，推动秦巴山脉区域绿色循环低碳发展。

（七）建设秦巴山脉区域"大数据中心"

汇集秦巴山脉区域的经济发展、贫困人口、自然资源、科技教育、社会人文、生态保护、防灾抗灾等方面的基础数据，将其整合在统一的大平台上。设立大数据中心管理机构，规范数据资产管理制度，保证数据资源有序有效使用，实现数据资源开放共享。

（八）建立区域绿色GDP考核机制

完善与绿色GDP核算有关的法律法规、政策制度，明确核算范围，规定核算标准，细化责任追究。把资源、生态等环境约束性指标纳入综合考核，用绿色GDP科学、客观地衡量秦巴山脉区域发展质量。通过绿色GDP核算，掌握环境成本、环境代价、环境承载能力和生态绩效等方面的基础数据，扣除环境污染、生态退化、教育低下、人口失控、管理不善等因素引起的经济损失成本。建立以资源环境生态红线管控、自然资源资产产权和用途管制、自然资源资产负债表、自然资源资产离任审计、生态环境损害赔偿和责任追究、生态补偿机制等重大制度为内容的、科学合理的绿色生态考核评价体系。

（九）成立秦巴山脉区域乡村保护协会

在城镇化的过程中兼顾保护传统村落文化，保护乡村的自然与传统的人文景观，保护城镇村庄的历史风貌，成立秦巴山脉区域乡村保护协会。通过秦巴山脉区域乡村保护协会指导美丽乡村建设、城市休闲旅游、养生养老、创意设计、亲子教育等。促使庞大旺盛的市场需求与原生态的乡村环境、乡村文化和乡村村落对接融合。引导市民下乡、村民返乡，使城市居民与乡村居民的生活和生产互动，打造全新的乡村生活社区，实现就地就近城镇化，引领"新乡居生活"。

三、省（直辖市）层面建议

（一）建立秦巴山脉区域协同发展机制

建立秦巴山脉区域省市联席会议制度，定期或不定期召开六省（直辖市）政府领导联席会议，设立联席会议办公室。共同协商省与省之间产业、环保、交通、市场、城乡、公共服务等领域的规划、建设，形成生态共建、共享、共治，绿色产业协同发展的管理体制和运行机制。

（二）建立秦巴山脉区域联防联控制度

建立秦巴山脉区域污染物排放总量控制、重大项目区域会商、区域联合执法或异地交叉执法、区域环境信息共享及公开等制度。通过召开秦巴山脉区域"河长"联席会议，建立生态环境保护应急机制及重大生态事故应急处理系统，形成跨行政区河流污染等环境事件的联防联控，确保秦巴山脉区域水生态安全。

（三）建立秦巴山脉区域生态补偿机制

争取国家生态补偿专项资金，设立生态补偿基金。制定秦巴山脉区域实施方案和配套政策，形成产业发展与生态环境保护协调发展的机制。建立秦巴山脉区域生态红线管控、自然资源资产产权和用途管制、自然资源资产负债表、自然资源资产离任审计、生态环境损害赔偿和责任追究、生态补偿等制度体系。

（四）制定资源生态保护地方法规

实行水土、矿山、植被、森林等资源环境收费基金或有偿使用收费制度。征收水资源税，资源税从价计征，环境保护费改税。完善生态环境、土地、矿产、森林等保护和管理制度，制定生物多样性保护、土壤污染防治等地方性法规。

（五）提高省（直辖市）政府政策执行力

针对国家制定的政策，省（直辖市）一级政府要制定符合本省（直辖市）实际的实施细则或实施方案，将国家政策真正落到实处，发挥效应。对执行中遇到的问题及时反映，及时调整完善。对国家和地区没有提及，但在本省（直辖市）确实存在执行问题，需要调整完善政策的，本着保护优先、绿色发展原则，制定相应的地方政策。

参 考 文 献

《中华人民共和国大气污染防治法》，2018-10-26。

《中华人民共和国环境保护法》，2014-04-24。

《中华人民共和国水污染防治法》，2017-06-27。

《中华人民共和国循环经济促进法》，2018-10-26。

《中华人民共和国野生动物保护法》，2018-10-26。

国务院，《"十三五"脱贫攻坚规划》，2016-11-23。

国务院，《国务院关于丹江口库区及上游水污染防治和水土保持规划的批复》，2006-02-10。

国务院，《国务院关于加快发展循环经济的若干意见》，2005-07-02。

国务院扶贫开发领导小组办公室、国家发展和改革委员会，《秦巴山片区区域发展与扶贫攻坚规划（2011—2020年）》，2012-05。

国务院，《国务院关于深入推进新型城镇化建设的若干意见》，2016-02-06。

国务院，《国务院关于印发"十三五"生态环境保护规划的通知》，2016-11-24。

国务院，《土壤污染防治行动计划》，2016-05-31。

国务院，《退耕还林条例》，2016-02-06。

国务院办公厅，《国务院办公厅关于健全生态保护补偿机制的意见》，2016-05-13。

中共中央、国务院，《生态文明体制改革总体方案》，2015-09-11。

中共中央、国务院，《中共中央　国务院关于加快推进生态文明建设的意见》，2015-04-25。

中共中央、国务院，《中共中央　国务院关于打赢脱贫攻坚战的决定》，2015-11-29。

中共中央、国务院，《中共中央　国务院关于加快推进生态文明建设的意见》，2015-04-25。

中共中央、国务院，《中国农村扶贫开发纲要（2011—2020年）》，2011-12-01。

中共中央办公厅、国务院办公厅，《党政领导干部生态环境损害责任追究办法（试行）》，2015-08-17。

中共中央办公厅、国务院办公厅，《关于划定并严守生态保护红线的若干意见》，2017-02-07。

中共中央办公厅、国务院办公厅，《关于全面推行河长制的意见》，2016-11-28。

中共中央办公厅、国务院办公厅，《生态环境损害赔偿制度改革试点方案》，2015-12-03。

中共中央办公厅、国务院办公厅，《生态文明建设目标评价考核办法》，2016-12-22。

中共中央办公厅、国务院办公厅，《省级党委和政府扶贫开发工作成效考核办法》，2016-02-16。

附　录

秦巴山脉绿色发展宣言[①][1]

2016年9月11日至13日，由中国工程院和陕西、河南、湖北、重庆、四川、甘肃五省一市人民政府联合主办，国家发展和改革委员会、环境保护部、国家林业局、国务院发展研究中心协办的"第231场中国工程科技论坛——秦巴论坛"在陕西省西安市举行。来自相关部委、省市的领导和中国、美国、德国、奥地利等国家的300余位院士和专家出席了本次论坛。为推动秦巴地区生态保护与绿色发展，与会代表就其发展理念、扶贫攻坚、区域协调、产业转型、文化旅游、基础设施建设等相关问题进行了深入研讨，并形成如下共识。

1. 基本认知

秦巴山脉雄踞中国大陆地理版图中心，被河南、湖北、重庆、四川、陕西、甘肃五省一市所环抱，东西延绵1 600余公里[②]，含22个设区市，119个区县，6 000余万人口。古人云其位"天之中，都之南"，故曰中南山或终南山。[2]

秦巴山脉名山林立、气势雄浑、植被优良、雨量充沛，是中国南北气候的分界线、长江和黄河的分水岭；是中华民族的重要发祥地、中华文明的摇篮；是国家重点生态功能区和生物多样性保护优先区，是中国的中央水库、生态绿肺和生物基因库。秦巴山脉与北美落基山脉、欧洲阿尔卑斯山脉一同被世界地质和生物学界称为"地球三姐妹"，孕育了众多举世闻名的历史城镇和人类聚居地。目前也是中国跨省级行政区最多、人口最多的集中连片贫困区。生态高地、资源富地、文明发祥地与发展滞后、经济洼地的反差十分强烈。

秦巴山脉及周边大中城市（含西安、成都、重庆、郑州、兰州、武汉、洛阳、南阳、十堰、襄阳、汉中、宝鸡、咸阳、绵阳、达州、天水、陇南等33个城市）构成了中国承东启西、连接南北的重要战略区，是丝绸之路经济带与长江经济带的交汇地区。秦巴山脉的保护及其周边城市的崛起事关中国生态安全、全面小康和民族的伟大复兴。

---

① 秦巴山脉绿色发展宣言. https://www.cae.cn/cae/html/main/col1/2016-09/23/20160923154632085530786_1.html.2016-09-23. 简称"秦巴宣言"。

② 1公里=1千米。

2. 发展理念

秦巴地区的保护与发展必须坚持创新、协调、绿色、开放、共享的发展理念，以生态保护为根本，探索"绿水青山就是金山银山"的发展路径。牢固树立底线思维，设立并严守生态保护红线、环境质量底线、资源消耗上线和环境准入负面清单，强化空间、总量准入环境管理，有效约束开发建设行为，在保住生态功能的前提下谋求永续发展。加强生态保护、脱贫攻坚、基础设施、旅游开发、科技教育、人才交流、绿色产业、城乡建设等方面的相互协同，形成独具特色的秦巴可持续发展新格局，共创美好未来。

3. 共同目标

3.1 认识秦巴

不断深化对秦巴山脉在世界自然生态与文明演进中价值的认识，牢固树立协同打造世界名山的战略思想。

3.2 保护秦巴

建设秦巴国家重点生态功能区，完善自然保护地体系，切实保护青山绿水的自然环境、辉煌灿烂的历史文化、生物多样性和生态完整性。

3.3 振兴秦巴

强化大中小城市和城乡协同发展，带动秦巴地区全面脱贫致富；建设秦巴山脉国家中央公园，充分利用其自然和人文资源，打造具有世界影响力的知名旅游胜地；建立绿色低碳循环发展的产业和城乡体系，创建重点生态功能区可持续发展的典范。

4. 协同保护

4.1 保护生态环境

加强污染的系统防控和综合治理，保护生态环境。联合开展秦巴地区生态环境质量勘察和生态价值评估，协同推进生态敏感地区的生态修复工作，积极完成国家十三五规划的秦巴山脉《山水林田湖生态工程》、《神农架国家公园体制试点》工作。协同开展矿区生态恢复和治理，妥善处理尾矿等大宗固体废物。在地质灾害易发区和丹江口库区，实施地质灾害防治。协同推进碳交易政策的制定和落实。

4.2 保护水资源

建立区域协同的水资源和水环境保护机制和流域水环境监测网络，形成流域联动的保护与治理奖罚机制。建立成本共担、成果共享的南水北调中线工程跨地域、跨流域的生态补偿长效机制。联合制定嘉陵江、汉江、丹江等水系全流域保护方案，系统落实水污染防治行动计划，协同推进水资源有偿使用政策的制定和落实。

4.3　保护生物资源

保护秦巴山脉生物资源，构建跨区域生物基因库和保护园区。研究制定秦巴山脉生物资源保护条例及系列保护办法。加强生物多样性监管基础能力建设，开展生物多样性调查评估，推进秦巴山脉濒危野生动植物抢救性保护工程，协同做好《大熊猫国家公园体制试点》工作。

4.4　推进生态移民

协同制定相关规划，对生态敏感区、水源保护地、地质灾害易发区等区域联合开展生态移民。力争用5-10年时间，通过山区农业转移人口市民化等优惠政策引导，向环秦巴周边城市就近转移人口1 000万人以上，逐步将秦巴山区人口规模压缩到每平方公里①90人的合理生态承载范围之内。¹

5. 共享发展

5.1　完善基础设施

构建完善的秦巴地区及其与周边城市互联互通的基础设施体系。搭建秦巴地区外通内联的快速交通干线体系（包括高速公路、高铁、通用航空）与旅游慢行系统，破解蜀道难的历史难题。建立区域信息交流协作机制，建设智慧秦巴。加强区域信息技术（包括物联网、云计算等）研发和应用合作，推进区域信息交流平台、大数据中心建设，促进资讯和资源共享。

5.2　建设中央公园

协同推进秦巴山脉国家中央公园建设。以神农架、武当山、太白山、华山、伏牛山、嵩山、麦积山、剑门关、巫山小三峡等景区为统领，整合资源，统筹规划，创新体制，规范管理，建设秦巴山脉国家中央公园。协同完善旅游交通、旅游信息、旅游安全等公共服务体系建设，协同构建生物与水资源、自然景观、人类起源、中华历史、宗教文化、地域民俗等特色主题旅游线路及其营地网络，打造秦巴人文生态旅游度假圈。在现有体育运动赛事的基础上，加强统筹协调，提高赛事质量，形成具有国际影响力的户外运动赛事。联合申报三国文化廊道等世界文化及自然遗产。

5.3　强化科教支撑

协同推进秦巴地区科技与教育脱贫，坚持需求导向、教育先行、创新驱动、

---

① 1平方公里=1平方千米。

创业致富。强化教育协同发展，联合制定周边城市定点扶持山区公共教育实施方案，鼓励城市退休优秀教师、校长和科技人才进入山区，扶持基础教育、有针对的职业教育和技能培训，协调解决山区人才匮乏问题。加强科技人才队伍建设，深入推进科技特派员制度，打造成果转化和产业化平台，建设一批"星创天地"、产业园区，提高秦巴地区创新创业能力，壮大特色支柱产业，增强内生发展动力，扶持山区人民脱贫致富。

5.4　发展绿色产业

顺应绿色发展态势，采取各种创新举措，加强秦巴地区国家可持续发展实验区建设，共同制定并推进《秦巴绿色产业发展指导目录》，重点发展高新技术产业、旅游与环境服务业、中医药与健康产业、绿色食品加工产业、现代绿色特色农林业等。跨区域设置秦巴绿色生态产业扶植发展基金，支持绿色产业发展。协同构建区域产业链，共建跨省市循环产业园区，引导秦巴地区相关企业向工业园区迁移；制定高门槛的产业准入标准，限制并淘汰落后产能。

共同制定秦巴地区创新创业扶持政策，推进公共服务体系建设，推广"互联网+"技术的应用，共同构建秦巴地区电子商务体系，建立统一的绿色农林产品质量标准和严格的监管体系，共同打造"秦巴旅游"和"秦巴绿色食品"地理标志，因地制宜引导秦巴旅游服务业和绿色特色农林业的健康发展。

6. 创新机制

6.1　构建联席会议制度

呼吁建立由中央相关部门牵头、五省一市政府行政首长参加的秦巴地区绿色发展的联席会议制度。行政首长联席会议按照轮流主持的方式，研究决定区域协同重大事宜，审议重大合作项目目录，交流信息、消除矛盾、解决问题、共享成果，共同促进秦巴地区可持续发展。

6.2　建立定期会商机制

推进建立政府秘书长会商机制。督促落实行政首长联席会议决议（纪要），协调推进跨域合作项目，组织编制合作发展专题计划，负责起草区域合作进展情况报告和行政首长联席会议议案的征集及汇总。

6.3　打造学术交流平台

"秦巴论坛"是推动秦巴地区科学发展的学术交流平台，按照"联合主办、轮流承办"的方式，每两年举办一次，由中国工程院和五省一市人民政府联合主办，五省一市轮流承办，邀请国内外专家学者、智库机构和著名企业参加，逐步提升"秦巴论坛"影响力和学术交流水平。

7. 结语

秦巴山脉是天地的造化，大自然的恩赐。如果说长江、黄河是中华民族母亲河，秦巴山脉无疑是中华民族的父亲山。母亲河、父亲山不仅过去养育了我们，今天民族的伟大复兴仍有赖于生态屏障的护佑。子曰："仁者乐山，智者乐水。"秦巴山脉不仅是秦巴人之秦巴，更是中华民族之秦巴、世界之秦巴。为了民族和人类的永续发展，我们必须携起手来，重新认识秦巴、加倍珍惜秦巴，文明健康发展秦巴，以创新、协调、绿色、开放、共享的发展理念为指导，共同推进秦巴地区的绿色循环发展。

千里之行，始于足下。我们于古都长安就秦巴地区绿色发展形成共识，以《秦巴宣言》，郑重公布于世，以兹共同遵守。

"秦巴论坛"主办单位及全体与会代表

公元二〇一六年九月十三日